Max Ueberle

Effizienzsteigerung durch Sozialkapital

Wie Mitarbeitergesundheit den Betriebserfolg sichert

GESUNDHEITSPOLITIK

Herausgegeben von PD Dr. Günter Feuerstein

ISSN 1614-6441

Max Ueberle

EFFIZIENZSTEIGERUNG DURCH SOZIALKAPITAL

Wie Mitarbeitergesundheit den Betriebserfolg sichert

ibidem-Verlag
Stuttgart

Bibliografische Information der Deutschen Nationalbibliothek
Die Deutsche Nationalbibliothek verzeichnet diese Publikation in der
Deutschen Nationalbibliografie; detaillierte bibliografische Daten sind im
Internet über http://dnb.d-nb.de abrufbar.

Bibliographic information published by the Deutsche Nationalbibliothek
Die Deutsche Nationalbibliothek lists this publication in the Deutsche Nationalbibliografie;
detailed bibliographic data are available in the Internet at http://dnb.d-nb.de.

∞

Gedruckt auf alterungsbeständigem, säurefreien Papier
Printed on acid-free paper

ISSN: 1614-6441

ISBN-13: 978-3-8382-0545-8

© *ibidem*-Verlag
Stuttgart 2014

Alle Rechte vorbehalten

Printed in Germany

Inhaltsverzeichnis

Abbildungsverzeichnis

Tabellenverzeichnis

Abkürzungsverzeichnis

α .... Signifikanzniveau al. Cronbachs alpha

BAB .... Betriebsabrechnungsbogen

BGF .... Betriebliche Gesundheitsförderung

BGM .... Betriebliches Gesundheitsmanagement

BSC .... Balanced Scorecard

β .... Regressionskoeffizient

CIR .... Cost-Income-Ratio

MTM .... Methods Time Measurement (Arbeitsablauf-Zeitanalyse)

μ .... Mittelwert

PPS .... Produktionsplanungs- und Steuerungssystem (Software)

r .... Korrelationskoeffizient

R^2 .... Determinationskoeffizient al. Bestimmtheitsmaß

RL .... Rücklaufquote

σ .... Standardabweichung

v .... Schiefe

w-3 .... Exzess

1 Einleitung

1.1 Problemhintergrund

Einer langfristig zu beobachtenden Unterbeschäftigung auf dem Arbeitsmarkt steht auf der Seite des beschäftigten Arbeitspotenzials eine zunehmend intensive Auslastung gegenüber. Zeitdruck wird etwa im gewerblichen Bereich immer mehr als eine starke Belastung wahrgenommen.[1] Durch eine höhere Kapitalausstattung der Arbeitsplätze und den wirtschaftlichen Wandel hin zu einer Dienstleistungsgesellschaft steht jedoch nicht mehr die körperliche Belastung im Mittelpunkt dieser Betrachtung, denn diese ist den herkömmlichen Methoden des betrieblichen Arbeits- und Gesundheitsschutzes zugänglich. In den gewandelten Aufgabenfeldern besonders des Dienstleistungsbereichs nehmen die psychischen Belastungen der Erwerbstätigen einen relativ höheren Anteil ein. So ist zu beobachten, dass der Anteil an Arbeitsunfähigkeitstagen aufgrund psychischer Störungen in Dienstleistungstätigkeiten ein Vielfaches der Fehltage ähnlicher Diagnosegruppen in gewerblichen Tätigkeitsfeldern ausmacht. Diese Tendenz ist seit Jahren steigend.[2] Maßnahmen, die zum Ziel haben, Erwerbstätige vor solch negativen gesundheitlichen Folgen zu schützen, können entweder eine De-Intensivierung der Tätigkeiten anstreben, die Kompensationskompetenz der Erwerbstätigen steigern oder aber die Arbeitsverhältnisse so umgestalten, dass eine gleichbleibende Arbeitslast mit einem geringeren Arbeitsleid einhergeht.[3] Langfristige Belastungen führen zu einer Verringerung der Leistungsfähigkeit und gefährden damit auch die Produktionsfähigkeit von Betrieben. Es ist zwar nicht so, dass die Leistungsfähigkeit von Mitarbeitern mit Überschreiten einer wie auch immer konventionell festgelegten Krankheitsschwelle auf null sinkt. Aber es ist davon auszugehen, dass sich bereits vor dem Überschreiten dieser Schwelle negative Auswirkungen auf die Leistungsfähigkeit von Mitarbeitern

---

[1] S. Ebert, Kundinger 2007, S. 167.
[2] S. Lademann et al. 2006.
[3] Vgl. Karazman, Karazman-Morawetz 1996, S. 95–96.

ergeben. Eine solche kontinuierliche Abnahme ist allerdings nur schwer messbar.[4]

Bei einer solchen Betrachtung lässt sich feststellen, dass die Gesundheit der Mitarbeiter durchaus im Interesse der Kapitaleigentümer von Betrieben liegt. Für die Durchsetzung von Anliegen der betrieblichen Gesundheitsprävention erscheint es angesichts eines oft intensiven wirtschaftlichen Wettbewerbs argumentativ weder zielführend noch notwendig, primär auf eine humanitäre Verantwortung der Betriebe hinzuweisen. Viel sinnvoller ist eine umfassendere Kosten- und Nutzenrechnung als sie bisher häufig durchgeführt wird, um das ökonomische Potenzial einer verbesserten Mitarbeitergesundheit besser einschätzen zu können. Diese bewegt sich im vertrauten Denkmuster von Wirtschaftsunternehmen, nämlich im Bereich der wirtschaftlichen Rentabilität.

Trotz der weitgehenden Sozialisierung von Krankheitskosten wird der Erhalt der Leistungsfähigkeit ihrer Mitarbeiter künftig für die Unternehmen an Bedeutung gewinnen. Gemäß gegenwärtigem Erkenntnisstand wird zum Beispiel der demografische Wandel in absehbarer Zeit zu einer veränderten Altersverteilung in der Bevölkerung führen. Neben Finanzierungsproblemen in der Sozialversicherung bringt dies absehbar Engpässe bei dem Arbeitsangebot mit sich. Notwendig wird dann die langfristige Sicherung der Beschäftigungsfähigkeit der Mitarbeiter. Die menschliche Arbeitskraft wird zum Engpassfaktor bei der Leistungserstellung. Zur Sicherstellung ihrer Verfügbarkeit sind Maßnahmen auf vielen Gebieten zu treffen.

Aus gesamtgesellschaftlichen Zusammenhängen ist bekannt, dass die Einbindung von Menschen in gesellschaftliche Netzwerke einen wichtigen Einfluss auf ihre Gesundheit hat. Berufstätige Menschen verbringen einen großen Teil ihrer Lebenszeit am Arbeitsplatz. Daher erscheint es angemessen, der sozialen Einbindung von Mitarbeitern in dieser Lebenswelt besonders nachzugehen.

---

[4] S. Middaugh 2006.

1.2 Ziele und wissenschaftliche Fragestellung

In der vorliegenden Forschungsarbeit soll der Frage nachgegangen werden, wie sich Investitionen in die Gesunderhaltung von Mitarbeitern im Rahmen eines Betrieblichen Gesundheitsmanagements auf die wirtschaftliche Leistungsfähigkeit von Betrieben auswirken. Für die Analyse wird ein ökonomisches Vorgehen gewählt, das auf der Annahme beruht, dass Betriebe ein wirtschaftliches Gewinnstreben und Arbeitnehmer ein Interesse am Erhalt der erwerbsbezogenen Leistungsfähigkeit zur Sicherstellung ihres persönlichen Lebensunterhalts haben. Diese Prämissen werden im aktuellen Kontext reflektiert.

Beispielhaft werden die Interessenkonstellationen am Faktor *Sozialkapital* untersucht. Es wird überprüft, ob und inwiefern es sich bei diesem Einflussfaktor auf die wirtschaftliche Produktivität um einen Produktionsfaktor handelt und – bei positivem Ergebnis – welcher Art die Produktion ist. Im Mittelpunkt der Analyse steht die Auswirkung auf die Erstellung von Gütern und Dienstleistungen und auf der Erhaltung des Produktionsfaktors Arbeit.

Die Analyse geschieht aus gesundheitswissenschaftlicher Sicht. Das Vorliegen von Sozialkapital hat erhebliche Auswirkungen auf den Produktionsfaktor Arbeit. Standen bisher im Rahmen des Betrieblichen Gesundheitsmanagements Fragestellungen aus dem Arbeitsschutz und der Arbeitssicherheit im Mittelpunkt, bei denen es primär um die Sicherstellung der körperlichen Unversehrtheit von Menschen ging – erst neuerdings wird eine Integration psychischer Belastungsfaktoren zum Beispiel in die Gefährdungsbeurteilungen gefordert[5] – so müssen die Schwerpunkte künftig anders gesetzt werden. Zum einen zeigen die bisher erfolgreichen Bemühungen im Arbeits- und Gesundheitsschutz einen sinkenden Grenznutzen, zum anderen haben sich die Belastungsprofile von Arbeitnehmern im Zuge des Wandels in eine Dienstleistungsgesellschaft auf psychische Belastungen verschoben. Einige Kon-

---

[5] S. Holm, Geray 2006.

textfaktoren[6] für solche Belastungen können durch den Einfluss beziehungsweise die Abwesenheit von Sozialkapital erklärt werden.

Die Auswirkungen einer Ausstattung mit Sozialkapital auf die Gesundheit von Menschen ist in vielen Zusammenhängen und Lebenswelten belegt. Anhand von Daten aus dem Sozioökonomischen Panel weist z. B. Kroll[7] einen Zusammenhang zwischen dem Netzwerkkapital von Menschen und ihrer Gesundheit nach.[8] Für die berufliche Lebenswelt liegen noch wenige Untersuchungen vor. Es ist jedoch anzunehmen, dass die Erkenntnisse aus anderen Lebenswelten hier übertragbar sind. Die betriebswirtschaftliche Rentabilität einer Ausstattung mit Sozialkapital ist ebenfalls wenig untersucht. Analogschlüsse zu der gesamtwirtschaftlichen Analyse legen eine solche aber nahe.[9]

Aus dem verbesserten Gesundheitsniveau der Mitarbeiter aufgrund der Ausstattung mit Sozialkapital ergäbe sich demnach ein regelmäßiger wirtschaftlicher Nutzen für das Unternehmen.

Dieser resultiert etwa aus verringerten Fehlzeiten der Mitarbeiter, deren Auswirkungen verhältnismäßig leicht in monetären Größen ausgedrückt werden können.

Im Ergebnis erhält das Unternehmen einen Anreiz zur Ausweitung des Sozialkapitals. Durch Investitionen in diesem Bereich profitieren die Mitarbeiter in Form einer Verbesserung ihres Gesundheitspotenzials. Somit entsteht unter Einbeziehung des Sozialkapitals ein gesundheitsförderlicher Zyklus (Abb. 1). Dies ist eine Grundannahme der vorliegenden Untersuchung.

---

[6] Im Sinne der ICF, s. Deutsches Institut für Medizinische Dokumentation et al. 2005, S. 21–22.

[7] S. Kroll, Lampert 2007.

[8] Für eine Literaturübersicht s. z. B. Hawe, Shiell 2000. Vgl. auch Bengel et al. 2001, S. 28–31.

[9] S. z. B. Hjerppe 1998, Netta 2006, Schmid 1998.

```
 ┌──────────────┐      ┌──────────────┐      ┌──────────────┐
 │   Sozial-    │ ──▶  │ Mitarbeiter- │ ──▶  │  Betriebs-   │
 │   kapital    │      │ gesundheit   │      │   erfolg     │
 └──────────────┘      └──────────────┘      └──────────────┘
```

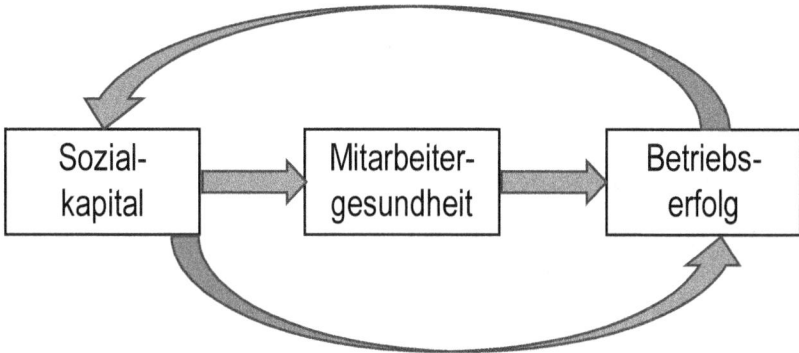

Abb. 1: Gesundheitsfördernder Zyklus mit Sozialkapital
Win-win-Situation von Mitarbeitern und Betrieb.
Die Ausstattung eines Unternehmens mit Sozialkapital wirkt sich über den Mediator Mitarbeitergesundheit auf den Betriebserfolg aus, aber auch auf direktem Weg. Aus diesen Beziehungen entsteht für den Betrieb der Anreiz zur Ausweitung des Sozialkapitals, von der die Mitarbeiter durch gesundheitsfördernde Effekte des Sozialkapitals unmittelbar profitieren.

Hinsichtlich der Auswirkungen der Ausstattung der Mitglieder von Organisationen mit Sozialkapital auf deren Gesundheit sind zwei Wirkungsweisen zu unterscheiden: Eine direkte und eine indirekte. Auf indirektem Wege führt eine höhere individuelle Ausstattung mit Sozialkapital zu einer höheren materiellen Ausstattung, die sich – über verschiedene Zwischenstufen – in einem besseren Gesundheitsstatus niederschlägt. Die direkte Wirkung geht nicht über den Mediator materielles Kapital, sondern basiert auf einer Unterstützungsthese. Diese bezieht sich besonders auf das Netzwerkkapital. Der Einfluss positiv erlebter Beziehung auf das menschliche Gefühlsleben kann als ein gesicherter epidemiologischer Zusammenhang gesehen werden,[10] der nicht nur im Arbeitsleben, sondern auch in der Familie und der Freizeit auftritt. Ein früher Ansatz zum Nachweis dieses Zusammenhangs ist die Hervorhebung der Bedeutung des Kohärenzgefühls von Individuen durch Antonov-

---

[10] S. Badura 2008.

sky[11]. Zusammenhänge zwischen der individuellen Ausstattung mit Sozial-kapital und dem Gesundheitsstand werden auch aktuell empirisch berichtet.[12] Die Ausstattung mit Sozialkapital hat demnach *per se* eine Auswirkung auf den menschlichen Gesundheitszustand.

1.3 Gang der Untersuchung

Im Rahmen der empirisch orientierten Untersuchung werden anhand von speziell erhobenen Daten in fünf Betrieben Zusammenhänge zwischen der Ausstattung mit Sozialkapital und dem Betriebserfolg ermittelt.

Im folgenden Abschnitt (1.4) wird dargelegt, dass die Untersuchung einen Beitrag zur gesundheitswissenschaftlichen Forschung leistet. Dazu werden verschiedene Konzeptionen der Gesundheitswissenschaft referiert und die Inhalte und Methoden der Arbeit darin verortet. Im Ergebnis wird festgestellt, dass die Untersuchung von der Anlage her gesundheitswissenschaftlich ist, sich methodisch allerdings zu einem großen Teil an der Schnittstelle zur Be-triebswirtschaftslehre bewegt.

In Kapitel 2 wird der Begriff des Sozialkapitals beleuchtet. Exemplarisch werden die unterschiedlichen Verständnisse und Forschungsansätze sowie Paradigmata einiger wichtiger Vertreter der Sozialkapitalforschung und Sozial-kapitalliteratur synoptisch widergegeben. Dabei zeigt sich, dass der Kernbe-griff „Sozialkapital" in der Forschungsliteratur sehr unterschiedlich gebraucht wird. Der Versuch einer Synthese mit den Mitteln der pointierend-hervorhe-benden Abstraktion[13] mündet in einer Arbeitsdefinition für das Phänomen Sozialkapital die für die vorliegende Arbeit Gültigkeit beansprucht (Kapitel 1).

Zur Konkretisierung der Fragestellung werden in Kapitel 5 ausgewählte empi-rische Ergebnisse aus der Literatur zusammengefasst, die sich mit der Be-deutung von Sozialkapital für die Gesundheit von Menschen befassen. Im Kapitel 4.1 werden dazu zunächst die nachgewiesenen Zusammenhänge in

---

[11] S. Bengel et al. 2001, S. 28–31.
[12] S. Kroll, Lampert 2007, für eine ältere Übersicht über die Literatur s. Hawe, Shiell 2000.
[13] S. Eucken 1965, S. 226–227.

der allgemeinen Lebenswelt betrachtet. Im Kapitel 4.2 werden werden Untersuchungen herangezogen, die sich auf den Arbeitskontext beziehen und aufgezeigt, dass die Auswirkungen der Ausstattung von Sozialkapital auch in der Lebenswelt Arbeitsplatz beobachtet werden können.

Im Kapitel 5 wird die Fragestellung vor dem theoretischen und empirischen Hintergrund nochmals reflektiert und konkretisiert. Es wird dargelegt, dass das Konzept des Sozialkapitals einen Erklärungsbeitrag für eine ganze Reihe drängender Probleme vornehmlich des Wirtschaftslebens leisten kann. Der Schwerpunkt der vorliegenden Untersuchung liegt allerdings darin Anhaltspunkte dafür zu finden, ob sich Sozialkapital auf den Betriebserfolg auswirkt und somit ein eng gefasstes betriebswirtschaftliches Interesse an einer Ausstattung mit Sozialkapital besteht.

Demgemäß wird im Kapitel 1 das Konzept Sozialkapital auf seine Anschlussfähigkeit zu konventionellen betriebsökonomischen Denkmustern untersucht.

Im empirischen Teil der Arbeit (ab Kapitel 1) werden die Hypothesen abgeleitet und die verwendete Methodik der Zusammenhangsmessung erläutert. Anschließend wird die Stichprobe der Analyse dargestellt. Dabei handelt es sich zum einen um die untersuchten Betriebe mit ihren Abteilungen, zum anderen um die Mitarbeiter der Betriebe. Für beide Bereiche werden statistische Basisdaten dargestellt.

Zur Ermittlung der Ausstattung der Betriebe wird eine Mitarbeiterbefragung durchgeführt. Dazu wird ein spezifisches Erhebungsinstrument als Fragebogen erstellt. In Kapitel 1 werden zunächst etablierte Instrumente von dritter Seite dargestellt, die für die Erstellung des Fragebogens herangezogen werden. Besonderer Wert wird dabei darauf gelegt, die paradigmatische Anschlussfähigkeit der verschiedenen Instrumente aufzuzeigen. Im weiteren Gang werden eigene Ergänzungen zu der Kompilation von Befragungsinstrumenten dargestellt sowie die Umsetzung der Mitarbeiterbefragung in den untersuchten Betrieben beschrieben.

Die weitere Datenerhebung bezieht sich auf Informationen zum wirtschaftlichen Erfolg der untersuchten Betriebe (Kapitel 9). Zunächst werden im Abschnitt 9.1 unterschiedliche Zielstrukturen von Unternehmen diskutiert. In

Abschnitt 9.2 wird ein begriffliches Verständnis von Betriebserfolg erarbeitet und es werden Implikationen für die empirische Erhebung abgeleitet (Abschnitt 9.3).

In Abschnitt 9.4 wird zunächst das Instrument der Kennzahlen zur Darstellung von Unternehmenszielen präsentiert und anschließend die Umsetzung in der Praxis der betrachteten Betriebe dargestellt. Als ein Mittel zur Gliederung der komplexen Datenlage wird die Balanced Scorecard verwendet. Das Kapitel schließt mit einer Zusammenfassung der Erfahrungen bei der Datenexploration in den untersuchten Betrieben, die für die Anschlussforschung wichtig sein können.

Der Darstellung der beiden Formen der Datenexploration – Mitarbeiterbefragung und Ermittlung von Kennzahlen – schließt sich in Kapitel 1 die Datenanalyse an.

Analog zum Aufbau der gesamten Arbeit wird zunächst die befragungsimmanente Analyse von gesundheitlichen Auswirkungen der Ausstattung mit Sozialkapital durchgeführt. Dazu wird ein strukturbildendes Verfahren dargestellt und angewandt. Kern der Datenanalyse ist die Zusammenführung von Daten aus der Mitarbeiterbefragung, die Aufschluss über die Ausstattung mit Sozialkapital gibt, und der Kennzahlenermittlung, von Aussagen über den Betriebserfolg ermöglicht. Dazu wird in Abschnitt 10.2 das methodische Vorgehen im *Linkage Research* dargestellt und die Analyse durchgeführt.

Ein mögliches Vorgehen zur genaueren Abschätzung wirtschaftlicher Effekte wird in Kapitel 1 dargestellt. Einige weitere Forschungsdesiderate, die im Rahmen der vorliegenden Untersuchung nicht bearbeitet werden können, sind in Kapitel 1 zusammengetragen. Die Arbeit schließt mit einer Zusammenfassung (Kapitel 1).

1.4 Gesundheitswissenschaftlicher Bezug der Arbeit

Der Charakter der Gesundheitswissenschaft als interdisziplinäre Wissenschaft bringt es stets mit sich, dass zugleich ein enger Bezug zu anderen, nicht primär gesundheitswissenschaftlichen Disziplinen besteht. Insofern ist die Frage nach dem gesundheitswissenschaftlichen Bezug einer Forschungsarbeit niemals eindeutig zu beantworten. Stets kann das Für und Wider eine Zuordnung zur einen oder anderen Disziplin diskutiert werden: Passt das Forschungsvorhaben nicht besser zur Medizin, passt es nicht besser zur Psychologie, Pädagogik oder Betriebswirtschaft?

1.4.1 Was heißt Gesundheitswissenschaft?

Die Etablierung der Gesundheitswissenschaften als Fachdisziplin kann als eine Weiterentwicklung von Forschungsparadigmata im Sinne von Lakatos[14] betrachtet werden. Gemäß dieser Sichtweise ist festzustellen, dass eine historische, ausschließlich medizinische Betrachtungsweise nur bedingt die gesundheitlichen Probleme der Gegenwart zu lösen vermag. Ähnliche Entwicklungen sind in der Vergangenheit bei der Entstehung der Disziplinen Hygiene und Sozialmedizin zu beobachten gewesen, durch die jeweils eine Antwort auf drängende gesundheitliche Fragen gesucht wurde.

Ähnlich verhält es sich bei der Entwicklung einer Gesundheitswissenschaft, die sich aktuellen Problemen stellen will. Ein zentraler Aspekt ist die Verlagerung des Krankheitsspektrums, an dem die Erfolge der Medizin ihren Anteil haben. Viele Infektionskrankheiten sind heute heilbar. Deshalb verlagert sich der Fokus auf Krankheiten, die medizinisch – mit einer rein somatischen Vorgehensweise – auch heute noch nur schwer zu therapieren sind. Hinzu kommt eine Alterung der Gesellschaft, die zu veränderten Beschwerdemustern führt, die tendenziell weniger von einzelnen abgegrenzten Störungen charakterisiert sind, sondern von multiplen Beeinträchtigungen in Verbindung mit altersbedingt sinkender Leistungsfähigkeit. Solche Beschwerdemuster sind einer vollständigen Heilung oft nicht zugänglich. Durch Veränderungen in den Kontextfaktoren[15] können Betroffene dennoch wesentliche Hilfe erhalten.

Spätestens seit der Einigung über die Inhalte des Gesundheitsbegriffs in der Verfassung der Weltgesundheitsorganisation aus dem Jahr 1946 besteht ein allgemeines Verständnis über den Begriff Gesundheit als ein „Zustand des vollständigen körperlichen und sozialen Wohlbefindens und nicht nur des

---

[14] Vgl. Lakatos 1979.

[15] S. Deutsches Institut für Medizinische Dokumentation et al. 2005.

Freiseins von Krankheit und Gebrechen"[16]. Ein solches Gesundheitsverständnis impliziert jedoch die Notwendigkeit ständiger Bemühungen um den Erhalt von Gesundheit, denn Gesundheit ist in diesem Sinne ein Prozess, der nicht über fließende Grenzen zwischen *krank* und damit interventionsbedürftig und *gesund* und somit nicht interventionsbedürftig unterscheidet. Auch gesundheitlichen Beeinträchtigungen unterhalb der Schwelle einer therapeutisch-medizinischen Intervention ist demnach entgegenzutreten. An diesem Verständnis hält die Weltgesundheitsorganisation in ihren offiziellen Erklärungen weiterhin fest, nach der Ottawa-Charta aus dem Jahre 1986[17] zuletzt in der Jakarta Deklaration von 1997[18]. Hier wird festgehalten, dass Einkommen und Soziale Beziehungen zu den Grundvoraussetzungen für Gesundheit gehören.[19] Zugleich wird die Bedeutung des Setting-Ansatzes hervorgehoben,[20] bei dem auch die Lebenswelt Betrieb eine wichtige Rolle spielt.

Bei einem umfassenden Verständnis des Gesundheitsbegriffs erscheinen Interventionen innerhalb der Lebenswelt Betrieb aus der Sicht der Weltgesundheitsorganisation geboten um Gesundheit zu erhalten und zu fördern. Angemessene soziale Beziehungen sind außerdem eine Grundvoraussetzung zum Erhalt von Gesundheit. Dies sind beides Aspekte, denen in dem vorliegenden Forschungsvorhaben nachgegangen wird.

Ein Forschungsvorhaben gilt als gesundheitswissenschaftlich, wenn es sich inhaltlich mit einer Fragestellung der Gesundheitswissenschaften befasst und zu deren Bearbeitung interdisziplinär vorgeht. Das heißt, dass für jede Fragestellung und Teilfragestellung die ihr angemessene Methodik verwendet werden soll.

Somit ist jedes gesundheitswissenschaftliche Forschungsvorhaben notwendigerweise interdisziplinär, wenngleich sich aus der Person und den spezifi-

---

[16] Weltgesundheitsorganisation 1946.
[17] Weltgesundheitsorganisation 1986.
[18] Weltgesundheitsorganisation 1997.
[19] S. Weltgesundheitsorganisation 1997, Abs. 3.
[20] S. Weltgesundheitsorganisation 1997, Abs. 4.

schen Kenntnissen des Forschers heraus Schwerpunktsetzungen ergeben. Ein einzelner Forscher oder ein Gruppe von Forschern kann selbstverständlich nicht alle Disziplinen der Gesundheitswissenschaften gleichermaßen überschauen. Allerdings sollten die für die spezifische Fragestellung relevanten Methoden berücksichtigt werden.

Die Gesundheitswissenschaft verfügt also gegenwärtig weniger über eigene methodische Verfahren, sondern hebt sich unter den Wissenschaften vielmehr durch eine systematische Interdisziplinarität heraus. Die Einzeldisziplinen haben nicht den Charakter einer Hilfswissenschaft für die Gesundheitswissenschaften, denn dafür wäre eine spezifische Gesundheitswissenschaft notwendig. Hilfswissenschaften wären in diesem Zusammenhang solche Wissenschaften, die für eine der beteiligten Einzeldisziplinen eine Hilfswissenschaft sind.

Hurrelmann, Lazer und Razum[21] unterteilen die für die Gesundheitswissenschaft maßgeblichen Einzeldisziplinen nach ihrer Nähe zu zwei grundsätzlichen Paradigmata, die außerhalb der Gesundheitswissenschaften bisher in eher geringen Austausch getreten sind, dem „medizinisch-naturwissenschaftlichen Paradigma" und dem „sozial-verhaltenswissenschaftlichen Paradigma". Eine grafische Darstellung der Disziplinen findet sich in Abb. 2. Im Zentrum der Darstellung stehen zwei methodische Disziplinen: die Epidemiologie und die Empirie. Die Aufgabe der Epidemiologie ist die die Untersuchung der Verteilung von Morbidität in der Bevölkerung und der ihr zugrundeliegenden Bedingungen sowie die Messung von Interventionseinflüssen auf die Verbreitung und Entwicklung von Krankheiten und gesundheitlichen Beeinträchtigungen. Unter dem Begriff „Empirie" wird in der Grafik die empirische Sozialforschung verstanden, mit der Kausalitätsbeziehungen untersucht werden. Für diese ist zum Beispiel die Statistik eine Hilfswissenschaft: Für die Arbeit der empirischen Sozialforschung ist diese heute unverzichtbar, doch es handelt sich nicht um eine Einzeldisziplin der Gesundheitswissenschaften, da sie keinen eigenen inhaltlichen Beitrag dazu leistet.

---

[21] S. Hurrelmann et al. 2006.

Um diese methodischen Disziplinen herum gruppieren Hurrelmann et al. die einzelnen Fachdisziplinen, die sie nach den genannten Paradigmata in zwei Hauptgruppen gliedern. Diese Gliederung erfolgt weniger aufgrund inhaltlicher Kriterien, sondern vielmehr aufgrund historisch bedingter Animositäten, die im Rahmen der Gesundheitswissenschaften überwunden werden sollen. Es handelt sich dabei zum einen um Wissenschaften mit medizinisch-naturwissenschaftlichem, zum anderen um solche mit sozial- und verhaltenswissenschaftlichem Schwerpunkt.

Gemäß dieser Einteilung ist das vorliegende Forschungsvorhaben ein gesundheitswissenschaftliches, das sich vorwiegend im Rahmen des sozial- und verhaltenswissenschaftlichen Paradigmas bewegt. Schwerpunkte liegen gemäß dieser Gliederung in den Einzeldisziplinen der Gesundheitsökonomie, der Organisations- und Managementwissenschaften, der Sozialmedizin sowie der Arbeits- und Umweltmedizin.

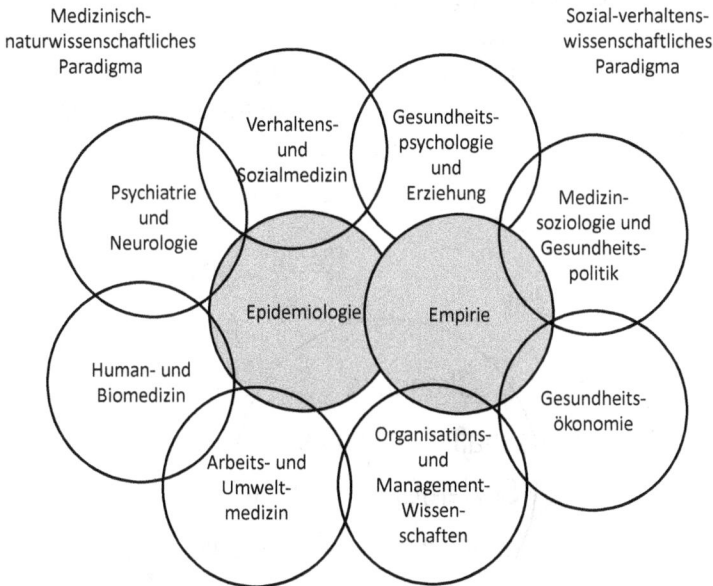

Medizinisch-
naturwissenschaftliches
Paradigma

Sozial-verhaltens-
wissenschaftliches
Paradigma

Verhaltens-
und
Sozialmedizin

Gesundheits-
psychologie
und
Erziehung

Psychiatrie
und
Neurologie

Medizin-
soziologie und
Gesundheits-
politik

Epidemiologie

Empirie

Human- und
Biomedizin

Gesundheits-
ökonomie

Arbeits- und
Umwelt-
medizin

Organisations-
und
Management-
Wissen-
schaften

Abb. 2: Die zentralen fachlichen Einzeldisziplinen der Gesundheitswissenschaften[22]

Vehrs und Schnabel[23] beurteilen die Relevanz der verschiedenen Teildisziplinen der Gesundheitswissenschaften im Hinblick auf die Gesundheitswissenschaften als Gesamtdisziplin unterschiedlich. Hier stehen Sozialepidemiologie und Soziologie im Zentrum der wissenschaftlichen Disziplinen, die einen
Beitrag zu den Gesundheitswissenschaften liefern. Medizin, Psychologie und
Ökonomie gehören auch hier zum inneren Zirkel der Wissenschaften, die einen wesentlichen Beitrag zur Gesamtwissenschaft leisten, von ihnen wird
jedoch ein tendenziell geringerer Beitrag für die Kernfragestellungen des
Fachs erwartet. Dennoch werden sie als Grundlagenwissenschaften verstanden.

---

[22] Grafik nach Hurrelmann et al. 2006, S. 29.
[23] S. Vehrs, Schnabel 2005.

Anderen Wissenschaften kommt nach Vehrs und Schnabel in Bezug auf die Gesundheitswissenschaften eine untergeordnete Funktion zu. So auch der Betriebswirtschaft, die im hier diskutierten Forschungsvorhaben eine wichtige Rolle spielt. Sie wird neben anderen Wissenschaften zwar zu den relevanten Wissenschaften gerechnet, steht jedoch mit am Rande und wird als „Ergänzungswissenschaft" bezeichnet (s. Abb. 3).

Abb. 3: Die Gliederung der gesundheitswissenschaftlichen Disziplinen[24]

1.4.2 Ist die bearbeitete Fragestellung eine gesundheitswissenschaftliche?

Die Untersuchung gliedert sich in eine Reihe von Komponenten, von denen einige einen klassischen Bezug zur Gesundheit von Menschen haben; bei anderen Komponenten liegt das gesundheitswissenschaftliche Interesse da-

---

[24] Grafik nach Vehrs, Schnabel 2005.

rin, dass eine Vereinbarkeit gesundheitlicher Präventionsziele mit nicht-gesundheitswissenschaftlichen Rationalitäten dargestellt wird.

Im Rahmen des gesundheitsförderlichen Zyklus im Unternehmen (s. Abb. 1, S. 17) wird auf der Grundlage gesundheitswissenschaftlicher Rationalitäten von einer Auswirkung des Sozialkapitals auf die Gesundheit von Mitarbeitern ausgegangen. Darüber hinaus werden betriebswirtschaftliche Auswirkungen des Gesundheitszustandes von Mitarbeitern auf den Betriebserfolg postuliert. Außerdem betrachtet werden die unmittelbaren Auswirkungen des Sozialkapitals auf den Betriebserfolg ohne Beteiligung des Mediators Mitarbeitergesundheit. Diese folgen einer nicht primär gesundheitswissenschaftlichen Rationalität. Die hier verfolgte Rationalität ist betriebswirtschaftlich, folgt einem angenommenen ökonomischen Paradigma und ist einzelwirtschaftlich ausgerichtet. Dieser Teil der Untersuchung ist ökonomisch, weil von rational handelnden und nutzenmaximierenden Entscheidern in der Unternehmensleitung ausgegangen wird. Dabei werden einige Verhaltensannahmen getroffen. Im Einzelnen handelt es sich dabei um methodologischen Individualismus, systematische Reaktionen auf Anreize, Trennung zwischen Präferenzen und Einschränkungen sowie Eigennutzorientierung.[25] Sogar der postulierte Zusammenhang zwischen der Ausstattung eines Betriebes mit Sozialkapital und der Mitarbeitergesundheit unterstellt letztlich ökonomische Rationalität seitens der Mitarbeiter, da diese ein Interesse am Erhalt ihrer Gesundheit haben.

Die Gesundheitswissenschaft zeichnet sich als interdisziplinäre Wissenschaft nicht durch eine spezielle Methodik, sondern durch ihren Erkenntnisgegenstand aus. Somit ist die Frage nach dem gesundheitswissenschaftlichen Bezug der Forschungsarbeit auf ihre Inhalte zu beschränken. Die wichtige Beurteilung, ob die gewählte Forschungsmethode letztlich zielführend und angemessen ist, erfährt ihre Bewertung durch die Wahl der angemessenen gesundheitswissenschaftlichen Disziplin.

---

[25] S. McKenzie, Tullock 1984. Die Terminologie folgt Frey, Heggli, S. 305–311. Für eine ausführliche Diskussion s. Wiesenthal 1987, S. 434–448.

Die vorliegende Untersuchung setzt sich unter Forschungsgesichtspunkten aus mehreren Komponenten zusammen, für die der gesundheitswissenschaftliche Bezug einzeln untersucht werden kann. Die fünf Hauptkomponenten sind

1. Messung der Ausstattung von Betrieben mit Sozialkapital.
2. Nachweis eines Zusammenhangs zwischen dem Sozialkapital von Betrieben und der Gesundheit von Mitarbeitern.
3. Messung der Abteilungsergebnisse in Betrieben.
4. Zusammenführung der Messungen.
5. Betriebswirtschaftliche Bewertung der identifizierten Zusammenhänge.

Aus den verschiedenen Komponenten der Untersuchung ergibt sich ein Methodenmix, bei dem für jede Komponente die angemessene Methode zur Anwendung kommt. Gemäß der unterschiedlichen Bedeutung der einzelnen Komponenten für die Gesamtuntersuchung werden dabei Schwerpunkte gesetzt, was dem interdisziplinären Ansatz jedoch nicht zuwiderläuft

Im Folgenden werden die Inhalte der jeweiligen Komponenten rekapituliert und die gewählte Methode dargestellt.

ad 1: Messung der Ausstattung mit Sozialkapital

Ziel ist die Ermittlung der abteilungsbezogenen Ausstattung mit Sozialkapital in Betrieben. Diese wird fragebogengestützt erhoben. Das Fragebogeninstrument ist eine Zusammensetzung aus verschiedenen validierten Erhebungsinstrumenten, die übernommen werden.

Diese Untersuchung ist eindeutig empirisch. Die zugrundeliegende Annahme – nämlich die Existenz eines Konstrukts *Sozialkapital* – ist psychologisch. Um die Arbeit nicht ausufern zu lassen wird die psychologische Wirkungsweise von Sozialkapital allerdings nicht weiter verfolgt. Für die Fragestellung ist es ausreichend, die Tatsache eines Zusammenhangs festzustellen.

Die einschlägige Teildisziplin ist die Psychologie, insbesondere die Arbeits- und Organisationspsychologie in der Lebenswelt Unternehmen. Nach Hurrelmann et al.[26] handelt es sich dabei um eine einschlägige Teildisziplin der Gesundheitswissenschaften. Der Betrachtungsgegenstand ist dabei abgeleiteter Natur. Die inhaltliche Relevanz hinsichtlich der Gesundheit im engeren Sinne erhält er im Rahmen der nachfolgenden Komponente.

ad 2: Nachweis eines Zusammenhangs zwischen der betrieblichen Ausstattung mit Sozialkapital und der Gesundheit von Mitarbeitern

Ziel dieser Komponente ist der Nachweis eines epidemiologischen Zusammenhangs zwischen der Ausstattung mit Sozialkapital im Unternehmen und der Gesundheit von Mitarbeitern.

Dieser Nachweis erfolgt auf zwei Ebenen. Einerseits durch die Übertragung epidemiologischer Erkenntnisse aus anderen Lebenswelten auf die Lebenswelt Arbeitsplatz. Im Rahmen der Vorarbeiten zu dieser Übertragungsleistung erfolgt auch die Hypothesenbildung. Die eigentliche Überprüfung dieser plausiblen Kausalitätsbeziehung erfolgt durch Analyse des im Rahmen der Fragebogenerhebung berichteten Gesundheitszustandes der Mitarbeiter, der zur Ausstattung mit Sozialkapital in Beziehung gesetzt wird. Erwartbar ist hier der Nachweis eines Zusammenhanges, weniger der Nachweis einer kausalen Beziehung. Die Kausalitätsbeziehung ist somit im Rahmen der Übertragungsleistung aus anderen Settings zu begründen.

Einschlägige Teildisziplinen sind die Epidemiologie und die Arbeitsmedizin, Sozialmedizin und Umweltmedizin. Diese medizinischen Teildisziplinen stehen von jeher mit im Mittelpunkt der Gesundheitswissenschaften. Daneben kommen im Rahmen der empirischen Sozialforschung uni- und multivariate statistische Verfahren als Hilfswissenschaft zur Anwendung.

ad 3: Messung der Abteilungsergebnisse in Betrieben

Ziel dieser Komponente ist die abteilungsbezogene Erfolgsmessung im Betrieb.

---

[26] S. Hurrelmann et al. 2006.

Dies erfolgt durch die Identifikation geeigneter Kennzahlen in den verschiedenen betrieblichen Funktionsbereichen wie Controlling, Rechnungswesen, Personalwesen und Produktionssteuerung.

Einschlägige Teildisziplinen sind besonders die Betriebswirtschaft und daneben die Organisations- und Managementwissenschaft. Die Erfolgsmessung in Betrieben gehört sicherlich nicht zu den gesundheitswissenschaftlichen Kerndisziplinen. Der gesundheitswissenschaftliche Bezug liegt hier einzig in der Notwendigkeit der Datengenerierung, um gesundheitswissenschaftliche Schlüsse ziehen zu können. Das Vorgehen im Rahmen dieser Komponente ist insofern auch über den Rahmen gesundheitswissenschaftlicher Interdisziplinarität hinaus interdisziplinär.

ad 4: Zusammenführung der Ergebnisse und Schlussfolgerungen

Das Ziel dieser schlussfolgernden Komponente ist die Zusammenführung der gesundheitswissenschaftlichen mit den betriebswirtschaftlichen Daten. Dies erfolgt wiederum unter Verwendung der Hilfswissenschaft Statistik, aus der uni- und multivariate Verfahren zur Anwendung kommen.

Einschlägig in dieser Komponente sind wichtige Teildisziplinen der Gesundheitswissenschaften, nämlich die Psychologie, insbesondere die Arbeits- und Organisationspsychologie, die Epidemiologie und die Arbeitsmedizin, Sozialmedizin und Umweltmedizin. Darüber hinaus erfolgt eine interdisziplinäre Arbeit über die gesundheitswissenschaftlichen Teildisziplinen hinaus, die sich auf die Betriebswirtschaft erstreckt. Der Statistik kommt der Rang einer bedeutenden Hilfswissenschaft zu.

ad 5: Betriebswirtschaftliche Bewertung der identifizierten Zusammenhänge

Ziel dieser allerdings nur in Ansätzen behandelten Komponente ist die Darlegung einer ökonomischen Quantifizierbarkeit der identifizierten Zusammenhänge. Da der Rentabilität innerhalb der betriebswirtschaftlichen Rationalität die entscheidende Rolle zukommt, wird hier dargelegt, ob und in welchem Umfang sich die Auswirkungen der Ausstattung mit Sozialkapital in finanzieller Größe darstellen lassen.

Im Rahmen dieser Komponente kommen vorwiegend betriebswirtschaftliche Methoden zur Anwendung. Der gesundheitswissenschaftliche Bezug liegt hier in der Überprüfung der Vereinbarkeit gesundheitswissenschaftlicher und betriebswirtschaftlicher Rationalitäten. Letztlich handelt es sich bei der Durchführung dieser Komponente also um einen ergebnisbezogenen Methodenvergleich.

Aus den wirtschaftlichen und gesundheitlichen Zusammenhängen des Themas wird die Lebenswelt Arbeitsplatz als Ausschnitt herausgegriffen. Es stellt sich die Frage, ob dieser Ausschnitt von gesundheitswissenschaftlicher Erheblichkeit ist. Diese Frage lässt sich letztlich erst im Nachhinein beantworten. Mit Max Weber kann argumentiert werden, dass sich die Gesichtspunkte, unter denen ein Gegenstand untersucht wird, nicht aus dem Stoff selbst ergeben, sondern den Gesichtspunkten des Interesses folgen. Der Untersuchungsgegenstand und die Verfolgung des Regress seien von den „Wertideen" des Forschers bestimmt. Im Erfolgsfalle ist der Nachweis erbracht, dass die Gesichtspunktwahl offensichtlich nicht „willkürlich" erfolgte.[27] Die Gesichtspunkte sind hier die Schwerpunktsetzung auf das Sozialkapital und die Lebenswelt Betrieb. Die Frage, ob die Gesichtspunktwahl im vorliegenden Fall letztlich ertragreich war, wird in den letzten Kapiteln der Untersuchung beantwortet werden können.

1.5 Zusammenfassung

Die untersuchte Fragestellung ist eine gesundheitswissenschaftliche. Für das Verständnis von Gesundheitswissenschaften wurde dabei auf die Definitionen von Hurrelmann et al., Vehrs und Schnabel sowie der Weltgesundheitsorganisation rekurriert, aus denen ein Gesamtrahmen gebildet wurde.

Der gesundheitswissenschaftliche Bezug des Forschungsvorhabens kennzeichnet sich besonders dadurch, dass eine ganze Reihe gesundheitswissenschaftlicher Kerndisziplinen herangezogen werden, die um die Hilfswissenschaft Statistik ergänzt werden. Daneben ist ein starker betriebswirt-

---

[27] S. Weber 1988, S. 170.

schaftlicher Bezug gegeben, der den gesundheitswissenschaftlichen Rahmen im engeren Sinne teilweise sprengt. Der gesundheitswissenschaftliche Bezug liegt hier auf zwei Ebenen. Zum einen ist ein betriebswirtschaftliches Vorgehen notwendig, um die benötigten Daten zur Analyse zu generieren. Insofern findet dieses Vorgehen im Rahmen eines gesundheitswissenschaftlichen Interesses statt und gewinnt dadurch in dieser Studie den Charakter der Interdisziplinarität, die die den Gesundheitswissenschaften inhärente Interdisziplinarität erweitert. Zum anderen spielt die Betriebswirtschaft eine Rolle bei dem Vergleich der Ergebnisse hinsichtlich des Handelns nach gesundheitswissenschaftlichen beziehungsweise betriebswirtschaftlichen Rationalitäten. Hier wird im Ansatz ein Wissenschaftsvergleich verfolgt, allerdings mit einem strengen und anwendungsbezogenen Gesundheitsbezug.

2 Sozialkapital

Soziale Beziehungen haben einen augenscheinlichen Einfluss auf die Werte und das Vertrauen von Menschen, auf die Entwicklungsmöglichkeiten von Ländern und Regionen und auf ökonomische Entwicklungsmöglichkeiten in Unternehmen und Volkswirtschaften. Unter sozialpsychologischer Betrachtung sind sie maßgeblich für das Wohlbefinden und die Gesundheit von Menschen. Es ist nicht erstaunlich, dass das Konzept des Sozialkapitals, das all diese Aspekte umfasst, verhältnismäßig rasch Popularität in der Wissenschaft erlangte.[28] Fine stellt sogar fest, die Sozialtheorie sei unter dem erkenntnisleitenden Aspekt des Sozialkapitals neu gefasst worden.[29] In der Tat erscheint das Konzept für viele Untersuchungen erkenntnisfördernd. Der Wissenschaft und Gesellschaft stellen sich viele Fragen, die mit einer Vorstellung von Sozialkapital beantwortet werden könnten. Fast ebenso vielfältig wie die zu bearbeitenden Fragestellungen erweist sich das Verständnis darüber, was Sozialkapital denn sei. Die Weltbank gab ein umfassendes Kompendium zu der Thematik Sozialkapital heraus, das den Titel „A Multifaceted Perspective"[30] – eine vielseitige oder facettenreiche Perspektive – trägt.

Das Konzept vom Sozialkapital hat aufgrund seiner hohen Plausibilität rasch eine große Verbreitung erlangt. Häufig wird der Begriff dabei als eine mehr oder weniger unbestimmte Metapher verwendet, mit der die Bedeutung sozialer Beziehungen für die Handlungen von kollektiven und individuellen Akteuren hervorgehoben werden soll.[31] Unter dem Begriff firmiert eine ganze Reihe unterschiedlicher Vorstellungen und Herangehensweisen.[32]

---

[28] S. Quibria 2003, S. 1.

[29] S. z. B. Fine 2001, S. 125.

[30] Dasgupta et al. 2000.

[31] S. Jans 2003, S. 3, s. Waldström 2003, S. 1, s. Adam, Roncevic 2005, S. 213–214, s. Herrmann-Pillath, Lies 2001, S. 362, s. Quibria 2003, S. 1–2.

[32] Für kurzgefasste Übersichtsdarstellungen über verschiedene Sozialkapitalkozepte s. Adler, Kwon 2002, S. 20, Jans 2003, S. 4 et passim, Haug 1997, S. 2–9, Quibria 2003.

2.1 Begrifflichkeiten und Konzepte

Das teilweise unterschiedliche Verständnis der Autoren bringt es mit sich, dass das jeweils verwendete Sozialkapitalkonstrukt in jeder Studie explizit zu machen ist.[33] Häufig unterbleibt dies allerdings und es wird eher implizit auf eines der etablierten Konzepte rekurriert, das jedoch ungenannt bleibt und durch eigene Ergänzungen des jeweiligen Autors erweitert wird. Eine Folge ist, dass Studien und Essays zum Sozialkapital kaum vergleichbar sind. Besonders deutlich wird der Definitionsbedarf wenn das Vorhandensein von Sozialkapital gemessen werden soll. Aus diesem Grund soll das Verständnis von Sozialkapital auch für die vorliegende Untersuchung näher erläutert werden. Das Verständnis von Sozialkapital für die die vorliegende Untersuchung wird in Kapitel 1 expliziert.

In den folgenden Abschnitten wird das Verständnis einiger klassischer Autoren zum Sozialkapital dargestellt. Die Auswahl der Autoren erfolgte dabei zum einen nach ihrer Bedeutung und Bekanntheit für das Sozialkapitalkonzept, andererseits sollten Ansätze dargestellt werden.

Um in der verwirrenden Fülle der Konzepte eine gewisse Übersichtlichkeit zu ermöglichen, werden die verschiedenen Autoren nach einem standardisierten Raster behandelt. Überschrieben wird der Absatz mit dem Namen des Autors. Aus mnemotechnischen Gründen wird dieser um einige wenige Schlagworte ergänzt, die gegebenenfalls ausgeführt werden. Es folgt (1) eine Definition des Sozialkapitalbegriffs im Wortlaut der jeweiligen Autoren, der zum besseren Verständnis ggf. mit einigen Erläuterungen ergänzt wird. Anschließend werden (2) die betrachteten Konstrukte, auf die sich der Autor vornehmlich bezieht, dargestellt. Danach wird (3) die Stellung von Sozialkapital im Kausalzusammenhang des jeweiligen Theoriekonstrukts erläutert. Dem schließt sich (4) die Nennung der jeweiligen bevorzugten Analyseebenen des Autors an. Anschließend wird (5) eine Bewertung des Ausmaßes der theoretischen Fundierung vorgenommen. Im Folgenden wird erläutert, was sich hinter den fünf Schritten verbirgt.

---

[33] S. Adam, Roncevic 2005, S. 216, s. Jans 2003, S. 7.

(1) Definition

Die Definition im Wortlaut gibt in der Regel zugleich Auskunft über die betrachteten Konstrukte und damit die verwendete Begrifflichkeit.

(2) Konstrukte und Operationalisierungen

Im Abschnitt Konstrukte wird die Definition ggf. um standardisierte Bezeichnungen für die betrachteten Konstrukte und Phänomene ergänzt. Hierzu gehören auch vorgeschlagene Operationalisierungen[34] zum Sozialkapital, sofern durch den jeweiligen Autor ein Ansatz zur Messung der qualitativen oder quantitativen Ausprägung von Sozialkapital geliefert wird.

(3) Stellung im Kausalzusammenhang

Über die Wirkungszusammenhänge von Sozialkapital, über Ursachen und Folgen besteht zwischen den Konzepten und teilweise auch innerhalb der Konzepte Uneinigkeit. Dies gilt sowohl in der theoretischen Betrachtung als auch in praktischen Wirkungszusammenhängen. So kann ein Aspekt des Sozialkapitals etwa eine Folge von Sozialstrukturen sein, die gegebenenfalls auch nur mittelbar beobachtet werden. Gelegentlich wird das Sozialkapital aber auch mit dem Netzwerk gleichgesetzt oder das Netzwerk an sich als das Sozialkapital der Akteure verstanden. Gelegentlich folgt aus dem Vorhandensein von Sozialkapital auch ein kollektiver Mehrwert, manchmal wird auch von diesem auf das Vorliegen von Sozialkapital geschlossen.[35] Diese Zusammenhänge werden von den Autoren häufig nur angedeutet.

(4) Analyseebene

Gelegentlich werden die Sozialkapitalkonzepte aus empirischen Beobachtungen der Autoren abgeleitet. Diese können sich auf unterschiedliche Aggregate und Settings beziehen. Dies gilt selbstverständlich auch für rein theoriegeleitete Konzepte. So kann der Schwerpunkt etwa wie in der vorliegenden Untersuchung auf Wirtschaftsunternehmen gelegt werden, die wiederum in der Mikro-, Meso- und Makroebene betrachtet werden können. Weitere Bei-

---

[34] Vgl. Haug 1997, S. 27–31.
[35] S. Jans 2003, S. 5.

spiele sind die Betrachtung ganzer Volkswirtschaften oder einzelner gesellschaftlicher Gruppierungen.

(5) Ausmaß der theoretischen Fundierung

Den betrachteten Konzepten ist es gemeinsam, dass das Sozialkapital als ein wichtiges erkenntnisleitendes Paradigma verwendet wird. In diesem Abschnitt wird dargestellt, ob für das betrachtete Konzept eine theoretische Fundierung festgestellt werden kann.[36] Diese kann entweder explizit durch den Autor dargestellt worden sein oder aus den Ausführungen ist ein impliziter Rückgriff auf bekannte Theorieschulen ableitbar. Diese sind zum Beispiel an der Verwendung spezifischer Begriffe erkennbar.[37]

2.1.1 Bourdieu

Schlagworte

Ressourcencharakter von Sozialkapital, Netzwerke und soziale Ungleichheit. Das Konzept hat umfassende Verbreitung erlangt und kann als das am weitesten verbreitete angesehen werden.

Definition

„Das Sozialkapital ist die Gesamtheit der aktuellen und potentiellen Ressourcen, die mit dem Besitz eines dauerhaften Netzes von mehr oder weniger institutionalisierten *Beziehungen* gegenseitigen Kennens oder Anerkennens verbunden sind; oder, anders ausgedrückt, es handelt sich dabei um Ressourcen, die auf der Zugehörigkeit zu einer Gruppe beruhen."[38]

„[...] der Begriff des Sozialkapitals ist nicht aus einer rein theoretischen Arbeit entstanden, noch weniger als eine analoge Ausweitung ökonomischer Begriffe. Vielmehr hat er sich angeboten zur Benennung des *Prinzips sozialer Wirkungen,* von Wirkungen also, die zwar auf der Ebene der individuell Handelnden – wo die statistischen Erhebungen sich zwangsläufig bewegen – klar

---

[36] S. a. Jans 2003, S. 10.
[37] Vgl. Gadamer 1960, S. 267.
[38] Bourdieu 1993, S. 63, kursiv im Original.

erfassbar sind, ohne sich jedoch auf die Summe von individuellen Eigenschaften bestimmter Handelnder reduzieren zu lassen. Diese Wirkungen, die von der Spontansoziologie gerne als das Wirken von ‚Beziehungen' identifiziert werden, sind in all den Fällen besonders gut sichtbar, wo verschiedene Individuen aus einem etwa gleichwertigen (ökonomischen oder kulturellen) Kapital sehr ungleiche Erträge erzielen, und zwar je nachdem, inwieweit sie in der Lage sind, das Kapital einer mehr oder weniger institutionalisierten und kapitalkräftigen Gruppe (Familie, Ehemalige einer ‚Elite'-Schule, vornehmer Club, Adel usw.) stellvertretend für sich zu mobilisieren."[39]

Konstrukte und Operationalisierungen

Zur Erklärung der makrosoziologischen sozialen Ungleichheit legt Bourdieu eine streng makrosoziologisch orientierte Kapitaltheorie vor. Die Bildung von Sozialkapital setzt demnach ständige Tauschbeziehungen voraus,[40] die mit Investitionscharakter Ressourcen verbrauchen. Es kann akkumuliert werden, sein Wert steigt überproportional: Die Beziehungen, die das Sozialkapital ausmachen, steigen exponentiell. Sozialkapital kann in andere Kapitalarten transformiert werden. Operationalisieren lässt sich der Begriff in der Darstellung sozialer Netzwerke.

Stellung im Kausalzusammenhang

Sozialkapital ist im Kausalzusammenhang zugleich Explanans und Explanandum. Zentrales Element des Konzepts ist die Netzwerkbildung. Ein bestehendes Netzwerk ist leicht zu vergrößern, da der Wert hinzukommender Relationen exponentiell steigt.

Analyseebene

Die Analyseebene ist makrosoziologisch. Bourdieu betrachtet vorzugsweise gesamte Gesellschaften.

---

[39] Bourdieu 1993, S. 76 Anm. 12, kursiv im Original.
[40] S. Bourdieu 1993, S. 63.

Ausmaß der theoretischen Fundierung

Das Konzept ist theoretisch fundiert, aber empirisch nicht umfassend untersucht. Es wurde deduktiv aus qualitativer Sozialforschungsarbeit abgeleitet. Bourdieu geht stark reflexiv vor, das heißt die empirische Forschungsarbeit ist theorieleitend. Er warnt jedoch dezidiert vor Theoriehuberei, die er als Gefahr der „überall zu beobachtenden und immer schärfer werdenden Trennung von Theorie und empirischer Forschung, von der auch die Parallelentwicklung von methodologischer Perversion und theoretischer Spekulation lebt"[41] betrachtet.

Seinem Konzept liegt eine umfassende Kapitaltheorie zugrunde. Sozialkapital wird als Netzwerkkapital und somit als die qualitätsadjustierte Anzahl sozialer Beziehungen aufgefasst. Bourdieu verwendet das Konzept in etlichen qualitativen Untersuchungen.

2.1.2 Coleman

Schlagworte

Freiwilliger Aufbau von Vertrauensbeziehungen, die zu ihrer Festigung sozialer Normen bedürfen. Zugrundeliegende Modellannahmen sind Rational Choice und Tauschtheorie.

Definition

„Soziales Kapital wird durch seine Funktion definiert. Es ist kein Einzelgebilde, sondern ist aus einer Vielzahl verschiedener Gebilde zusammengesetzt, die zwei Merkmale gemeinsam haben. Sie alle bestehen nämlich aus irgendeinem Aspekt einer Sozialstruktur, und sie begünstigen bestimmte Handlungen von Individuen, die sich innerhalb der Struktur befinden. Wie andere Kapitalformen, ist soziales Kapital produktiv und ermöglicht die Erreichung von Zielen, die ohne es nicht erreichbar wären. [...] Anders als andere

---

[41] Bourdieu, Wacquant 1992, S. 212, übers. Ue-.

Kapitalformen wohnt soziales Kapital den Beziehungsstrukturen zwischen zwei und mehr Personen inne."[42]

Konstrukte und Operationalisierungen

Coleman beginnt seine Analyse mit der Darstellung der Bildung von Herrschaftsprozessen, die ihren Anfang darin nehmen, dass ein Akteur seine Handlungsmacht freiwillig an einen andern überträgt, da er seine Interessen so besser gewahrt sieht. Dabei sieht er eine Agency-Problematik, die durch das Konstrukt einer reziproken Vertrauensbeziehung überwunden,[43] aber auch enttäuscht werden kann. Eine solche Enttäuschung kann durch längerfristige Austauschbeziehungen vermieden werden. Einmalige Vertrauensbrüche können diese Austauschbeziehungen nachhaltig schädigen. Daher entsteht ein Bedürfnis nach Kontrolle und Sanktion abweichenden Verhaltens. Dieses ist nach Coleman ein wesentliches Element des Sozialkapitals.

Stellung im Kausalzusammenhang

Sozialkapital ist im Kausalzusammenhang originär Explanandum. Durch Aggregation von Akteuren tritt es auch als Explanans auf. Zentrales Element ist die Bildung von Vertrauen sowie nachfolgend von sozialen Normen zur Reziprozitätssicherung.

Analyseebene

Im Ausgang ist die Analyse streng mikrosoziologisch. Im weiteren Verlauf werden jedoch auch Handlungskollektive betrachtet, die sich aus dem freiwilligen Zusammenschluss von Einzelsubjekten ergeben. Somit legt Coleman eine Grundlage für wechselnde Betrachtungen verschiedener Aggregationen.

---

[42] Coleman 1995 Band 1, S. 392. Im Original: "Social capital is defined by its function. It is not a single entity, but a variety of different entities having two characteristics in common: They all consist of some aspect of social structure, and they facilitate certain actions of individuals who are within the structure. Like other forms of capital, social capital is productive, making possible the achievement of certain ends that would not be attainable in its absence. [...] Unlike other forms of capital, social capital inheres the structure of relations between persons and among persons." Coleman 1990, S. 302.

[43] S. Coleman 1988, S. 102.

Sein Vorgehen wird daher häufig als eine „Mikro-Makro-Modellierung"[44] charakterisiert.

Ausmaß der theoretischen Fundierung

Colemans Theorie basiert auf einem Markttauschprozess rationaler Akteure.[45] Primär ist sie daher nur auf freiwillige Tauschprozesse anwendbar. Coleman liefert auch Vorschläge zur mathematischen Formalisierung dieser Austauschprozesse.[46] Sein Modell kann daher als theoretisch ausgebaut betrachtet werden. Angreifbar ist es vor allem hinsichtlich der restriktiven Annahme rationaler und nutzenmaximierender Akteure. Dieses Defizit kommt besonders in den mathematischen Modellen zum Tragen.

2.1.3 Fukuyama

Schlagworte

Implizite Darstellung.

Definition

"Social capital can be defined simply as an instantiated set of informal values or norms shared among members of a group that permits them to cooperate with one another. If members of the group come to expect that others will behave reliably and honestly, then they will come to *trust* on another. Trust acts like a lubricant that makes any group or organization run more efficiently."[47]

Konstrukte und Operationalisierungen

Sozialkapital ermöglicht in diesem Sinne die Herausbildung von Gruppen ohne formalisierte Vertragsbeziehungen und damit die Einsparung von Transaktionskosten. Fukuyama bleibt mit seiner stark auf Normen- und Wertebildung ausgerichteten Argumentation originär, weil er Netzwerke nicht als

---

[44] S. z. B. Haug 1997, S. 2, Jans 2003, S. 12, Matiaske 1999, S. 90–95.
[45] S. Schmid 2007, S. 70.
[46] S. Coleman 1990 Band 3.
[47] Fukuyama 2000, S. 98.

dem Sozialkapital per se zugehörig betrachtet, sondern nur die gemeinsamen Werte und Normen darunter fasst.

Stellung im Kausalzusammenhang

Die Stellung im Kausalzusammenhang bleibt bei Fukuyama inkonsistent. Zum einen ist Sozialkapital eine abhängige Variable, die durch das Vertrauen, das in einer Gesellschaft besteht, gebildet wird. An anderer Stelle ist es wiederum eine unabhängige oder intervenierende Variable, die – in seiner Ausprägung kulturell bedingt – den Zustand einer Volkswirtschaft maßgeblich gestaltet.[48]

Analyseebene

Das hauptsächliche Augenmerk Fukuyamas liegt auf der Makroebene: Primär verwendet er das Konstrukt zur Erklärung von wirtschaftlicher Prosperität. Die Mikro- und Mesoebene kommen nur im Verlauf der Argumentation zum Tragen.

Ausmaß der theoretischen Fundierung

Fukuyama vermeidet eine explizite theoretische Festlegung und sein Sozialkapitalkonzept bleibt somit selbst in seinem Hauptwerk[49] vage. Sein Ziel war es, denjenigen Teil des wirtschaftlichen Handelns zu erklären, den die neoklassische Ökonomie nicht zu erklären vermag.[50]

2.1.4 Putnam

Schlagworte

Reziprozität und Vertrauen in Netzwerken.

Definition

"By 'social capital' I mean features of social life – networks, norms, and trust – that enable participants to act more effectively to pursue shared objectives.

---

[48] Vgl. auch Jans 2003, S. 15.
[49] Sc. Fukuyama 1995.
[50] S. Fukuyama 1995, S. 29–31.

[...] Social capital, in short, refers to social connections and the attendant norms and trust."[51]

Konstrukte und Operationalisierungen

Die Analysekonstrukte Putnams sind Normen und Netzwerke. Das Vorhandensein von Normen an sich wird vorausgesetzt. Ein Kernpunkt in Putnams Betrachtungen sind Reziprozitätsnormen, die eine breite Vertrauensbasis bilden können. Es entstehen Netzwerke in sozial dichten Interaktionsräumen, die zum einen helfen, kollektive Handlungsdilemmata zu überwinden und zum anderen hochgradig integrativ wirken.[52]

Stellung im Kausalzusammenhang

Sozialkapital ist in Putnams Sinne eine unabhängige Variable. Allerdings übergeht Putnam in seiner Modellbildung den ersten Schritt, indem er auf die Mikroebene nicht weiter eingeht, sondern ohne weiteres das Vorhandensein einer gewissen Sozialkapitalquantität unterstellt.

Analyseebene

Putnam bewegt sich durchweg auf der Makro- und Mesoebene. Vornehmlich betrachtet er Volkswirtschaften.

Ausmaß der theoretischen Fundierung

Auch bei Putnam sind die theoretischen Konstrukte nur implizit abzuleiten. Putnam greift auf eine ganze Reihe unterschiedlicher Argumentationen zurück. Dazu gehören zum Beispiel wohlfahrtsökonomische Ansätze, Argumente aus der Transaktionskostentheorie oder auch spieltheoretische Erklärungsmodelle, die allerdings kaum explizit gemacht werden. Dieses Vorgehen ist nicht ganz unproblematisch, da der Zusammenhang der Erklärungsmodelle untereinander unklar bleibt. Jans beispielsweise bezeichnet das Vorgehen Putnams daher als eklektizistisch.[53]

---

[51] Putnam 1995, S. 664–665.
[52] S. Helmbrecht 2005, S. 20.
[53] S. Jans 2003, S. 16.

2.1.5 Granovetter

Schlagworte

Bindungen und Durchlässigkeit zwischen Netzwerken – *ties* und *holes*.

Definition

Granovetter liefert keine zusammenhängende Definition eines Sozialkapitalbegriffs. Von besonderer Wichtigkeit für die Herausbildung von Sozialkapital sind in seiner Darstellung „Weak ties" – schwache Bindungen zwischen Akteuren – und „Structural holes" – Durchlässigkeiten zwischen unterschiedlichen Netzwerken. Kurzgefasst befasst sich Granovetter also mit Spezialproblemen des Netzwerks im Rahmen von Sozialkapital, insbesondere der Möglichkeit zur Interaktion über Netzwerkgrenzen hinweg.[54]

Konstrukte und Operationalisierungen

Kernelemente der Analyse Granovetters sind „Weak ties" und „Structural holes" hinsichtlich der Durchlässigkeit von Netzwerken untereinander. Sie können in Soziogrammen dargestellt werden.

Stellung im Kausalzusammenhang

Die Kernelemente „Weak ties" und „Structural holes" verstärken nach Granovetter die Herausbildung von Sozialkapital, doch sie erklären es nicht und werden nicht durch das Sozialkapital gebildet.

Analyseebene

Granovetter betrachtet die Mesoebene, also die Beziehungen verschiedener Netzwerke untereinander. Vornehmlich konzentriert er sich dabei auf das Wirtschaftsleben und angrenzende Bereiche.[55]

Ausmaß der theoretischen Fundierung

Ausgangspunkt Granovetters ist ein „Embeddedness"-Ansatz, wonach die Einbindung von Individuen in eine Vielzahl persönlicher Beziehungen und

---

[54] S. Granovetter, Swedberg 2001.
[55] S. Granovetter 2004.

Netzwerke die Vertrauens- und Normenbildung stärkt. Sein besonderer Beitrag im Rahmen der Sozialkapitaltheorien liegt in der Ausarbeitung der Bedeutung von „Weak ties".[56] Dabei handelt es sich um schwache Bindungen unter Akteuren. Ebenso hat er – in Übernahme eines Ansatzes von Burt[57] – das Element der „Structural holes" definiert. Dies sind Beziehungen von Akteuren unterschiedlicher Netzwerke untereinander, die einen Austausch zwischen verschiedenen Netzwerken ermöglichen. Die theoretische Fundierung der Arbeiten Granovetters ist vornehmlich logischer Art. Er untermauert seine Thesen erfolgreich anhand des Beispiels der Interaktionen auf dem Arbeitsmarkt,[58] wobei er nicht scharf zwischen den Trägern der „Weak ties" und Personen, die Kontakte zu diesen aktivieren können, trennt.[59]

2.2 Zusammenfassung

Es zeigt sich, dass der Begriff Sozialkapital sehr verschieden verwendet wird. Diese Verschiedenheit bezieht sich sowohl auf die betrachteten Inhalte als auch auf die Einbindung des Sozialkapitals in Kausalzusammenhänge. Da kein einheitliches Begriffsverständnis besteht, muss in jeder Untersuchung explizit gemacht werden, auf welche Begriffsinhalte man sich bezieht und von welcher kausalen Einbindung ausgegangen wird.

Für die vorliegende Arbeit sind zudem das Ausmaß der theoretischen Fundierung (hoch oder gering) sowie die Analyseebene, auf der die Autoren ihr Konzept von Sozialkapital definieren, von Bedeutung. Beide werden in Abb. 4 zusammengefasst aufeinander bezogen dargestellt dargestellt. Gemeinsamkeiten des Sozialkapitalkonzepts zwischen den Autoren liegen besonders in der Betrachtung ähnlicher Phänomene. Daher kann der Begriff Sozialkapital als ein Paradigma zur Klärung aktueller Fragestellungen etwa infolge von Globalisierung und Wandel in der Unternehmenswirklichkeit sowie besonders hinsichtlich von Arbeitsbedingungen hilfreich sein.

---

[56] S. Granovetter 1973.

[57] Z. B. Burt 2001.

[58] Z. B. Granovetter 2004.

[59] S. Haug 1997, S. 15.

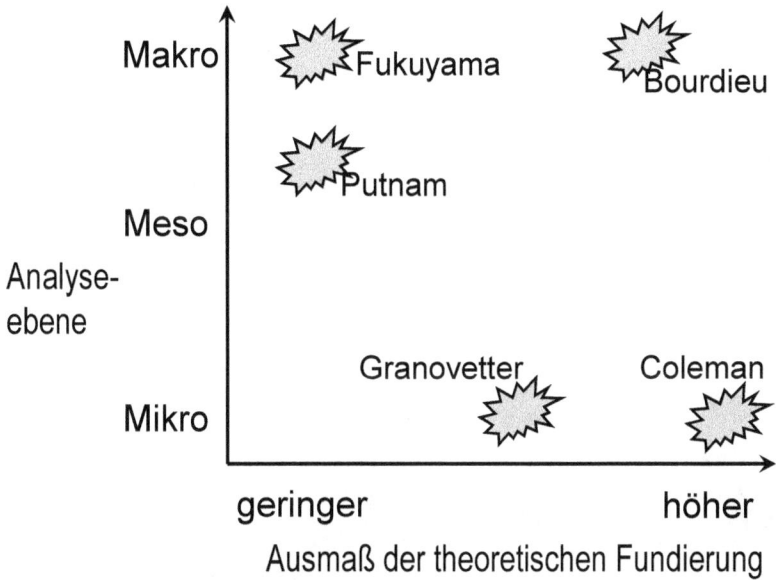

Abb. 4: Darstellung der betrachteten Sozialkapitalkonzepte anhand ihrer theoretischen Fundierung und ihrer Analyseebene.

Die Analyseebene wird dabei vom Ausgangspunkt der Gesamtgesellschaft betrachtet. Die Betrachtung eines Wirtschaftsbetriebes würde somit in der Mikroperspektive dargestellt.[60] Die Gemeinsamkeiten der Autoren liegen in der Betrachtung ähnlicher Phänomene.

---

[60] Verändert und ergänzt in Anlehnung an Jans 2003, S. 27.

3 Arbeitsdefinition Sozialkapital

Aufgrund der unterschiedlichen Verwendungen des Sozialkapitalbegriffs ist es notwendig, seinen Gebrauch im Rahmen der vorliegenden Studie näher zu erläutern. Zu diesem Zweck werden ausgewählte Elemente der in Kapitel 1 (S. 33) betrachteten „klassischen" Sozialkapitaldefinitionen hervorgehoben und auf das Untersuchungssetting bezogen. Ausschlaggebend sind dabei ihre Relevanz für die betriebliche Realität sowie die Möglichkeit ihrer Operationalisierung in einem Fragebogen in einem Fragebogen zur Untersuchung der Modellbetriebe.

Anschließend wird eine Definition für den Begriff Sozialkapital zur Verwendung in der vorliegenden Untersuchung formuliert.

Der vorliegenden Studie wird damit ein einheitlicher – wenn auch mehrschichtiger – Sozialkapitalbegriff zugrunde gelegt. In den folgenden Kapiteln wird auf empirische Forschungsergebnisse und Vorarbeiten Bezug genommen wird, die auf einem *ähnlichen* Verständnis von Sozialkapital beruhen (s. Kap. 1, S. 51).

Der im Rahmen dieser Studie eigenständig verwendete Sozialkapitalbegriff umfasst drei Hauptelemente, nämlich

- Netzwerkkapital
- Führungskapital und
- Wertekapital

innerhalb der betrachteten Organisation oder Teilen derselben.

Zur Anwendung in der empirischen Untersuchung werden Komponenten des Konstrukts in Skalen mess- und vergleichbar gemacht. Die Skalen beruhen auf praxisnahen Operationalisierungen klassischer Sozialkapitalkonstrukte. Die Details zu den Konzepten, die den verschiedenen Skalen zugrunde liegen, sind in Kapitel 8.1.2 (S. 123) aufgeführt, wo auch auf die entsprechenden Primärquellen verwiesen wird. Mit den einzelnen Komponenten wird auf die nachfolgend dargestellten theoretischen „klassischen" Vorleistungen zurückgegriffen:

In der Komponente Netzwerkkapital wird vornehmlich der Kohäsionsaspekt in den Mittelpunkt gestellt. Dabei wird vor allem auf die Vorstellungen Fukuyamas zurückgegriffen, der die Bildung von Vertrauen ohne formalisierte Vertragsbeziehungen betont. In diesem Sinne wird in der Untersuchung explizit der Vertrauensaspekt erfragt. Ergänzt wird dieser um beobachtbare Folgen, nämlich mögliche Auswirkungen von Vertrauensbeziehungen wie gegenseitige Unterstützung und Kommunikationszusammenhänge in den untersuchten Betrieben.

Die Komponente Wertekapital basiert tendenziell auf den Ausführungen von Fukuyama und Putnam. Ein Gewicht der Komponente Wertekapital liegt auf impliziten gemeinsamen Normen und Werten, durch die eine reibungsarme Zusammenarbeit ermöglicht wird. Insofern folgt die Komponente Fukuyamas Konzept. Gleichgewichtig tritt der Aspekt der Reziprozität neben diese gemeinsamen Normen und Werte. Die Komponente geht in diesem Teil auf die theoretische Vorstellung von Putnam zurück. Durch den vereinigenden Rückgriff auf diese beiden Theorien werden sowohl die Qualität des Sozialkapitals dargestellt als auch dessen Auswirkungen auf die Herausbildung von Reziprozitätsnormen, die eine Vertrauensbasis in den untersuchten Betrieben bilden können. Items zur Operationalisierung des Netzwerkkapitals beleuchten Teilaspekte der Qualität gemeinsamer Normen und Werte sowie der Reziprozitätsnorm. Darüber hinaus gehen Überlegungen von Granovetter in das Konstrukt ein, soweit sie sich auf die Bedeutung schwacher Bindungen beziehen. Sein Konzept der „Structural holes" wird hingegen nicht berücksichtigt.

Die Sozialkapitalkomponente Führungskapital greift hinsichtlich der Thematisierung auf Arbeiten Colemans zurück. Auf dieser Grundlage wird insbesondere der Kooperationsgrad des Führungsstils in den untersuchten Betrieben analysiert. Dieser kann als eine Form der – mehr oder weniger – freiwilligen Übertragung von Handlungsmacht zwischen horizontalen Akteuren verstanden werden.

Zusammenfassung/Arbeitsdefinition

Für die Verwendung im Rahmen der vorliegenden Arbeit wird Sozialkapital folgendermaßen definiert:

Sozialkapital ist die Aggregation sozialer Beziehungen innerhalb eines Betriebs oder eines Teils desselben, die auf folgenden Aspekten und Kombinationen ihrer Ausprägungen beruht:

1. der Herausbildung gegenseitigen Vertrauens innerhalb einer Mikrogruppe persönlich bekannter Menschen weitgehend gleicher Hierarchieebene, die sich u. a. in einem Zusammengehörigkeitsgefühl, einer empfundenen handlungspraktischen gegenseitigen Hilfeleistung, einer als angemessen empfundenen Kommunikationskultur sowie einem subjektiven Gefühl der Eingebundenheit in eine Gruppe äußert
oder

2. der Herausbildung eines Einigkeitsgefühls in Zielen und Werten über vertikale Hierarchiegrenzen hinweg innerhalb einer Mesogruppe von Menschen, die persönlich bekannt sein mögen oder nicht,
oder

3. der Herausbildung einer als angemessen empfundenen Reziprozität innerhalb einer Mesogruppe
oder

4. der Herausbildung einer als angemessen empfundenen Verteilung von Macht vor allem innerhalb einer Mikrogruppe.

Der erste Aspekt wird als Netzwerkkapital, der zweite und dritte als Wertekapital und der vierte Aspekt als Führungskapital bezeichnet.

4 Sozialepidemiologie des Sozialkapitals

Die betriebliche Lebenswelt ist ein Teil der allgemeinen Lebenswelt. Wenn Auswirkungen der Ausstattung mit Sozialkapital auf die Gesundheit von Mitarbeitern auf der betrieblichen Ebene zu beobachten sein sollen, dann müssten solche Zusammenhänge auch in der allgemeinen Lebenswelt auftreten. Die Zusammenhänge sind hier allerdings ungleich komplexer und die unübersehbare Fülle verschiedener Einflussfaktoren größer.

Im Folgenden wird zunächst die Sozialepidemiologie für das Sozialkapital generell betrachtet, um anschließend auf die besonderen Bedingungen im Betrieb einzugehen.

4.1 Sozialepidemiologie des Sozialkapitals in der allgemeinen Lebenswelt

Die Wirkung der Ausstattung von Sozialkapital auf die Gesundheit von Menschen erfolgt auf unterschiedlichen Wegen. Zu unterscheiden sind direkte und indirekte Wirkungen. Auf indirektem Wege führt eine höhere individuelle Ausstattung mit Sozialkapital zu einer höheren materiellen Ausstattung, die sich – über verschiedene Zwischenstufen – in einem besseren Gesundheitsstatus niederschlägt. Die direkte Wirkung geht nicht über den Mediator materielles Kapital, sondern basiert auf einer Unterstützungsthese. Diese bezieht sich besonders auf das Netzwerkkapital. Der Zusammenhang zwischen positiv erlebter Beziehung auf das menschliche Gefühlsleben gilt als gesicherter epidemiologischer Zusammenhang,[61] der nicht nur im Arbeitsleben, sondern auch in der Familie und der Freizeit auftritt. Ein früher Ansatz zum Nachweis dieses Zusammenhangs ist die Hervorhebung der Bedeutung des Kohärenzgefühls von Individuen durch Antonovsky.[62] Zusammenhänge zwischen der individuellen Ausstattung mit Sozialkapital und dem Gesundheitsstand wer-

---

[61] S. Badura 2006, S. 3.
[62] S. Bengel et al. 2001, S. 28–31.

den auch aktuell empirisch berichtet.[63] Die Ausstattung mit Sozialkapital hat demnach *per se* eine Auswirkung auf den Gesundheitszustand. Für die standardisierte Beschreibung der Zusammenhänge zwischen Person und Umwelt auf Individualebene bietet die *Internationale Klassifikation der Funktionsfähigkeit, Behinderung und Gesundheit* inzwischen ein einschlägiges Klassifizierungssystem.[64]

Auch in diesem Zusammenhang kommen wieder die unterschiedlichen Abgrenzungen des Sozialkapitalbegriffs zum Tragen. Empirisch vergleichsweise gut untersucht sind Kohäsionskonstrukte und deren Zusammenhang mit verschiedenen typischen Krankheitsindikatoren.

Thesen von Berkman und Glass

Berkman und Glass[65] liefern eine Hypothese über die Wirkungszusammenhänge. Individuelle psychosoziale Mechanismen wie soziale Unterstützung, materielle Ressourcenausstattung sowie die Teilhabe an der Gesellschaft durch Einfluss- und Wirkmöglichkeiten bilden dabei die Mikroebene. Sie wirken sich auf die Entwicklung von psychischen und physischen Faktoren aus, die Individuen in ihren Fähigkeiten zu gesundheitsförderndem Verhalten bestärken und festigen.

Der psychosozialen Ebene als Mesoebene vorgelagert sind in diesem Modell Soziale Netzwerke, die wiederum von den gesellschaftlichen Bedingungen als Makroebene maßgeblich beeinflusst werden.

Abb. 5 verdeutlicht dieses Modell und führt jeweils einige Beispiele für die Wirkungszusammenhänge an.

---

[63] S. Kroll, Lampert 2007, für eine ältere Übersicht über die Literatur s. Hawe, Shiell 2000.
[64] S. Heerkens et al. 2004, s. Frommelt et al. 2006.
[65] S. Berkman, Glass 2000, S. 143.

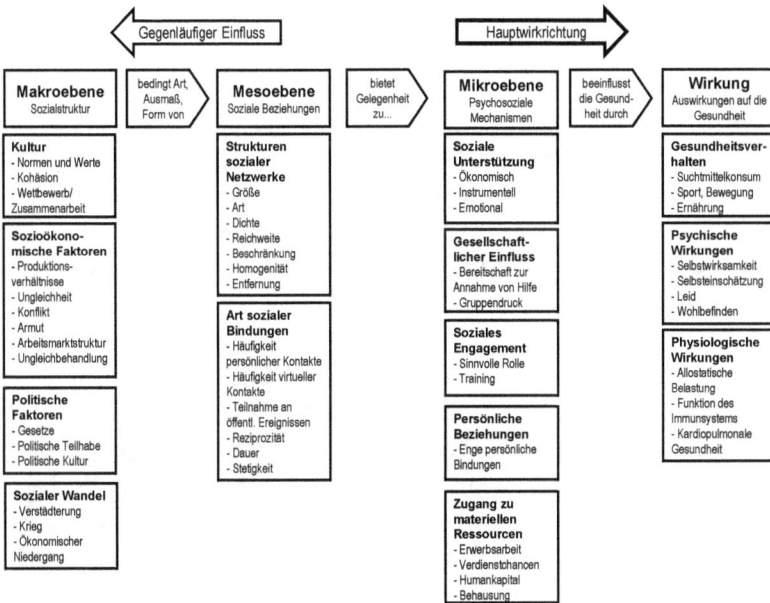

Gegenläufiger Einfluss ⟵				Hauptwirkrichtung ⟶		
Makroebene Sozialstruktur	bedingt Art, Ausmaß, Form von ›	**Mesoebene** Soziale Beziehungen	bietet Gelegenheit zu... ›	**Mikroebene** Psychosoziale Mechanismen	beeinflusst die Gesundheit durch ›	**Wirkung** Auswirkungen auf die Gesundheit
Kultur - Normen und Werte - Kohäsion - Wettbewerb/ Zusammenarbeit		**Strukturen sozialer Netzwerke** - Größe - Art - Dichte - Reichweite - Beschränkung - Homogenität - Entfernung		**Soziale Unterstützung** - Ökonomisch - Instrumentell - Emotional		**Gesundheitsverhalten** - Suchtmittelkonsum - Sport, Bewegung - Ernährung
Sozioökonomische Faktoren - Produktions- verhältnisse - Ungleichheit - Konflikt - Armut - Arbeitsmarktstruktur - Ungleichbehandlung		**Art sozialer Bindungen** - Häufigkeit persönlicher Kontakte - Häufigkeit virtueller Kontakte - Teilnahme an öffentl. Ereignissen - Reziprozität - Dauer - Stetigkeit		**Gesellschaftlicher Einfluss** - Bereitschaft zur Annahme von Hilfe - Gruppendruck		**Psychische Wirkungen** - Selbstwirksamkeit - Selbsteinschätzung - Leid - Wohlbefinden
Politische Faktoren - Gesetze - Politische Teilhabe - Politische Kultur				**Soziales Engagement** - Sinnvolle Rolle - Training		**Physiologische Wirkungen** - Allostatische Belastung - Funktion des Immunsystems - Kardiopulmonale Gesundheit
Sozialer Wandel - Verstädterung - Krieg - Ökonomischer Niedergang				**Persönliche Beziehungen** - Enge persönliche Bindungen		
				Zugang zu materiellen Ressourcen - Erwerbsarbeit - Verdienstchancen - Humankapital - Behausung		

Abb. 5: Modell über sozialepidemiologische Wirkungszusammenhänge[66]

Soziales Kapital besteht in diesem Modell aus den Bereichen soziale Unterstützung, soziale Beeinflussung, soziale Integration, enge persönliche Kontakte sowie materielle Ausstattung. Damit wird ein recht breiter Sozialkapitalbegriff verwendet, der zudem stark prozessorientiert ist. Insbesondere erscheint die Einbindung in ein interpersonales Netzwerk, die sonst meist den Kern für die Bildung individuellen Sozialkapitals darstellt, nur als ein Punkt unter vielen. Meist stehen sonst individuelle soziale Beziehungen sowie die Einbettung in Netzwerke im Mittelpunkt der Analyse.

Auf der empirischen Seite liegen einige prospektive Studien zum Zusammenhang zwischen der sozialen Einbindung und der Mortalität vor. In diesen wird in verschiedenen Settings und mit unterschiedlichen Verständnissen von Sozialkapital in den Details sowie durch verschiedene Adjustierungen um konfundierende Gesundheitseinflüsse durchgängig eine ähnliche Tendenz

---

[66] Leicht verändert nach Berkman, Glass 2000, S. 143, Übersetzung durch den Verfasser.

festgestellt.[67] Unabhängig vom Setting, in dem sie erhoben wurden und unabhängig von der Adjustierung um verschiedene gesundheitliche Risikofaktoren ist in einem Zeitraum von etwa zehn Jahren ein mehr oder weniger ausgeprägter Zusammenhang zwischen der Ausstattung mit Sozialkapital und der Mortalitätsrate zu beobachten. Offenbar gilt dieser Zusammenhang auch länderübergreifend sowie gleichermaßen in eher ländlichen und städtischen Regionen. Je nach untersuchter Population und der verwendeten Sozialkapitalkonstrukte schwankt allerdings die relative Wahrscheinlichkeit für Probanden, die geringer mit Sozialkapital ausgestattet sind, innerhalb des Erhebungszeitraumes zu versterben, zwischen einem nur geringen Unterschied zwischen den am höchsten bzw. am geringsten gefährdeten Teilpopulationen bis hin zu einer vierfach höheren Versterbenswahrscheinlichkeit. Stark ausgeprägt ist der Zusammenhang etwa in einer Studie von 60- bis 70-jährigen Männern aus dem städtischen Umfeld in Göteborg (Schweden) über einen Beobachtungszeitraum von neun Jahren.[68] Indikatoren für die Ausstattung mit Sozialkapital sind in dieser Untersuchung die Anzahl der Haushaltsmitglieder und die Anzahl der außerhäuslichen Aktivitäten zu Studienbeginn. Dabei wurden die Daten um das Alter und den Gesundheitszustand zu Studienbeginn adjustiert. Allerdings treten die Ergebnisse nicht immer so eindeutig zutage wie in dieser Darstellung. Eine ebenfalls schwedische Studie mit einer kürzeren Laufzeit von fünf Jahren kommt zu einem weniger eindeutigen Ergebnis. Bei den Sozialkapitalindikatoren Kontaktfrequenz mit Personen aus dem näheren Umfeld und einer Adjustierung nach Geschlecht, Alter, Ausbildungsstand, Gesundheitszustand, Lebensgewohnheiten und anderen Aspekten zeigt sich ein nicht linear darstellbarer Zusammenhang, mit einer gewissen Eindeutigkeit bei dem Terzil der Probanden, die die geringste Anzahl sozialer Kontakte aufweisen.[69] Eine rein ländliche Population in Finnland wiederum zeigt auf einem geringeren Niveau einen recht linearen Effekt mit

---

[67] S. House et al. 1988.

[68] S. Tibblin 1986, s. Welin et al. 1985.

[69] S. Orth-Gomér, Johnson 1987.

einem relativen Mortalitätsunterschied von 2,63-fach erhöhter Mortalität in einen Fünfjahreszeitraum, ebenfalls nach Adjustierung.[70]

In allen Studien besteht ein gravierender Unterschied zwischen der Bedeutung der Sozialkapitalkonstrukte auf die beiden Geschlechter. Männliche Probanden profitieren hinsichtlich ihrer Lebenserwartung durchweg wesentlich höher von der Ausstattung mit Sozialkapital als weiblichen Probanden. Dies führt bei weniger eindrucksvollen Ergebnissen wie bei Kaplan et al.[71] dazu, dass die Aussagen für weibliche Probanden nicht signifikant sind.

Zusammenhang Sozialkapital und Mortalität

Ähnliche Ergebnisse werden auch aus den USA berichtet. Ausgangspunkt ist hier die vielzitierte Alameda County Studie von Berkman und Syme[72], die als Indikatoren für das Sozialkapital den Zivilstand, Sozialkontakte, Mitgliedschaft in einer Kirchengemeinde und weitere Items heranzogen. Die Daten wurden anhand des erfragten Gesundheitszustandes adjustiert, die Laufzeit der Studie betrug neun Jahre. Die knapp 5.000 kalifornischen Probanden mittleren Alters zeigten einen deutlich linearen Zusammenhang zwischen der Ausstattung mit Sozialkapital und der Mortalität auf, mit einer bis zu 2,44-fach höheren Sterbewahrscheinlichkeit für die weniger sozialkapitalkräftigen Probanden. Die Studie wurde mit knapp 2.800 Probanden in Michigan wiederholt. Der Gesundheitszustand wurde dort allerdings nicht nur erfragt, sondern zusätzlich durch eine ganze Reihe gemessener Parameter abgebildet. Das Ergebnis ist mit einer bis zu 3,87-fachen Sterbewahrscheinlichkeit für die weniger sozialkapitalkräftigen Probanden noch etwas eindrucksvoller. Im Rahmen einer eigentlich kardiovaskulär angelegten Studie mit über 2.000 Probanden im Neuenglandstaat Georgia wurde ein schwächerer Zusammenhang ermittelt.[73]

---

[70] S. Kaplan et al. 1988.
[71] S. Kaplan et al. 1988 und auch Schoenbach et al. 1986.
[72] S. Berkman, Syme 1979.
[73] S. Schoenbach et al. 1986.

Geschlechtsbezogene Unterschiede

Mit Daten des Sozio-oekonomischen Panels (SOEP) lässt sich auf einer deutschen Datenbasis ähnliches nachweisen.[74] Im Rahmen der Panelerhebung mit über 22.000 Probanden können die Faktoren „Integration", „Partizipation", „Vertrauen" und „Reziprozitätsnormen" als Indikatoren für das Sozialkapital angesehen werden. Der Gesundheitszustand wurde dabei ebenfalls durch Selbsteinschätzung der Probanden erhoben, wobei negative Antworten („weniger gut" und „schlecht") zusammengefasst wurden. Im Ergebnis stellen Kroll und Lampert mit hochsignifikanten Odds-ratios zwischen 0,55 für Männer und 0,64 für Frauen bezüglich des Indikators Vertrauen fest, dass ein hoher Zusammenhang zwischen dem berichteten individuellen Vertrauen in Menschen im Allgemeinen und dem Gesundheitszustand bestehe. Vertrauen bezeichnet dabei die Zustimmung der Probanden zu den Aussagen, dass man im Allgemeinen den Menschen vertrauen könne. Männer mit hohem Vertrauenspotenzial weisen mit etwas über halb so hoher Wahrscheinlichkeit einen tendenziell schlechteren Gesundheitszustand auf als Männer mit einem geringeren Vertrauenspotenzial. Bei Frauen ist der Effekt etwas schwächer ausgeprägt. Ein ähnliches Ergebnis zeigt sich auch bei dem Indikator Reziprozität. Reziprozitätsnormen wurden dabei als bei denjenigen Probanden ausgeprägt angesehen, die glaubten, dass die meisten Leute versuchen würden, ihnen gegenüber fair zu sein und sie nicht ausnutzen würden, falls sie eine Gelegenheit dazu hätten. Das ebenfalls hochsignifikante Ergebnis zeigt mit einer Odds-ratio von 0,68 für Männer und 0,70 für Frauen, dass für die Probanden mit ausgeprägten Reziprozitätsnormen im Vergleich zu den Probanden ohne eine solche Ausprägung nur eine etwa 70-prozentige Wahrscheinlichkeit besteht, dass ein eher schlechter Gesundheitszustand vorliegt. Weniger eindrucksvoll sind dahingegen die Ergebnisse bei der Anwendung konkreter operationalisierter Indikatoren. Der Faktor „Partizipation" wurde dabei als Teilnahme am organisierten gesellschaftlichen Leben gefasst, die Probanden wurden dieser Gruppe zugeordnet, wenn sie mindestens einmal

---

[74] S. Kroll, Lampert 2007.

monatlich in Vereinen, Initiativen, Parteien oder dergleichen aktiv waren. Dabei wird für Frauen eine signifikante, für Männer eine nicht signifikante Odds-ratio von 0,73 bzw. 0,80 ermittelt. Ähnlich verhält es sich hinsichtlich des Faktors Integration. Hier wurden diejenigen Probanden subsumiert, die berichteten, mit einem Ehe- oder sonstigen Partner zusammenzuleben und/oder mindestens einmal wöchentlich Kontakt zu Freunden, Nachbarn oder ihrer Familie zu haben. Die Gruppe umfasste also ein breites Spektrum unterschiedlicher Integrationsgrade und schloss primär nur die sehr wenig integrierten Probanden aus. Auch hier ist das Ergebnis für Männer nicht signifikant, für Frauen jedoch noch signifikant mit Werten von 1,03 bzw. 0,72 für die Odds-ratio. Hieraus lässt sich kaum ein sicherer Schluss ableiten.

Zusammenfassend lässt sich feststellen, dass anhand einer formalen Einstufung operationalisierter Indikatoren des Sozialkapitals wie der Integration und Partizipation kaum eindeutig aussagekräftige Ergebnisse erzielt werden. Kriterien, bei denen die Probanden in ihrer Bewertung freier sind, führen dagegen zu hoch aussagekräftigen Ergebnissen. Die Ursachen dafür bleiben Spekulation.

Es kann festgehalten werden, dass unter Verwendung der Routinedaten des Sozio-oekonomischen Panels die These eines gerichteten Zusammenhangs zwischen der Ausstattung mit unterschiedlichen Aspekten von Sozialkapital auf den gesundheitlichen Zustand der Bevölkerung auch für deutsche Verhältnisse gilt.

Allerdings ist die empirische Lage hinsichtlich des Zusammenhangs zwischen der individuellen Ausstattung mit Sozialkapital und der Gesundheit insgesamt nicht eindeutig. Veenstra[75] untersucht in einer Zufallsstichprobe von 300 Probanden aus der kanadischen Provinz Saskatchewan einen Zusammenhang zwischen Sozialkapital und den durch die Probanden selbst eingeschätzten Gesundheitsstatus und kommt zu nur sehr geringen Zusammenhängen. Dies gilt für verschiedene Aspekte des Sozialkapitals wie Reziprozität, Identifika-

---

[75] S. Veenstra 2000. Die Untersuchung mit einem N ≈ 300 ist allerdings im Ergebnis nicht repräsentativ.

tion oder Vertrauen. Auch bei exakterer Operationalisierung von Teilnahme-häufigkeiten an institutionalisierten Veranstaltungen und dergleichen bleibt dieser Befund bestehen. Bei formaler statistischer Betrachtung zeigt sich, dass die Sozialkapitalkomponenten von den Faktoren Einkommen und Bildungsstatus deutlich überlagert werden.

Lindström: Bedeutung des Vertrauens

Lindström[76] erklärt Teile dieser unterschiedlichen Befunde durch das Konzept einer Fragmentierung der Gesellschaft („Miniaturisation of community"[77]). Er beobachtet für schwedische Verhältnisse, dass aus einer aktiven Teilhabe am gesellschaftlichen Leben, die zum Beispiel durch die Häufigkeit der Teilnahme an Veranstaltungen von Organisationen operationalisiert wurde, nicht unbedingt auch auf eine hohe Ausstattung an individuellem Sozialkapital insgesamt geschlossen werden könne. So gehe etwa die Häufigkeit der Teilnahme an solchen Veranstaltungen nicht notwendigerweise mit einem höheren Vertrauen einher. Vertrauen bestehe vielmehr allenfalls zu einer sehr homogenen Gruppe von Menschen, die sich in der Gruppe begegnen und gegebenenfalls auch gegenüber anderen Gruppen abschotten würden. Lindström entwickelt zum Nachweis ein Vierfeldermodell (s. Abb. 6), gemäß dem eine hohe Teilhabe am Leben der Gemeinschaft in Verbindung mit geringem Vertrauen eben gerade keine Ausstattung mit Sozialkapital induziere.

---

[76] S. Lindström 2004.
[77] Lindström 2004, S. 595.

Teilhabe am Leben in der Gemeinschaft

hoch

Fragmentierung der Gesellschaft (2,00; 1,90)	Hohe Ausstattung mit Sozialkapital (1,00; 1,00)
Geringe Ausstattung mit Sozialkapital (3,57; 2,15)	Traditionalismus (1,94; 1,16)

gering

gering   hoch   Vertrauen

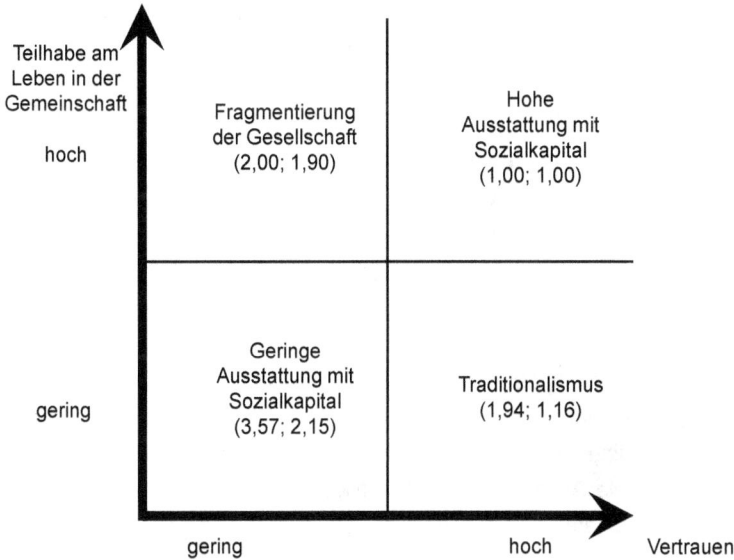

Abb. 6: Das Modell von Lindström zur Erklärung von hoher Teilhabe am Leben in der Gemeinschaft bei zugleich geringer Ausstattung mit Sozialkapital
In der Klammer angegeben ist das Chancenverhältnis (Odds-ratio) der angegebenen Dimensionen zur selbstberichteten somatischen Gesundheit, nach dem Semikolon zur psychischen Gesundheit. Hohe Werte im Chancenverhältnis deuten auf einen weniger guten Gesundheitszustand hin (Signifikanzniveau 5 %).[78]

Lindström folgert daraus, dass bereits der Messansatz anderer Studien fehlerhaft sei und notwendigerweise zu falschen Ergebnissen führe. Er weist besonders darauf hin, dass die Wahrscheinlichkeit einer schlechten psychischen Gesundheit nicht von der Ausprägung der Teilhabe am Leben in der Gemeinschaft abhänge, sondern vielmehr von dem Faktor Vertrauen. Außerdem wird die Notwendigkeit deutlich, zwischen somatischer und psychischer Gesundheit zu unterscheiden.

---

[78] Abbildung verändert nach Lindström 2004, S. 598.

Kawachi et al.[79] erhalten in einer Studie in 38 US-amerikanischen Staaten mit dem Datenmaterial aus dem „General Social Survey" für verschiedene Operationalisierungen des Sozialkapitalkonzeptes recht hohe Zusammenhänge bezogen auf die altersadjustierte Mortalität. Zwar zeigt die Operationalisierung des Sozialkapitals in Form einer Mitgliedschaft in formalisierten Gruppen nur einen Zusammenhang von – immerhin – $\beta = 0{,}22$. Wird dieser Faktor jedoch um einen „Armutsfaktor" korrigiert, so steigt die erklärte Varianz auf $\beta = 0{,}45$. Die Armutsgrenze wird dabei bei einem konventionellen Einkommensniveau gezogen und recht grob über die 38 betrachteten Staaten analysiert, die jeweils unterschiedliche Armutsquoten aufweisen. Interessant ist die Betrachtung eines Pfadmodells (s. Abb. 7), das die Autoren bieten. Es wird häufig berichtet, dass der Gesundheitszustand einer Bevölkerung von der Einkommensverteilung abhängt. Gemäß dieser Studie ist der Wirkzusammenhang allerdings ein indirekter, indem die ungleiche Einkommensverteilung zunächst die Ausstattung mit Sozialkapital beeinflusst, die sich wiederum in der Mortalitätsrate niederschlägt.

---

[79] S. Kawachi et al. 1997.

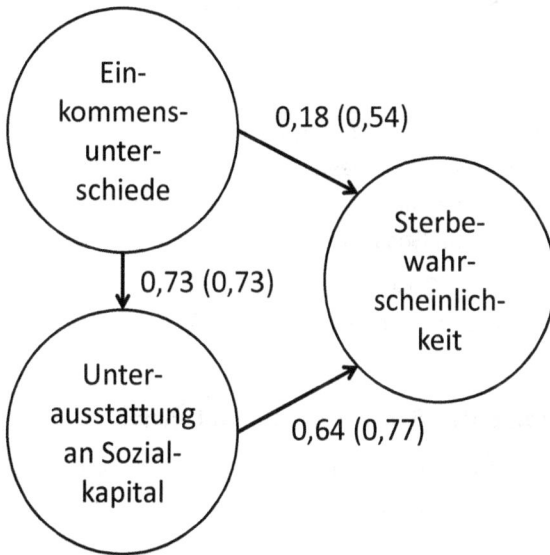

Abb. 7: Pfadmodell über Wirkzusammenhänge zwischen Einkommensunterschieden, Unterausstattung mit Sozialkapital und Mortalität

In Klammern sind die Werte (Regressionskoeffizient β) für die unabhängige Betrachtung des Datenmaterials angegeben, ohne Klammer stehen die Werte für das Gesamtmodell. Bei unabhängiger Betrachtung des Datenmaterials lassen sich 54 Prozent der Varianz der Mortalität durch Einkommensunterschiede erklären und 77 Prozent durch eine Unterausstattung an Sozialkapital. Die Betrachtung in einem gemeinsamen Modell zeigt jedoch, dass die Unterausstattung an Sozialkapital stark von den Einkommensunterschieden beeinflusst wird. Der Wirkzusammenhang ist somit indirekter Natur.[80]

Für die weiteren Zusammenhänge ist die Abhängigkeit von den Einkommensungleichheiten nicht ganz so ausgeprägt. Eine Operationalisierung anhand der Zustimmung zur Aussage „Man kann im Umgang mit Menschen nicht vorsichtig genug sein"[81] ergibt eine erklärte Varianz von 61 Prozent und an-

---

[80] Grafik verändert nach Kawachi et al. 1997, S. 1.496. Übers. durch den Verf.
[81] Im Original: „You can't be too careful in dealing with people".

hand der Bejahung der Aussage „Meistens kümmern sich die Leute um sich selbst"[82] von 49 Prozent.

Zusammenfassung

Obgleich über das Verständnis von Sozialkapital in empirischen Untersuchungen keine gemeinsame Vorstellung besteht, zeigen empirische Untersuchungen recht robust einen Zusammenhang zwischen der individuellen Ausstattung mit Sozialkapital und dem Gesundheitszustand der Probanden.

Weitere Einflussfaktoren auf die Gesundheit wie sozialer Status, finanzielle Ausstattung und Humankapital stehen allerdings in Wechselwirkung zum Sozialkapital.

4.2 Sozialepidemiologie des Sozialkapitals im Betrieb

Die unmittelbaren Auswirkungen einer Ausstattung mit Sozialkapital auf die Gesundheit der Mitarbeiter in Unternehmen sind bisher noch wenig untersucht.

Im Rahmen von Studien des Betrieblichen Gesundheitsmanagements werden in erster Linie tätigkeitsbedingte Belastungsfaktoren untersucht. In den letzten Jahren werden zudem organisatorische Rahmenbedingungen sowie psychische Belastungen in den Analysen berücksichtigt. Dem entsprechen auch die Maßnahmen, die bei der Sicherstellung der Gesundheit von Mitarbeitern umgesetzt werden. Werden arbeitsbedingte Belastungsfaktoren angenommen, so lassen sie sich auf drei Wegen eingrenzen: durch die Ausschaltung oder Reduktion von Stressquellen, die Befähigung der Mitarbeiter zum Umgang mit Stressfaktoren sowie die Steigerung des Sozialkapitals in Unternehmen.[83]

Unter betriebswirtschaftlicher Betrachtung ist der Einfluss von Sozialkapital auf die Abwesenheitszeiten am Arbeitsplatz bedeutsam. In einer Studie auf

---

[82] Im Original: „People mostly look out for themselves".
[83] S. Ueberle 2010.

der Grundlage von Daten aus dem Eurobarometer stellen Weller et al.[84] zum Beispiel einen positiven Effekt sozialer Unterstützung am Arbeitsplatz auf die Fehlzeiten fest. Ein solcher Befund kann damit erklärt werden, dass es bei einem gesunden Arbeitsklima leichter ist, der Arbeit fernzubleiben. Kollegen springen ein und vielleicht bringt auch der Vorgesetzte ein gewisses Verständnis auf. Obgleich die Zahl der Fehltage[85] ansonsten einen leicht zugänglichen Indikator für den gesundheitlichen Zustand von Mitarbeitern darstellt, ist er gerade in diesem Zusammenhang offensichtlich ungeeignet. Mögliche Auswirkungen des Störfaktors Soziale Unterstützung am Arbeitsplatz auf Fehlzeiten, sind nicht einfach abzuleiten.

Hinsichtlich der Organisationspathologie Mobbing müsste zwischen einem Mobbing innerhalb der Peergroup gegenüber einem Mobbing unter Beteiligung von Vorgesetzten oder durch diese selbst unterschieden werden.[86] Häufig wird implizit von einem Mobbing im Kollegenkreis ausgegangen, was ein starker Indikator für eine negative Form des Sozialkapitals wäre. Unabhängig davon lässt sich anhand dieser Organisationspathologie die Bedeutung des Sozialkapitals mit seinen Auswirkungen auf die Gesundheit von Mitarbeitern im betrieblichen Umfeld eindrucksvoll darstellen. Im „Mobbing-Report" von Meschkutat et al.[87] wird anhand von Interviews mit knapp fünfhundert Betroffenen eine Bilanz über die gesundheitlichen Auswirkungen gezogen: Erwartungsgemäß wirkt sich das Mobbing auf die überwiegende Zahl der Probanden (87 %) mit gesundheitlichen Beeinträchtigungen aus, etwa ein Drittel der Probanden erkrankt langfristig, davon wiederum die Hälfte über einen Zeitraum von mindestens fünf Monaten.

Dabei handelt es sich um Extremformen des menschlichen Umgangs. Immerhin ergab jedoch eine Repräsentativbefragung in Nordrhein-Westfalen (N ≈ 2.000) einen Zusammenhang zwischen dem allgemeinen Belastungsniveau am Arbeitsplatz und dem Verhältnis zu Kollegen. Bei hoch belasteten

---

[84] S. Weller et al. 2000.
[85] S. Ueberle, Greiner 2008, S. 170–173.
[86] S. Zapf 1999, S. 9–10.
[87] S. Meschkutat et al. 2005, S. 78–79.

Arbeitnehmern ist nur knapp die Hälfte mit dem Verhältnis zu den Kollegen mindestens zufrieden, bei den gering Belasteten sind es knapp 70 Prozent.

Eine größere Herausforderung besteht darin, die Auswirkungen der betrieblichen Ausstattung mit Sozialkapital auf den Gesundheitszustand von Mitarbeitern unter moderaten Bedingungen zu erfassen, also außerhalb der spektakulären Ausnahmesituationen. Dies setzt zum einen eine Messung der Sozialkapitalausstattung voraus, zum anderen eine Messung des Gesundheitszustandes der Mitarbeiter. In beiden Bereichen sind die Messkriterien bisher vage.

Meist wird Sozialkapital als eine Ressource aufgefasst, mit der vorhandene Belastungen kompensiert werden können. Im Verständnis der vorliegenden Untersuchung geht es jedoch darum festzustellen, ob Sozialkapital solche Belastungen gar nicht erst entstehen lässt. Käme nämlich dem Sozialkapital nur kompensatorische Bedeutung zu, dann wäre es recht gleichgültig, ob es im Kollegenkreis oder in der privaten Lebenswelt vorliegt.

Immerhin stellen Vinberg und Gelin[88] in einer Studie von 42 mittleren Unternehmen in verschiedenen Branchen in Schweden und Norwegen einen recht hohen Zusammenhang zwischen dem Teamgeist („team spirit") und dem Gesundheitszustand der Mitarbeiter fest. Bei der Befragung von knapp 1.000 Mitarbeitern wird die Gesundheit in den Bereichen depressive Verstimmung, muskulo-skeletale Symptomatiken, Schlafschwierigkeiten, selbsteingeschätzter Gesundheitszustand sowie psychischem selbsteingeschätztem Wohlbefinden operationalisiert. Der Teamgeist umfasst die Aspekte Funktionsfähigkeit des Teams sowie das Arbeitsklima in der Arbeitsgruppe. Hier besteht mit einem signifikanten Pearson Korrelationskoeffizienten von $r = 0,36$ auch der stärkste Zusammenhang im Vergleich zu allen anderen erhobenen Aspekten (z. B. technologischer Art). An den folgenden Positionen in der Reihenfolge der Stärke des Zusammenhangs folgen herkömmliche Belastungsfaktoren wie psychosozial belastende Arbeitsinhalte ($r = -0,30$), hohe Arbeitsintensität ($r = -0,29$) oder geringe Kontrolle ($r = -0,28$). In dieser

---

[88] S. Vinberg, Gelin 2005.

Untersuchung sind die Fehlzeiten außerdem anders als in der Studie von Weller et al. ein durchaus akzeptabler Indikator für den Gesundheitszustand der Mitarbeiter, es liegt ein r = -0,70 vor.

Zusammenfassung

Über den Zusammenhang zwischen der Ausstattung eines Betriebes mit Sozialkapital und dessen Auswirkungen auf den Gesundheitszustand von Mitarbeitern ist bisher noch nicht allzu viel bekannt.

Für Extremfälle – zum Beispiel organisationspathologischem Verhalten wie Mobbing – liegen recht eindeutige Daten vor.

Hohe Belastungen am Arbeitsplatz gehen nachvollziehbarerweise mit einem niedrigeren Gesundheitszustand von Mitarbeitern einher. Ebenso wird berichtet, dass solche hohen Belastungen auch das Sozialkapital etwa im Sinne eines Netzwerkkapitals unter den Kollegen belastet. Kausale Zusammenhänge zwischen der Ausstattung mit Sozialkapital und dem Gesundheitszustand von Mitarbeitern lassen sich daraus bisher jedoch nicht ableiten.

5 Aktualität der Fragestellung

Aufgrund verschiedener Veränderungen in der Industriestruktur und Arbeitsorganisation sowie in der Zusammensetzung der Erwerbsbevölkerung ist künftig von einer zunehmenden Bedeutung der Auswirkungen von Sozialkapital in Betrieben auszugehen. Wesentliche Aspekte sind eine Zunahme von zeitlich befristeten Arbeitsverhältnissen und somit eine Abkehr von dem bisher oft unterstellten Normalarbeitsverhältnis, ein zunehmend steigender Altersdurchschnitt in der Bevölkerung insgesamt und somit auch in der Erwerbsbevölkerung. Außerdem sinkt die Leistungstiefe von Unternehmen, was zu einer Zunahme der Austauschbeziehungen zwischen Unternehmen führt. Zudem ist deren Produktion immer mehr wissensbasiert. Bei Arbeitnehmern kann darüber hinaus von einem steigenden Interesse an ihrer Gesunderhaltung ausgegangen werden, da die finanziellen Risiken im Krankheitsfall tendenziell geringer sozial abgesichert werden. Im Folgenden wird auf die genannten Punkte detaillierter eingegangen.

Zunahme der Zeitarbeit

Der Anteil der Zeitarbeitnehmer in der Industrie wächst und wird für die Unternehmen zu einem Bestandteil der Personalpolitik, um flexibel und kostengünstig produzieren zu können.[89] Damit nimmt das „Normalarbeitsverhältnis", verbunden mit einer längeren Betriebszugehörigkeit, zunehmend ab und ist und in manchen Branchen bereits nicht mehr der Normalzustand. Dennoch wird in vielen Untersuchungen noch von einem solchen fiktiven Normalzustand ausgegangen.[90] Dabei ist es bekannt, dass der Gesundheitszustand von Zeitarbeitnehmern tendenziell schlechter ist als derjenige von Normalarbeitnehmern.[91] Besonders die psychische Belastung von Zeitarbeitnehmern ist im Vergleich zu Arbeitnehmern im Normalarbeitsverhältnis wesentlich höher.[92] Es verwundert auch kaum, dass das Commitment der Zeitarbeitnehmer

---

[89] S. Dudenhöffer, Büttner 2006.
[90] S. Kraemer 2004.
[91] S. Rodriguez 1999.
[92] S. Bornewasser 2010, S. 10–20.

zu den Beschäftigungsunternehmen wesentlich geringer ausgeprägt ist, als das der Mitarbeiter im Normalarbeitsverhältnis. Auch die Einsatzbereitschaft der Mitarbeiter im Zeitarbeitsverhältnis ist häufig geringer ausgeprägt.[93] Angesichts der Zunahme von Zeitarbeit kann von daher angenommen werden, dass die Bildung von Sozialkapital zu einem zunehmenden Problemfeld in produzierenden Unternehmen wird.

Demografischer Wandel

Der Altersdurchschnitt der Belegschaften in Deutschland steigt und wird voraussichtlich auch zukünftig steigen. Ursachen dafür sind die in der Vergangenheit sinkende Geburtenrate mit der Folge eines verringerten Arbeitskräfteangebots, die verlängerte Lebenszeit sowie der Anstieg der Altersgrenzen für den Bezug von Altersrente, der aus der Sicht der Erwerbspersonen einen längeren Verbleib im Erwerbsleben notwendig erscheinen lässt. Diese Fakten sind im Wesentlichen unumstritten, unterschiedliche Auffassungen bestehen hinsichtlich der Größenordnungen.[94] Die Struktur der Leistungsfähigkeit älterer Beschäftigter ist anders geartet als diejenige jüngerer Beschäftigter. Ältere Mitarbeiter verfügen über relative Leistungsvorteile in Bereichen, die mit dem Fällen von Entscheidungen und einer realitätsnahen Bewertung von Sachverhalten einhergehen.[95] Für die Gesundheit und damit die Verbleibsmöglichkeiten älterer Beschäftigter sind allerdings Faktoren wie „Soziale Rückendeckung", „Zusammenarbeit" und weitere Aspekte des Sozialkapitals besonders wichtig.[96] Zugleich sind die Fehlzeiten älterer Arbeitnehmer tendenziell erhöht.

Somit kann von einer steigenden Bedeutung der Mitarbeitergesundheit auf die Leistungsfähigkeit von Unternehmen ausgegangen werden. Bei der Gruppe der älteren Arbeitnehmer besteht in Bezug auf die Gesundheit ein

---

[93] S. Felfe et al. 2005.

[94] S. Deutscher Bundestag 2002, S. 67–71, Statistische Ämter des Bundes und der Länder 2009, S. 13–14, Maintz 2003, S. 43–46.

[95] S. Maintz 2003, S. 52–53, s. Ueberle 2010, S. 290–291.

[96] S. Ebert, Kundinger 2007, S. 169.

besonders starker Zusammenhang zu Veränderungen in der Ausstattung mit Sozialkapital.

Komplexität der Austauschbeziehungen

Eine sinkende Fertigungstiefe in die Industrie[97] geht notwendigerweise mit der Intensivierung der Anzahl von Beziehungen nach außen einher. Das soll in diesem Zusammenhang nicht mit Sinn[98] negativ gesehen werden. Denn für das einzelne Unternehmen bietet sich damit auch die Möglichkeit zur Hebung etlicher Rationalisierungspotenziale, wie es die Kompetenzbasierte Theorie der Unternehmung[99] deutlich aufzeigt. Weitere bedeutsame Ansätze für eine einsichtige Begründung einer evtl. verringerten Fertigungstiefe liefert zum Beispiel Coase mit seinem Transaktionskostenansatz.[100] Es findet sich darüber hinaus eine ganze Reihe weiterer Begründungen mit wechselnder empirischer Fundierung, die vorwiegend auf der Ebene der Hebung von Effizienzpotenzialen argumentieren.[101]

Auf jeden Fall aber steigt mit sinkender Fertigungstiefe die Bedeutung externen Netzwerkkapitals und damit diejenige des externen Sozialkapitals. Der Schwerpunkt der vorliegenden Studie liegt zwar bei internen Sozialkapitalfaktoren, dabei ist jedoch zu beachten, dass die Intensivierung externer Austauschbeziehungen auch eine Intensivierung der Austauschbeziehungen im Humanvermögen allgemein bedeutet. Dieses wird wiederum wird durch das Sozialkapital bedeutsam beeinflusst.

Wissensintensivierung in der Produktion

Der Anteil der wissensintensiven Produktion in der Industrie und im Dienstleistungsgewerbe nimmt seit Jahren zu.[102] Dies gilt auch und gerade für den

---

[97] S. z. B. Statistisches Bundesamt 2010, S. 33, s. Kinke, Lay 2003.

[98] S. Sinn 2005. Vgl. z. B. Hickel 2004, Krcal 2007.

[99] S. Fichtner 2008, S. 5–6 et passim.

[100] S. Coase 1937.

[101] Für eine Übersicht s. Burr 2000.

[102] S. Belitz et al. 2011, S. 6–11.

Mittelstand.[103] Damit einher geht eine Zunahme des formalen Qualifikationsniveaus von Arbeitnehmern.[104] Gerade wissensintensive Dienstleistungen profitieren auf einer empirisch gesicherten Basis besonders von einer Ausstattung mit Sozialkapital.[105] Somit wird der Ausstattung der Unternehmen mit Sozialkapital künftig eine steigende Bedeutung zukommen.

Desozialisierung des Gesundheitsrisikos

Eine weitere Aktualität kommt der Thematik aus der Sicht von Arbeitnehmern zu. Teile des Gesundheitsrisikos werden zunehmend auf die versicherten Arbeitnehmer verlagert, die damit finanziell steigende Anteile ihres Krankheitsrisikos zu tragen haben.[106] Es kann somit unterstellt werden, dass das Interesse von Arbeitnehmern an ihrer Gesunderhaltung steigt und damit ihr Interesse an der Ausstattung von Unternehmen an Sozialkapital zunimmt. Ein ähnlicher Zusammenhang gilt angesichts der sukzessiv angehobenen Altersgrenzen für den Bezug von Altersrente. Auch hier sind Arbeitnehmer auf einen längeren Erhalt ihrer Arbeitsfähigkeit angewiesen. Im Abschnitt Demografischer Wandel (s. o.) wurde bereits darauf hingewiesen, dass ältere Arbeitnehmer auf die Ausstattung mit Sozialkapital besonders sensibel reagieren.

Die genannten Aspekte machen deutlich, dass die Frage nach der Ausstattung von Unternehmen mit Sozialkapital künftig weiter an Bedeutung gewinnen wird. Im folgenden Kapitel werden verschiedene Realformen des Sozialkapitals in Unternehmen und ihre Auswirkungen auf ihren wirtschaftlichen Erfolg diskutiert.

---

[103] S. Krey 2002.

[104] S. Leszczensky et al. 2011, S. 12–15.

[105] S. z. B. auch Newell et al. 2004.

[106] S. Ueberle 2003, S. 19–37, s. Müller, Böhm 2009, S. 35–39, s. Reiners 2011, S. 149.

6 Ökonomie von Sozialkapital im Betrieb

Beim Versuch, einen Zusammenhang zwischen der Ausstattung eines Betriebes mit Sozialkapital und dessen Erfolg aufzuzeigen, stellt sich neben der Frage, ob eine solche Wirkung beobachtet werden kann, die grundlegende Frage, auf welche Weise sich eine solche Wirkung entfaltet.

Im Rahmen einer ökonomischen Betrachtung von Sozialkapital werden im Folgenden zunächst einige Hypothesen und Beobachtungen über Wirkzusammenhänge in Betrieben wiedergegeben. Schließlich werden wissenschaftliche Untersuchungen und Erfahrungen zu Auswirkungen von Sozialkapital auf den Erfolg eines Betriebes zusammengefasst. Im letzten Teil der ökonomischen Betrachtung werden als „Dämonien" aus der Sicht von Betriebsleitungen nicht intendierte negative Folgen einer Ausstattung mit Sozialkapital diskutiert.

6.1 Sozialkapital als produktiver Faktor

An dieser Stelle erscheint es nützlich, sich die erkenntnistheoretischen Ausführungen Max Webers in Erinnerung zu rufen. Jede Wissenschaft, so ist bei ihm zu lesen, sei zunächst Technik ohne adäquate Unterscheidung zwischen den Seienden und dem Seinsollenden[107] und habe primär affirmativen Charakter. Diesen Zustand gelte es jedoch zu überwinden, denn „[e]ine empirische Wissenschaft vermag niemanden zu lehren, was er *soll,* sondern nur, was er *kann* und – unter Umständen – was er *will.*"[108] Wenn in der übergreifenden Arbeit die Auswirkungen von Sozialkapital gemessen durch wirtschaftliche Erfolgsindikatoren betrachtet werden sollen, kann das Ergebnis einen Hinweis darauf liefern, ob eine Unternehmensleitung Sozialkapital wollen wird oder nicht. Eine umfassendere Betrachtung, die auch weitere Anspruchsgruppen berücksichtigt, kann vielleicht eine Antwort darauf liefern, ob ein Unternehmen Sozialkapital wollen soll. Und schließlich stellt sich die Frage, ob das Phänomen einer Gestaltung überhaupt zugänglich ist – das

---

[107] S. Weber 1988, S. 148.
[108] Weber 1988, S. 151, kursiv im Original.

heißt, ob ein Unternehmen Sozialkapital schaffen kann. Wird die letzte Frage negativ beantwortet, so wären die vorhergehenden Fragestellungen aus Sicht einer Betriebsführung obsolet.

Zunächst wird der Frage nachgegangen, ob es sich bei Sozialkapital um Vermögen handelt (s. Abschnitt 6.2, S. 72). Das Ergebnis hat weitreichende Folgen, zum Beispiel auf die Investitionsmöglichkeiten, aber auch auf die Frage, ob Sozialkapital nicht auch den Charakter eines Konsumgutes hat. Häufig wird unterstellt, dass die Einbindung in eine Gruppe auch einen Beitrag zur unmittelbaren Lebensqualität der Gruppenmitglieder leiste. In einem weiteren Abschnitt wird eine begriffliche Abgrenzung zwischen Sozialkapital und Humankapital vollzogen (s. Abschnitt 6.3, S. 77). Je nach Gesichtspunkt schwankt die Übereinstimmung von einer begrifflichen Unterordnung des einen unter das andere bis zu völliger Unabhängigkeit der Konzepte. Wenn es um den Nutzen geht, der aus einer Sozialkapitalausstattung gezogen werden kann, so ist zwischen verschiedenen Empfängern des Nutzens zu unterscheiden (s. Abschnitt 6.5, S. 83). Zu berücksichtigen sind dabei auch Externalitäten. Eine Betrachtungsweise solcher Externalitäten findet sich in der Klubtheorie (s. Abschnitt 6.4, S. 80) Zur Analyse von Externalitäten innerhalb eines Unternehmens werden die Theorie der Firma und die Agencytheorie daraufhin überprüft, ob sie einen Erklärungsbeitrag leisten können (s. Abschnitt 6.6, S. 84).

6.2 Zum Vermögenscharakter von Sozialkapital

Sozialkapital ist ein etablierter aber auch schwankender Begriff. Im Folgenden soll der Frage nachgegangen werden, ob der Begriff den gemeinten Sachverhalt in Bezug auf eine Kapitaleigenschaft angemessen zu erfassen vermag und welche weiteren Terminologien möglich sind. Im Anschluss wird die Frage beleuchtet, ob der gemeinte Sachverhalt in der Realität anzutreffen ist.

6.2.1 Terminologische Analyse

Der Sozialkapitalbegriff ist aus der englischen Sprache entlehnt und beinhaltet insofern einen sprachlichen Übertragungsfehler. Die Unterscheidung von

Kapital auf der Passivseite einer Bilanz und Vermögen auf der Aktivseite spiegelt sich in der englischen Sprache in der Verwendung des Begriffs *capital* nicht wider, der für beide Verwendungen gebräuchlich ist. In der deutschen Sprache wurde der Begriff Sozialkapital originär und dient außerdem auch als Bezeichnung für (passivisches) Kapital, das gemeinschaftlich angelegt wird,[109] beispielsweise in Pensionskassen. Diese Verwendung kommt der üblichen Verwendung des Begriffs Kapital näher, denn zu einer produktiven Wirkung kommt Kapital erst nach seiner Umwandlung in Vermögen, die infolge einer Investition stattfindet. Diese Begriffsverwirrung ist aus anderen terminologischen Zusammensetzungen bereits bekannt und es liegt auf der Hand, dass mit dem Begriff Sozialkapital der Begriff Sozialvermögen gemeint ist. In einer onomasiologischen Betrachtung handelt es sich um einen syntaktischen Fehlgriff infolge einer ungenauen Übersetzung.

Allerdings ist die Bezeichnung inzwischen etabliert, ebenso analoge Wortbildungen wie Sachkapital und Humankapital. Daher wird im Folgenden an dem Begriff Sozialkapital als eine feststehende Zusammensetzung festgehalten. Allerdings wird der Begriff nur in seiner zusammengesetzten Form verwendet. Sobald die Juxtaposition aufgegeben wird, wird statt „Kapital" vorzugsweise der Begriff „Vermögen" verwendet.

6.2.2 Reale Analyse

Das Vermögen im betriebswirtschaftlichen Sinne umfasst die Gesamtheit der eingesetzten Wirtschaftsgüter und Geldmittel, also die Verwendung eingesetzten Kapitals. Sofern sich empirisch Auswirkungen aus der Ausstattung mit Sozialvermögen auf den Erfolg eines Unternehmens ergeben, so ist zu untersuchen, an welcher Stelle eines Produktionsfaktors diese Wirkung einsetzt. In erster Linie kommen hierfür die herkömmlichen Produktionsfaktoren Arbeit, Boden und Kapital in Frage, aus denen in einer herkömmlichen Be-

---

[109] S. Schmidt, Schleef 2001. Als ebenfalls betriebswirtschaftlicher Terminus wird Sozialkapital in der Bezeichnung für unternehmerisches Kapital verwendet, das aus Rücklagen und Rückstellung für soziale Verpflichtungen resultiert, wie etwa aus zugesicherten Betriebsrenten, vgl. Fischer 1959.

trachtung durch Faktorkombination eine Gütererstellung bewirkt wird. Als Grundvoraussetzungen für das Vorliegen von Vermögen können Akkumulationsfähigkeit, Übertragbarkeit sowie die Möglichkeit zu einer willentlichen Investition angenommen werden.

6.2.2.1 Akkumulationsfähigkeit

Die Vermögenseigenschaft von Sozialkapital ist keinesfalls unbestritten.[110] Arrow[111] zum Beispiel betrachtet die Akkumulationsfähigkeit, die Möglichkeit zu bewusster materieller Investition sowie die Möglichkeit zur Veräußerung als konstitutiv. Diese Kriterien sind für Sozialkapital zumindest nicht ohne Einschränkung gegeben. Besonders die gezielte Produzierbarkeit von Sozialkapital innerhalb üblicher Planungszeiträume wird durch Paldam und Svendsen[112] angezweifelt. Dabei beziehen sie sich allerdings nicht auf betriebswirtschaftliche, sondern auf gesamtwirtschaftliche Verhältnisse, etwa auf den Vergleich zwischen der Ausstattung mit Sozialkapital in Nord- und Süditalien durch Putnam et al.[113] In dem überschaubaren Setting eines Wirtschaftsbetriebes können kürzere Zeiträume vermutet werden, innerhalb derer Sozialkapital geschaffen werden kann. Das Ausmaß der Ausstattung mit Sozialkapital in einem Unternehmen ist nicht mit dem gesamtgesellschaftlichen Ausmaß identisch. Daher liegt es nahe, eine Beeinflussbarkeit der quantitativen Ausstattung an Sozialkapital im Sinne einer Investition anzunehmen.

Bei Investitionen in Sozialkapital wird vornehmlich eine innerbetriebliche Perspektive eingenommen, bei der die Investitionen hauptsächlich an den Mitarbeitern festgemacht werden. Entweder wird die Befähigung der Mitarbeiter zur Bildung von Sozialkapital personengebunden angeregt, oder das Sozialkapital wird in einer anderen Form unmittelbar beeinflusst.

Es ist allerdings fraglich, ob damit die wesentlichen Aspekte abgedeckt werden. Das interne Sozialkapital eines Unternehmens, wie es sich in Netzwerk-

---

[110] S. Adler, Kwon 2002, S. 21–22.
[111] S. Arrow 2000.
[112] S. Paldam, Svendsen 2000, S. 345–346.
[113] S. Putnam 1993.

kapital, Führungskapital, Überzeugungskapital und Wertekapital[114] darstellt, ist nur ein Teil des relevanten Sozialkapitals. Von wesentlicher Bedeutung ist ebenso das externe Sozialkapital, das mit Westlund[115] in produktionsbezogenes, umweltbezogenes und marktbezogenes Sozialkapital unterteilt werden kann. Das produktionsbezogene Sozialkapital bezieht sich dabei auf die Beziehungen zu Lieferanten, Produktnutzern und Partnern in Forschung und Entwicklung. Der umweltbezogene Bereich umfasst Verwaltung und Regierung sowie Kontakte zu Entscheidungsträgern der gesellschaftlichen Organisationen. Das marktbezogene Sozialkapital umfasst das Innehaben von Marken sowie die Beziehungen zu Kunden.

6.2.2.2 Übertragbarkeit

Die Beurteilung der Übertragbarkeit von Sozialkapital ist schwierig. In der Tat ist es als solches nicht veräußerbar und somit auch kaum einzeln zu bewerten. Putnam et al.[116] gehen daher von einem öffentlichen Gut aus, bei dem niemand vom Konsum ausgeschlossen werden kann, welches aber auch ohne Verlust von mehreren Akteuren gleichzeitig konsumiert werden kann. Allerdings steigert die Ausstattung eines Unternehmens mit Sozialkapital dessen Potenzial und somit den Unternehmenswert insgesamt. Letztlich geht es hier um die Frage der Verfügungsrechte[117] über Sozialkapital im Unternehmenskontext. Das Auseinanderfallen der Gebrauchs-, Aneignungs- und Übertragungsrechte wird bei der Betrachtung des betrieblichen Sozialkapitals besonders augenfällig. Die Verfügungsrechte sind verteilt. Investitionen in Sozialkapital unterliegen einer zweifachen Bindung, zum einen an einzelne Mitarbeiter im Unternehmen, zum anderen an die Gruppe. Die Gruppen als solche können möglicherweise durch Vertragsbindung tendenziell fixiert werden. Allerdings ist nach ihrem Auflösen das Sozialkapital nicht durch die ehemaligen Gruppenmitglieder individuell auf andere Gruppen übertragbar, sondern

---

[114] S. Badura et al. 2008, S. 33–38.
[115] S. Westlund, Nilsson 2003.
[116] S. Putnam 1993, S. 170.
[117] S. Schüller 1992.

ist entwertet. Eine Bereicherung seitens der ausscheidenden Gruppenmitglieder findet nicht statt.[118]

Sozialkapital ist aufgrund der Mobilität der Arbeitskraft also stets transitorisch. Investitionen in Sozialkapital können vertraglich nur eingeschränkt abgesichert werden. Das Vorliegen eines so gearteten Investitionsrisikos ist allerdings für ein Unternehmen nichts Ungewöhnliches. Dem entspricht das bisher gering entwickelte interne und externe Berichtswesen hinsichtlich des Sozialkapitals. Im externen Berichtswesen von Unternehmen findet man „kaum Aufschluss über die entscheidenden Prozesse in Organisationen [...] deren Vermögenswerte größtenteils nicht monetärer Natur und immateriell sind"[119]. Diese Schwierigkeit gilt generell für immaterielle Vermögenswerte. Für den verwandten Bereich des Humankapitals ist die Problematik etwas besser untersucht. Eine monetäre Bewertung kommt nach dem bisherigen Erkenntnisstand jedoch auch hier an ihre Grenzen.[120] Ein steuerungsorientiertes internes Controlling ist leichter möglich, nur die nachvollziehbare und eindeutige externe Berichterstattung ist bisher nicht gelungen.[121]

6.2.2.3 Investitionsfähigkeit

Es ist weitgehend offen, ob Investitionen in Sozialkapital auf betrieblicher Ebene autonom möglich sind. Die Methoden von Teamentwicklungstrainings[122] sind Legion, die Vorschläge zur Messung ihrer Effizienz oder auch nur Effektivität stehen dazu in einem quantitativ bemerkenswerten Missverhältnis.

---

[118] Die *Kompetenz zum Aufbau von Sozialkapital* kann dagegen durchaus individuell gebunden sein.

[119] Sveiby 2002, S. 792.

[120] S. Stoi 2004, S. 200–201.

[121] S. Schütte 2004, s. Schmalenbach Gesellschaft für Betriebswirtschaft e. V. / Arbeitskreis „Immaterielle Werte im Rechnungswesen" 2004, s. Glaser et al. 2006, S. 35–43.

[122] S. Comelli 2003.

Nur wenn die Ausstattung mit Sozialkapital einer Investition zugänglich ist, handelt es sich um einen Vermögenswert. Die Ausstattung des gesellschaftlichen Umfeldes mit Sozialkapital ist hingegen kein Vermögenswert, sondern ein produktionsbezogener Standortfaktor. Er entzieht sich der autonomen betriebswirtschaftlichen Analyse. Dem stehen einflussnehmende Aktivitäten seitens Wirtschaftsunternehmen auf das gesellschaftliche Umfeld nicht entgegen.[123] Der Grenzfall des großen Unternehmens in der kleinen Volkswirtschaft wird hier nicht näher analysiert. Auf regionaler Ebene erscheint er jedoch durchaus relevant.

Es ist bemerkenswert, dass es einer genaueren bisher noch ausstehenden Untersuchung bedürfte, um herauszufinden, ob Investitionen in Sozialkapital überhaupt erfolgversprechend sind.

6.3 Abgrenzung von Sozialkapital zu Humankapital

Sozialkapital steht als weicher und personengebundener Vermögenswert in einem engeren Zusammenhang mit dem immateriellen, personengebundenen Vermögenswert *Humanvermögen*.[124]

Das Humanvermögen ist ein Potenzialfaktor für die Entstehung von Sozialkapital, da in ihm die individuelle Fähigkeit zu kollektiver Zusammenarbeit angelegt ist. Humanvermögen ist in diesem Zusammenhang die Befähigung zur Ausbildung von Sozialkapital. Sozialkapital und Humanvermögen stehen somit weniger in einem Komplementärverhältnis, sondern bezeichnen in einem Produktionsprozess unterschiedliche Fertigungsstufen.[125]

Eine optimale Investition in Humanvermögen sollte sich mit dem betriebswirtschaftlichen Instrumentarium zur Ermittlung der optimalen Fertigungstiefe ermitteln lassen. Tatsächlich geschieht allerdings die Herstellung von Humanvermögen zu überwiegenden Teilen außerhalb der Betriebe. Dadurch können zum einen Kosten sozialisiert werden. Denkbar ist auch der Fall, dass

---

[123] Vgl. dazu Biermann, Klönne 2008.
[124] S. Glaser et al. 2006, S. 14–18.
[125] Vgl. Pennings et al. 1998, S. 426–427, vgl. Moldaschl 2005a, S. 52–56.

die Betriebe Nutzer externer Effekte sind. Dann aber handelt es sich bei dem Humanvermögen nicht um einen autonom zugänglichen Produktionsfaktor.

Sozialkapital als Humanvermögen

Güter und Dienstleistungen werden in einer konventionellen Vorstellung durch die Kombination von Arbeit, Boden und Kapital erstellt (cave: es handelt sich hierbei wiederum im eine andere Verwendung des Begriffs Kapital als in der Zusammensetzung Sozialkapital). Mit Gutenberg lässt sich die Arbeit zudem in die dispositive und die objektbezogene Arbeit unterscheiden.[126] Die ausgeübten Tätigkeiten können darüber hinaus sehr unterschiedliche Anforderungen stellen, wobei insbesondere die Ausstattung der Mitarbeiter mit Kenntnissen und Fertigkeiten betrachtet wird. Die Fähigkeit zur kollektiven Zusammenarbeit kann in diesem Kontext individualistisch gesehen werden und wie andere Kompetenzen auch außerhalb des Unternehmens erworben worden sein.

Der Zusammenhang und die Abgrenzung dieser Vermögensarten sind im wissenschaftlichen Diskurs noch nicht endgültig geklärt. Die Abgrenzung ist zu einem vertieften Verständnis jedoch notwendig. Dass sie bislang nur unscharf erfolgt ist, ist auf eine funktionale Betrachtungsweise zurückzuführen, die nicht immer deutlich zutage tritt.[127] Häufig wird mit dem Sozialkapitalbegriff untersucht, welchen Nutzen einzelne Personen aus ihrem „Sozialkapital" (verstanden als Netzwerkkapital) und ihrer Einbindung in einen Gruppenkontext ziehen. Bei dieser Betrachtungsweise liegt ein individueller Fokus zugrunde. Dazu gehören etwa Untersuchungen, bei denen das Netzwerkkapital von Menschen (gemessen als Anzahl von Sozialkontakten) mit ihrer Gesundheit korreliert wird. Ein so verstandenes Konstrukt ist in der Tat nur schwer von anderen Aspekten des Humankapitals abzugrenzen.

---

[126] S. Gutenberg 1971, S. 5.
[127] Vgl. auch Lin 1999, S. 31–35.

Humanvermögen als Komplementärgut zum Sachkapital, Sozialkapital als Komplementärgut zum Institutionensystem

Eine institutionenökonomische Betrachtungsweise schlägt dagegen Sauerland vor.[128] Sozialkapital wird dabei als Reduktion von Entscheidungsunsicherheit durch die ständige Anwendung erfolgreicher Verhaltensmuster verstanden. Durch formelle und informelle Regeln wird die Größe des individuellen Handlungsspielraums begrenzt. Ein größerer Handlungsspielraum führt zu einer größeren Entscheidungsunsicherheit eines aktiven Individuums, aber auch bei der Antizipation von dessen Handlungen durch andere Individuen. Betrachtet man Sozialkapital als ein Aggregat erfolgreicher Verhaltensmuster, wird die Entscheidungsunsicherheit durch das Vorliegen von Sozialkapital reduziert.

Eine Betrachtung der Ergebnisse des Einsatzes von produktivem Kapital führt zu einer Unterscheidung in „technische Produktivität" aus dem Einsatz von Sachkapital und Humanvermögen, die zueinander unvollkommen komplementär sind – und innerhalb gewisser Grenzen substituierbar. Sind die Faktorkosten sowie die Grenzrate der Faktorsubstitution bekannt, kann durch ein Maximierungskalkül eine optimale Faktorkombination bestimmt werden. Es handelt sich hierbei um ein Kernproblem der industriellen Güterproduktion, das insofern bereits gut untersucht ist. Auf der anderen Seite führt die Betrachtung des Ergebnisses des Einsatzes produktiven Kapitals zur Erkenntnis einer „sozialen Produktivität" aus dem Einsatz von Institutionen und Sozialkapital. Auch hier besteht ein unvollkommen komplementäres Faktoreinsatzverhältnis. Auffallend ist bei dieser Betrachtung, dass das Institutionensystem nicht Teil des Sozialkapitals ist. Als Potenzialfaktor gehört es quasi zur Ausstattung. Sozialkapital ist vielmehr ein Teil des Humanvermögens, das aus dem „technischen" und dem „sozialen" Humanvermögen besteht. Es handelt sich also allenfalls um eine individualistische Betrachtungsweise. Institutionen führen zwar zu einer sozialen Produktivität, sind aber nicht organisationale Träger von Sozialkapital.

---

[128] S. Sauerland 2003, S. 13–15.

Mikroökonomische Betrachtung

Eine solche individualistische Betrachtung von Sozialkapital bringt eine Reihe analytischer Vorteile mit sich. Insbesondere ergibt sich der Gesamtnutzen von Sozialkapital aus der Summe der Einzelnutzen der Akteure zuzüglich der Empfänger externer Effekte. Damit ist das Phänomen einer mikroökonomischen Modellierung zugänglich. In der Analyse ist nach Glaeser et al.[129] nicht zwischen intrinsischen Fähigkeiten zur Generierung von Sozialkapital (z. B. Extrovertiertheit und Charisma) und extern unterstützen Fähigkeiten als Ertrag aus einer Sozialkapitalinvestition (z. B. der Schaffung eines dichten Beziehungsnetzwerks) zu unterscheiden. Diese Ausstattung ermögliche es, Erlöse aus marktlichen und außermarktlichen Transaktionen zu generieren.

Nur unter dieser Prämisse ist Sozialkapital in einem herkömmlichen ökonomischen Investitionsmodell darstellbar, was die Analyse zwar wesentlich erleichtert, die inhaltliche Betrachtung allerdings einengt.

6.4 Netzwerkkapital als Klubkollektivgut

Transaktionskosten entstehen bei der Nutzung von Koordinationsmechanismen. Dabei kann es sich um den Markt oder um innerbetriebliche Strukturen handeln. Die Auswirkungen von Sozialkapital auf die Transaktionskosten stehen in einem engen Zusammenhang mit dem Vertrauen unter Individuen. Aus erfolgreichen Transaktionen zweier Individuen ergibt sich ein externer Effekt, wenn eines der Individuen aufgrund von Merkmalen des Transaktionspartners auf den Erfolg einer Transaktion mit einem weiteren Partner schließt. Uslaner identifiziert in diesem Sinne Sozialkapital als ein „kognitives Phänomen [...], das in der Erinnerung vergangener Transaktionen beruht oder auf dem Wissen um eine gemeinsame Werteausstattung, die natürlich ihrerseits eine geschichtliche Verwurzelung besitzt".[130] Im Verständnis von

---

[129] S. Glaeser et al. 2000.
[130] Uslaner 1999, zit. n. Herrmann-Pillath, Lies 2001, S. 363.

Herrmann-Pillath[131] ergeben sich die externen Effekte im Wesentlichen durch das mentale Modell, das die Akteure von dem Netzwerk haben.

Sozialkapital beruht also auf den Auswirkungen gegenseitigen Vertrauens zwischen einander bekannten Akteuren, das auf weitere Akteure aufgrund von Analogschlüssen (vermutlich aufgrund empfundener Ähnlichkeiten in einem oder mehreren Persönlichkeitsmerkmalen) übertragen wird. Folge solcher Netzwerkstrukturen ist ein verringerter Ressourceneinsatz. Wird die Vertrauenswürdigkeit Mitgliedern einer wirtschaftlichen Einheit (Arbeitsgruppe) aufgrund deren Zugehörigkeit zur Arbeitsgruppe zugeschrieben, bildet sich ein Klub[132]. Ähnliche Ansätze verfolgen die Analysen von Putnam[133] oder Bourdieu[134].

Wird der Betrieb als analytische Makroebene gewählt, ist zu untersuchen, in welchem Aggregationsgrad sich Klubs bilden und wie sich die Interaktion zwischen Klubs verhält. Es stellt sich die Frage, in welcher Intensität und Verteilung sich Sozialkapital als Netzwerkkapital auf der Ebene von Arbeitsgruppen oder dem Gesamtunternehmen herausbildet. Die Bildung so verstandenen Sozialkapitals führt nicht zwangsläufig zu einer Wohlfahrtsmehrung auf der Makroebene.[135]

Sozialkapital als Prozesssicherer in der Transaktionskostentheorie

Unabhängig von der Vermögenseigenschaft ist es denkbar, dass sich Sozialkapital nur in einer Verbesserung der Zusammenarbeit der Mitarbeiter auswirkt, ohne Kapitaleigenschaft zu haben. Sozialkapital kann in diesem Sinne zum Beispiel die Kontroll- und Abwicklungskosten und damit Transaktionskosten senken.[136] Dazu ist eine Kapitaleigenschaft nicht unbedingt notwendig.

---

[131] S. Herrmann-Pillath, Lies 2001.
[132] Vgl. Buchanan 1965, vgl. Zintl 1993.
[133] S. Putnam 1993.
[134] S. z. B. Bourdieu 1993.
[135] S. bereits Olson 1968.
[136] Vgl. Seiler 2004.

Das Problem der ungeklärten Externalitäten aus der Sozialkapitalausstattung stellt sich auch im betrieblichen Kontext. Auch hier verfolgen einzelne Akteure gemäß der Rational-Choice-Theorie[137] nicht unbedingt die Ziele der Makroebene. Außerdem ergeben sich Beziehungsgeflechte auf einer Mesoebene, die ebenfalls eine Tendenz zu eigenständiger Zielsetzung aufweisen können. Soll mit dem Sozialkapitalansatz jedoch ein originärer Beitrag zur Analyse betrieblicher Produktionsfähigkeit geleistet werden, ist ein individualistischer Ansatz wenig zielführend. Die unterstellte Nutzensuche der betrieblichen Mitarbeiter kann als selbstverständlich angenommen werden. Für eine Analyse im betrieblichen Kontext ist es notwendig, die erwünschten Ziele klar zu benennen. Dabei sind die Perspektiven der verschiedenen Anspruchsgruppen zu berücksichtigen. Besonders augenfällig sind die Interessen von Kapitaleigentümern, Mitarbeitern, Fiskus und dem gesellschaftlichen Umfeld, insbesondere auch im Setting Nachbarschaft. Weitere Anspruchsgruppen können einbezogen werden. Neben unmittelbaren monetären Auswirkungen gehört auch das Entwicklungspotenzial des Betriebs für die Zukunft dazu.

Schlussfolgerungen für die Untersuchung der Produktivität von Sozialkapital im Betrieb

Wie jedes wirtschaftliche und gesellschaftliche Steuerungsverfahren verursacht auch die Steuerung mit Sozialkapital im Sinne eines Klubguts Kosten, die sich ergeben aus

- Transaktionskosten an den Klubgrenzen
- Wohlfahrtsverlusten der ausgeschlossenen Individuen sowie einer
- Suboptimalen Ressourcenallokation.

So stellt Sabaini[138] in einer Untersuchung italienischer Klein- und Mittelbetriebe fest, dass festgefügte soziale Bande zu Familien und Freunden im gesellschaftlichen Umfeld von Unternehmen zu einer geringeren Produktivität führen. Damit kann aufgezeigt werden, dass sich der Nutzen von Sozialkapital

---

[137] S. Kern, Nida-Rümelin 2007, vgl. Habisch 1998.
[138] S. Sabatini 2006.

nicht unmittelbar als ein gesellschaftlicher Nutzen im Sinne eines Nutznießers der Bevölkerung als Gesamtkollektiv niederschlägt. Es ist daher notwendig, sich Klarheit über die anzuwendende Nutzenfunktion zu verschaffen. Dabei handelt es sich um eine normative Festlegung. Aus der Bildung von Sozialkapital entstehen Externalitäten, die positiver Art sein können, zum Beispiel die Bildung von Netzwerken. Es können sich allerdings auch negative Externalitäten entwickeln, zum Beispiel bei der Bildung von Statusdomänen.[139] Soll also der Nutzen einer Ausstattung mit Sozialkapital abgeschätzt werden, so ist deutlich zu machen, wessen Nutzen ermittelt werden soll. Dazu ist eine Festlegung über den institutionellen Rahmen zu treffen.

Bei der Betrachtung des Nutzens von Sozialkapital im Betrieb ist etwa die folgende Gliederung sinnvoll, die eine zunehmende Aggregation darstellt:

1. Individuelle Ebene – Einzelner Mitarbeiter
2. Mikroebene – Arbeitsgruppe
3. Mesoebene – Betrieb
4. Makroebene – Unternehmen
5. Externe Ebene.

6.5 Nutzen von Sozialkapital im Betrieb

Nutzen von Sozialkapital im Betrieb fallen in verschiedener Art an. Auf der individuellen, gesamtgesellschaftlichen Ebene zeigt sich zum Beispiel, dass Individuen bei entsprechender Ausstattung mit Sozialkapital – genauer Netzwerkkapital – eine höhere Lebenserwartung haben.[140] Daneben werden auch höhere Einkommensbezüge festgestellt. Sollen solch verschiedenartige Nutzen vergleichbar gemacht werden, so sind sie durch Zuordnung numerischer Größen gleichnamig zu machen. Hierfür ist eine eindeutige Annahme über die Nutzenpräferenzen der Individuen notwendig.

Nutzen fallen nicht zum gleichen Zeitpunkt an. Um zu verschiedenen Zeitpunkten anfallende Nutzen vergleichbar zu machen, ist das Instrument der

---

[139] S. Glaeser et al. 2000, S. 29.
[140] S. Kroll, Lampert 2007.

Abzinsung verfügbar. Auch bei diesem ist eine Vorstellung über die zeitlichen Konsumpräferenzen von Individuen notwendig. Zudem ist zu entscheiden, welcher Art die Nutzen sein sollen, wobei Nutzen verschiedener Art gleichnamig zu machen sind. Nutzen fallen auch nicht mit dem gleichen Grad an Sicherheit an. Diese auf der gesellschaftlichen Ebene ob ihrer Komplexität nur schwer lösbaren Anforderungen stellen sich unter betriebswirtschaftlichen Prämissen sowie der Beschränkung auf eine organisationsimmanente Betrachtung überschaubarer dar.

Für eine einheitliche Analyse können entstehende Nutzen für die einzelnen Empfänger nach dem

- Zeitpunkt ihres Anfalls
- der Sicherheit ihres Eintretens sowie
- ihrer Qualität

vergleichbar gemacht werden. Dazu bedarf es Annahmen über die zeitlichen Konsumpräferenzen und die Risikopräferenzen[141] der Akteure sowie der Bewertung und Nutzensubstitution verschiedener Güter.

6.6 Theorie der Firma und Sozialkapital

Ein Grundproblem, das in der traditionellen Theorie der Firma[142] betrachtet wird, ist die Sicherung des Gewinnmaximierungsverhaltens von Firmen angesichts von Transaktionskosten. Anders als in den frühen Ausprägungen der Theorie angenommen, kann von einer Homogenität der Firma im Sinne einer homogenen Einheit, die ihren Gewinn zu maximieren sucht, allenfalls in einem eigentümergeführten Unternehmen ausgegangen werden. Größere Einheiten sehen sich einem Kontrollproblem gegenüber. Da innerhalb der Institution definitionsgemäß keine marktliche Steuerung stattfindet, kann dieses Defizit nur durch eine Aufgliederung in kleinere Einheiten behoben wer-

---

[141] S. Ueberle 2003, S. 16–19.

[142] In diesem Zusammenhang wird traditionell die Bezeichnung Firma verwendet. An anderer Stelle in dieser Abhandlung wurde der Phänotyp mit Betrieb bezeichnet.

den. Die Steuerung der Ressourcen kann dann eigentümerähnlich durch ein beauftragtes Management erfolgen.

Anhand eines Übersichtsaufsatzes von Genosko[143] wird nachfolgend der potenzielle Erklärungsbeitrag der Theorie der Firma für den Sozialkapitalansatz untersucht. Der Ausgangspunkt der Überlegungen bezieht sich auf den klassischen Aufsatz von Coase[144] mit der Frage nach den Beweggründen für das Auftreten von hierarchiegeleiteten Institutionen innerhalb einer spezialisierten Tauschökonomie. Eine Ursache ist die Einsparung von marktlichen Transaktionskosten bei Transaktionen innerhalb einer einheitlich hierarchiegesteuerten Institution. Sie werden durch Teamwork ersetzt. Wegen der nur eingeschränkten individuellen Zurechenbarkeit des Teamergebnisses besteht die Neigung zu Trittbrettfahrerverhalten. Es kann untersucht werden, ob die Ausstattung mit Sozialkapital die Neigung der Mitarbeiter zu Trittbrettfahrerverhalten verändert. Zur Sicherung des Unternehmensziels Gewinnmaximierung werden von Genosko verschiedene vorwiegend klassische Kontroll- und Anreizsysteme diskutiert.

Alchian und Demsetz[145] gehen der Frage nach, ob die entsprechende Kontrolle durch marktlichen Wettbewerb erfolgen könne. Ausgangspunkt ihrer Analyse ist ein Team gleichberechtigter Mitglieder. Teammitglieder mit Leistungszurückhaltung müssten dabei mit ihrer Ersetzung durch Außenseiter rechnen. Die Autoren weisen darauf hin, dass das Trittbrettfahrerverhalten dazu offensichtlich und damit auch allen Teammitgliedern bekannt sein müsste, die ja zugleich Marktakteure sind. Ansonsten entstehen Aufdeckungskosten erheblichen Umfangs. Aus dem Versagen der gruppeninternen Kontrolle über den Marktwettbewerb kann die Herausbildung einer zentralen Instanz zur Kontrolle erwartet werden. Sind die Teammitglieder zur gegenseitigen Kontrolle unterschiedlich befähigt, kann es zur Übertragung der Aufgaben auf einen Manager kommen, was wiederum zu einer Hierarchi-

---

[143] S. Genosko 1991.

[144] Sc. Coase 1937.

[145] S. Alchian, Demsetz 1972.

sierung der Teamstruktur führt. Zum Ausgangspunkt wäre hierbei nichts gewonnen. Zudem kann die Effektivität einer solchen Kontrolle angezweifelt werden, zumindest die Effizienz angesichts potenziell hoher Kontrollkosten. Neben Management und Mitarbeitern wird auch die Rolle der Arbeitnehmervertretungen diskutiert. Im amerikanischen Schrifttum treten diese als Gewerkschaften auf, für den deutschen Bereich erscheint eine Betrachtung der betrieblichen Arbeitnehmervertretungen angemessener. Ihre Voice-Funktion kann die Kontrollkosten senken.

6.7 Betriebswirtschaftliche Erfahrungen von Sozialkapital – Ergebnisse

Güter und Dienstleistungen werden in einer konventionellen Vorstellung durch die Kombination von Arbeit, Boden und Kapital erstellt. Seit Gutenberg unterscheidet man zudem die dispositive und die objektbezogene Arbeit.[146] Selbstverständlich kann die Arbeit auch darüber hinaus ganz unterschiedlichen Charakter haben. Dem kommt die modernere Betrachtung der Arbeit unter dem Leitbild des *Humanvermögens* nach, wodurch auch Aspekte des Wissens analysiert werden können. Auch die Bedeutung der institutionellen Rahmenbedingungen einer Gesellschaft wird thematisiert. Dazu gehören etwa Rechtssicherheit, die Sicherung von Verfügungsrechten und die Bereitstellung von Infrastruktur. Daneben sind die Normen und Werte einer Gesellschaft zu betrachten – der Einfluss dieser Faktoren ist jedoch weniger greifbar. Hierzu gehört auch der Umgang von Menschen miteinander; betrachtet wird etwa die Neigung der Mitglieder einer Gesellschaft zur Kooperation oder, ob diese im Umgang miteinander defekt sind.

Das Phänomen wird bereits in der klassischen ökonomischen Literatur behandelt. Adam Smith beschreibt eine „unsichtbare Hand"[147], mit der die Koordination einer Gesellschaft auf marktlicher Basis erfolgt. Durch Handeln entlang einer gemeinsamen Rationalität von Individuen werden Handlungen berechenbar und erhalten eine einheitliche Zielrichtung, bei volkswirtschaftli-

---

[146] S. Gutenberg 1971, S. 5.
[147] S. Smith 1990, S. 371.

cher Betrachtung mit dem Ziel der Sicherstellung einer Güterversorgung. Es entsteht somit ein selbstregulierendes System, in dem das Entstehen von Transaktionskosten vermieden wird. Sozialkapital ist in diesem Sinne ein Katalysator für die Nutzung der Produktionsfaktoren. Sie können bei Vorliegen von Sozialkapital effizienter ausgenutzt werden. Somit substituiert Sozialkapital innerhalb gewisser – vermutlich enger – Grenzen die klassischen Produktionsfaktoren und reduziert die Überwachungskosten.

Offen bleibt freilich, ob die Auswirkungen von Sozialkapital auf den Betriebserfolg unmittelbar erfolgen oder mittelbar über Zwischenschritte. Für die Analyse des Ausmaßes von Effekten durch Veränderungen in der Ausstattung mit Sozialkapital ist die Kenntnis darüber jedoch nicht unbedingt notwendig.

Für die vorliegende Studie ist weniger das zahlreiche Schrifttum zu den volkswirtschaftlichen Auswirkungen von Sozialkapital von Belang, als vielmehr Untersuchungen zu den Auswirkungen internen betrieblichen Sozialkapitals. Empirische Analysen hierzu sind allerdings rar. In der Unternehmenspraxis stellt sich im Rahmen der Sozialkapitalbetrachtung häufig die Frage der Rentabilität einer Investitionsentscheidung in Sozialkapital. Das Vorliegen effektiver Interventionsmöglichkeiten zur Bildung von Sozialkapital wird vorausgesetzt. Es ist für die vorliegende Untersuchung zwischen den produktiven Auswirkungen von quantitativen Unterschieden im externen Sozialkapital und den Unterschieden im internen Sozialkapital innerhalb eines Unternehmens zu unterscheiden. Im Bereich des externen (gesamtwirtschaftlichen oder gesellschaftlichen) Sozialkapitals stellt etwa Sabatini[148] in einer Untersuchung italienischer Klein- und Mittelbetriebe fest, dass festgefügte soziale Bande zu Familie und Freunden im gesellschaftlichen Umfeld der Unternehmen zu einer geringeren Produktivität führen. Für eine geografische Region insgesamt, also unter volkswirtschaftlicher Betrachtung, gilt ein solcher Befund offenbar nicht. Hier geht das Ausmaß von Sozialkapital mit einer erhöhten wirtschaftlichen Leistungsfähigkeit einher. Ebenfalls für Italien zeigen dies

---

[148] S. Sabatini 2007.

Helliwell und Putnam[149] auf. Hier wird unter dem Sozialkapitalbegriff vorwiegend das Netzwerkkapital verstanden.

Auf der betrieblichen Ebene fehlt immer noch eine umfassende Untersuchung. In den vorhandenen Studien werden häufig nur wenige Unternehmen untersucht, die obendrein aus nur einer Branche oder der gleichen eng gefassten geografischen Region stammen. Zudem werden oft völlig unterschiedliche Operationalisierungen zur Messung des Erfolgs der Betriebe gewählt.[150] Nachfolgend werden einige typische Studien vorgestellt, die ein ähnliches Verständnis von Sozialkapital und Betriebserfolg haben wie die vorliegende Untersuchung.

Netta[151] untersucht in einer Studie im und für den Bertelsmann Konzern die Zusammenhänge zwischen Aspekten von Sozialkapital und dem Unternehmenserfolg. Die Ausstattung mit Sozialkapital bildet er durch die Umsetzung des Unternehmensleitbildes[152] des Konzerns ab, dessen Umsetzungsgrad in einer Mitarbeiterbefragung in den einzelnen Unternehmen des Konzerns abgefragt wird. Außerdem wird die Zufriedenheit der Mitarbeiter erfragt. Diese beiden Faktoren werden mit der Umsatzrendite der Unternehmen in Beziehung gesetzt. Es wird festgestellt, dass die Konzernunternehmen, die hinsichtlich der abgefragten erlebten Umsetzung des Unternehmensleitbildes zum einen und hinsichtlich der berichteten Mitarbeiterzufriedenheit zum anderen im oberen Quartil liegen, zugleich diejenigen Unternehmen sind, die auch hinsichtlich der Umsatzrendite zum oberen Quartil gehören – dies ist umgekehrt auch für das untere Quartil zu beobachten.

Diese Information kann einen Hinweis auf einen Zusammenhang geben – über die Wirkungsrichtung ist freilich nichts ausgesagt. Vorteilhaft bei diesem Vorgehen ist unter methodischen Gesichtspunkten die Tatsache, dass bei der

---

[149] S. Helliwell, Putnam 1995.

[150] S. Hauser et al. [2008], S. 48–52.

[151] S. Netta 2006.

[152] „Bertelsmann Essentials" der Bertelsmann AG 2006 mit eher konventionellen Inhalten wie partnerschaftlicher Umgang, Unternehmergeist, Förderung der Mitarbeiterkreativität und gesellschaftliche Verantwortung.

Betrachtung konzernzugehöriger Unternehmen einige konfundierende Einflüsse ausgeschaltet werden können. Eine Betrachtung voneinander unabhängiger Unternehmen liefert regelmäßig kaum aussagefähige Erkenntnisse, wie zum Beispiel auch bei Westlund und Nilsson[153] in einer explorativen Studie von Unternehmen in der schwedischen Mittelstadt Östersund. Für die untersuchten Unternehmen in einem Gewerbegebiet (N = 49) konnte kein Zusammenhang zwischen den Umsatzsteigerungen der Unternehmen und Investitionen in internes Sozialkapital belegt werden. Für eine differenzierte Untersuchung fehlen bei einem unternehmensübergreifenden Vergleich oft die entsprechenden Daten für Sozialkapitalausstattung und Erfolg. Sind doch Daten vorhanden, werden sie häufig unterschiedlich erhoben oder sind wegen der unterschiedlichen Branchen- und Betriebsstrukturen nicht vergleichbar. Innerhalb eines Konzerns oder eines Unternehmens kann mit einer vergleichbareren Datenlage gerechnet werden.

Das gilt auch für die Studie von Greve et al.[154], in der Sozialkapitaleffekte in Hochschulinstituten untersucht werden. Die Autoren messen ebenfalls die Auswirkungen von Sozialkapital auf die Produktivität. Die Messung der Produktivität erfolgt durch Routinedaten. Gemessen wird die Anzahl der Projekte, an denen ein Mitarbeiter beteiligt ist sowie die Anzahl der fertig gestellten Projekte. Eine weitere Zielvariable ist die grob impactfaktorgewichtete Anzahl von Veröffentlichungen. Diese Datenbasis wird in der Studie zwar als unbefriedigend dargestellt, Alternativen werden jedoch nicht gesehen. Die Ausstattung mit Sozialkapital wird durch Befragung erfasst – in einer der drei untersuchten Einrichtungen durch einen Fragebogen, in den beiden anderen durch strukturierte Interviews. Abgefragt wird vorwiegend das Vorliegen von Netzwerkkapital, operationalisiert als die Anzahl von Kontakten zu Kollegen. Im Ergebnis wird durchweg ein rasch ansteigender, aber doch geringer positiver Effekt von Sozialkapital auf die Produktivität festgestellt. Die drei untersuchten Forschungseinrichtungen beschäftigen naturgemäß akademische Mitarbeiter (N = 56) mit einem vergleichsweise hohen individuellen Hand-

---

[153] S. Westlund, Nilsson 2003.
[154] S. Greve et al. 2006.

lungsspielraum, was die Übertragbarkeit dieser Studie auf die in der vorliegenden Arbeit untersuchten industriellen und dienstleistungsorientierten Lebenswelten einschränkt. Ebenfalls in einem innovationsnahen Setting bewegt sich Kaasa[155] mit einem umfangreichen europäischen Vergleich auf der Basis statistischen Datenmaterials der Europäischen Union. Kaasa fokussiert hinsichtlich des Sozialkapitals auf die soziale Einbindung, die sich in Faktoren wie Hilfsbereitschaft und Gesetzestreue niederschlägt und korreliert diese mit Indikatoren für Innovationen (zum Beispiel die Patentintensität). Ausgewertet werden Routinedaten aus Bevölkerungsstatistiken. Es zeigt sich ein recht hoher Zusammenhang zwischen der sozialen Einbindung und der Innovationstätigkeit in einer Volkswirtschaft.

Auf der betriebswirtschaftlichen Ebene liegen bisher vorwiegend Einzelfallstudien vor. Einen beeindruckenden statistischen Aufwand betreiben Tsai und Ghoshal[156] bei der Auswertung von Befragungsdaten in einem nicht näher bezeichneten multinationalen Elektronikunternehmen. Unter Sozialkapital wird in dieser Studie die Intensität der Austauschbeziehungen zwischen Abteilungen des Unternehmens verstanden. Sie korreliert signifikant schwach mit deren Innovationsstärke. Es wird eine Wirkungskette ermittelt, die vor allem über den Mediator Quantität des Güteraustauschs zwischen den Abteilungen verläuft. Abteilungen, die in einem stärkeren Austauschverhältnis zu anderen Abteilungen stehen, sind innovativer als Abteilungen, die sich gering mit anderen Abteilungen austauschen.

Eine fragebogengestützte Befragung in schwedischen und norwegischen Kleinunternehmen erbringt bei Vinberg und Gelin[157] mittelgradig signifikante Korrelationen zwischen den berichteten Organisationsfaktoren und der Arbeitsqualität.

Insgesamt kommen die Auswirkungen von Sozialkapital offenbar dort stärker zum Tragen, wo die Mitarbeiterinnen und Mitarbeiter einen weiteren Hand-

---

[155] S. Kaasa 2007.
[156] S. Tsai, Goshal 1998.
[157] S. Vinberg, Gelin 2005.

lungsspielraum haben. Aus den gewerblichen Sektoren der Wirtschaft wird wenig berichtet. Offen bleibt auch die Art des Wirkungszusammenhangs zwischen Sozialkapital und Betriebsergebnis.

Über die Bedeutung von Netzwerkkapital auch in eher ausführenden Tätigkeitsfeldern berichten Shaw et al.[158] am Beispiel der Systemgastronomie. Dabei gehen die Autoren davon aus, dass personelle Fluktuation eine Störung des Sozialkapitals (im Sinne von Netzwerkkapital) nach sich zieht, da die Netzwerke dadurch lückenhaft würden. Diese These wäre noch zu belegen. Grundsätzlich ist es denkbar, dass die Kommunikationsstrukturen im Netzwerk generell redundant angelegt sind und daher keine solchen Lücken entstehen. Folgt man allerdings den Ergebnissen dieser Autoren aus einer kleineren empirischen Untersuchung, sieht man das bemerkenswerte Ergebnis, dass eine Erhöhung der Fluktuationsrate von einem Prozentpunkt mit einer negativen Veränderung des Absatzes von 17 Prozent einhergeht.

6.8 Sozialkapital nichtproduktiver Zielrichtung

Die Funktion der Arbeitnehmervertretungen bedarf noch einer Einordnung in das Sozialkapitalkonzept von Unternehmen. Für die Analyse von Auswirkungen der Ausstattung mit Sozialkapital, das als internes Netzwerkkapital verstanden wird, leistet die Agencytheorie einen Beitrag. Als eine etablierte Betrachtungsweise ist ihr formales Instrumentarium gut ausgearbeitet. Im Folgenden werden zentrale inhaltliche Aspekte kurz zusammengefasst:

„Agency heißt eine Situation, in der die Handlung einer Person die ökonomische Position einer anderen beeinflusst. Die Stärke dieses Einflusses kann variieren, sie kann von der Delegation einzelner Aufgaben durch den Prinzipal an den Agenten reichen bis hin zu einer eher passiven Rolle des Prinzipals."[159] Angesichts einer zunehmend komplexeren Gütererstellung ist tendenziell mit einem höheren Gestaltungsspielraum von Mitarbeitern bei der Ausführung ihrer Tätigkeiten zu rechnen. Bei einer hocharbeitsteiligen Pro-

---

[158] S. Shaw et al. 2005.
[159] Ueberle 2003, S. 30.

duktion vielleicht weniger auf der Ebene des einzelnen Mitarbeiters, jedenfalls aber in der kollektiven Arbeitsgruppe, besonders angesichts der Tendenz zu flacheren hierarchischen Strukturen („Schlanke Organisationsstrukturen"[160]). In der Agencytheorie „wird dabei angenommen, dass sowohl der Prinzipal als auch der Agent ihren individuellen Nutzen maximieren. Stimmen jedoch die Ziele von Prinzipal und Agent nicht überein, so wird die Agency-Beziehung problematisch, denn der Prinzipal kann dann nicht mehr ohne weiteres davon ausgehen, dass die Handlungen des Agenten seinen Nutzen zu maximieren geeignet sind. Durch geeignete Kontrollmechanismen kann der Prinzipal versuchen, die Vertretung seiner Interessen durch den Agent sicherzustellen, dies ist jedoch nicht oder nur zu hohen Kosten in vollem Umfang möglich."[161]

Ist ein Unternehmen jedoch mit einem stark ausgeprägten Sozialkapital im Sinne von Netzwerkkapital durchdrungen, stellt sich die Frage, wer eine solche Kontrolle durchführen sollte. Infolge der schlankeren Organisationsstrukturen kommt der teilautonomen Arbeitsgruppe als Organisationsform bei der Leistungserstellung eine wachsende Bedeutung zu. Sie ist damit auch für die vorliegende empirische Untersuchung von Bedeutung.

Moldaschl[162] beobachtet auf betrieblicher Ebene einige „Ironien der Sozialkapitalnutzung"[163], mit denen er aus betrieblicher Sicht nicht-intendierte Folgen des Aufbaus von Sozialkapital anspricht. Aus der Arbeitsprozesstheorie sind Phänomene bekannt, die innerhalb einer Gruppe zu wechselseitiger Solidarität in Richtung einer Gruppenautonomie führen. Moldaschl stellt zum Beispiel fest, dass Sozialkapital –verstanden als Netzwerkkapital und Bindung von Akteuren untereinander – auch für gemeinsame Ziele dieser Akteure verwendet werden kann[164]. In diesem Sinne können sich Bemühungen zum Aufbau von Sozialkapital durch Betriebsleitungen auch gegen diese richten.

---

[160] S. Wiendieck 2003, S. 632–634.
[161] S. Ueberle 2003, S. 30.
[162] S. Moldaschl 2005b.
[163] S. Moldaschl 2005b, S. 235.
[164] S. Moldaschl 2005b, S. 234.

Ein weiterer bemerkenswerter Gesichtspunkt ist die Feststellung, dass das Sozialkapital durch seine bewusste zielgerichtete Nutzung im Rahmen moderner Managementkonzepte durch Betriebsleitungen seinen Charakter verändert.[165] War es vorher quasi gegeben, kann seine systematische Nutzung zu einem Kosten-Nutzen-Kalkül aller Akteure und zu einer Bewertung durch alle Akteure führen. Soll etwa im Rahmen der Gütererstellung die Leistung durch gegenseitige Hilfestellung gesteigert werden, so ist gemäß dieser These die Hilfestellung rational bewertbar, verhandelbar und kann dosiert werden. Mehr als wenn diese unter dem ideellen Label *Solidarität* läuft, kann ein solches Kalkül Leistungszurückhaltungen begründen und rechtfertigen, die dem rationalen Ziel einer Nutzensteigerung folgen.

Daneben erfahren die Akteure – zum Beispiel im Rahmen einer Organisation als teilautonome Arbeitsgruppen – dass sie vorgegebene und übernommene Ziele in weitgehend selbständig arbeitender Weise erreichen können.[166] Infolge solcher Bestätigungen besteht eine gewisse Wahrscheinlichkeit, dass diese erfahrene kollektive Handlungskompetenz auch für die internen Interessen der Akteursgruppe zur Anwendung kommt. Das gemeinsame Bewusstsein, eine kollektive, handlungskompetente soziale Einheit darzustellen, macht eine rationale Entscheidung für gemeinsames kooperatives Handeln wahrscheinlicher, da es das Risiko des Scheiterns aufgrund fehlender, geringer oder defekter Zusammenarbeit geringer erscheinen lässt.

Solche Aspekte lassen sich als „Dämonien"[167] von Sozialkapital verstehen, die zerstörerische Elemente in ihr Umfeld einbringen. Auf der sozialen Ebene handelt es sich bei der Ausstattung mit Sozialkapital nicht notwendigerweise um ein Nullsummenspiel: Was dem einen Akteur zum Nutzen gereicht, mag zum Nachteil des anderen geschehen.[168] Eine Tätigkeit in einem Umfeld mit hohem Sozialkapital führt nicht notwendigerweise zu einer hohen Sozialkapitalausstattung der Akteure, über die diese auch verfügen könnten.

---

[165] S. Moldaschl 2005b, S. 233.

[166] S. Moldaschl 2005b, S. 233.

[167] Vgl. Tillich 1926, S. 42-43 et passim.

[168] S. Adler, Kwon 2002, S. 35, s. Waldström 2003, S. 9.

Die Agency-Theorie[169] in Verbindung mit den Thesen Moldaschls lässt es plausibel erscheinen, dass eine von der Betriebsleitung initiierte Steigerung der Sozialkapitalausstattung zunächst die durch die Betriebsleitung vorgegebenen Ziele befördert, dass aber gleichzeitig die schon vorher bestehenden oder auch sich erst entwickelnden individuellen Ziele der Akteure durch die Erfahrung einer kollektiven Handlungsmöglichkeit eine höhere Wahrscheinlichkeit zur Durchsetzung erfahren. Damit kann sich die Ausstattung mit Sozialkapital im Betrieb möglicherweise auch gegen seinen Initiator richten.

Moldaschl beschreibt somit eine Nutzung von Sozialkapital im Sinne von Netzwerkkapital, die den Interessen des Betriebes entgegenstehen kann. Auf das Entstehen einer anderen möglichen Dämonie weisen Edelman et al.[170] anhand einer kleineren empirischen Studie hin. Dabei handelt es sich um die Herausbildung von Gruppenidentitäten auf niederer Ebene, durch die einzelne Abteilungen oder Bereiche von Betrieben ein Eigenleben entwickeln könnten oder eigene Ziele auf niederer Gliederungsebene den Betriebszielen überordnen. So könnten auf Gruppenebene starke Bindungen entstehen, die den Austausch zwischen den Gruppen erschweren und damit die Problemlösungsfähigkeit der Organisation verringern.[171] Ein weiterer Grund, weshalb es problematisch ist, den Informations- oder Wissensaustausch eines Betriebes auf der Grundlage von Netzwerkkapital aufzubauen, ist die Tatsache, dass zwischen Gruppen mit engen sozialen Bindungen oft wenig Austausch stattfindet.[172] Dies ergeben die empirischen Untersuchungen der Autoren in zwei britischen Unternehmen.

Unabhängig davon entstehen durch die Erstellung und Pflege von Netzwerkkapital Kosten, die den Nutzen übersteigen können. Bezüglich des Wissensaustauschs zwischen Akteuren kommen Hansen et al.[173] aus diesem Grund zu dem Schluss, dass formalere Bindungen, also eher geringere Quantitäten

---

[169] S. z. B. Ueberle 2003, S. 30-31.
[170] S. Edelman et al. 2004.
[171] S. Edelman et al. 2004, S. S66.
[172] S. Edelman et al. 2004, S. S65.
[173] S. Hansen et al. 1999.

an Sozialkapital, unter diesem Gesichtspunkt oft effizienter sind. Ein großer Teil des mit erheblichen Investitionen in Sozialkapital ermöglichten Wissensaustauschs beziehe sich auf redundante Informationen, die mit hoher Wahrscheinlichkeit auch in formalisierten Beziehungen ausgetauscht würden. Sonst bedürfte es unter Effizienzgesichtspunkten gar keines Ausbaus von Sozialkapital. In einem Setting wie in der vorliegenden Studie stellt sich diese Fragestellung allerdings von einer anderen Seite: Bei den betrachteten vorwiegend repetitiven Arbeitsabläufen steht der Informationsaustausch der Mitarbeiter vermutlich weniger im Mittelpunkt.

In Verbindung mit dem Informations- und Wissensaustausch bestehe auch die Gefahr, dass im Zuge der Sozialkapitalausstattung Konformitätsnormen entstehen, die Akteure davon abhalten, innovatives Wissen zu entwickeln oder weiterzugeben.[174] Eine solch zurückhaltende Innovationsbereitschaft basiere auf zwei Säulen: Zum einen auf der Annahme fehlender Reziprozität seitens der Betriebsleitungen, zum anderen auf der Annahme von Agency-Problematiken unter den unmittelbaren Empfängern (sc. Vorgesetzten) von innovativen Informationen. Es wird erwartet, dass diese die Informationen in ihrem persönlichen Sinne nutzen, womit die Reziprozität für den Sender nicht mehr gegeben ist. Locke[175] betont im Zusammenhang mit der Weitergabe von Informationen in Betrieben, dass sich aus einer Betonung des Netzwerkkapitals die Gefahr eines Objektivitätsverlustes ergebe. Dies ist in dem Sinne zu verstehen, dass für die Weitergabe von Informationen dann nicht mehr die betriebliche Notwendigkeit im Mittelpunkt steht, sondern der Grad der persönlichen Bindungen bis hin zu Freundschaften. Als mittelbare Folgen dräuen dann betrieblicher Nepotismus, die Schaffung betrieblicher Nischen und beispielsweise eine Produktpolitik nach persönlichen Vorlieben.

Aus den genannten Dämonien des Sozialkapitals ergeben sich einige wesentliche Folgerungen für Unternehmensleitungen. An erster Stelle steht die Feststellung, dass der Aufbau von Sozialkapital in *irgendeiner Form* nicht ef-

---

[174] S. Edelman et al. 2004, S. S66.
[175] S. Locke 1999, S. 8.

fizient ist. Voraussetzung für den betriebswirtschaftlichen Nutzen von Sozialkapital ist vielmehr eine klare Zielvorstellung für den Aufbau von Sozialkapital
und damit einhergehend eine Planung von Qualität und Quantität des angestrebten Sozialkapitals.[176] Für die Abschätzung einer optimalen Ausstattung
mit Sozialkapital ist zu beachten, dass Sozialkapital ein Investment in seine
Schaffung und Erhaltung erfordert. In der betrieblichen Praxis ist das bezüglich internen und externen Netzwerkkapitals nicht unproblematisch, da die
explizite Zuordnung der Aufgabe des Networkings zu den Arbeitsaufgaben
von Mitarbeitern häufig schwierig ist. Außerdem werden Netzwerkaktivitäten
von Mitarbeitern von Kollegen und Vorgesetzten häufig eher kritisch beäugt,
denn es ist nicht ohne weiteres erkennbar, ob das Sozialkapital zur individuellen oder kollektiven sc. betrieblichen Nutzung aufgebaut wird. So sind zwei
grundsätzlich unterschiedliche Formen der betrieblichen Ausstattung mit Sozialkapital denkbar: Ein Betrieb mit einer hohen Ausstattung an Sozialkapital,
in dem die Mitarbeiter jedoch kaum über solches verfügen, im anderen Ex-
trem verfügen die Mitarbeiter über hohes Sozialkapital und der Betrieb selbst
über keines.[177]

---

[176] Vgl. Adler, Kwon 2002, S. 36.
[177] S. Waldström 2003, S. 12–13.

7 Empirische Untersuchung

Anhand erhobener Daten aus Betrieben soll untersucht werden, ob Zusammenhänge zwischen der Ausstattung der Betriebe mit Sozialkapital, der Gesundheit der Mitarbeiter sowie dem Erfolg der Unternehmen bestehen. Die Daten wurden als fragebogengestützte Mitarbeiterbefragung sowie durch Analyse prozessgenerierter Kennzahlen der Betriebe entnommen. Das Vorgehen wird im Folgenden noch ausführlich dargestellt (s. Kap. 1 und 1).

Eine methodische Herausforderung der Untersuchung stellen der unterschiedliche Charakter und die unterschiedliche Aggregation der Daten dar. Daten, die durch fragebogengestützte Erhebung gewonnen werden, liegen individuell für jeden Probanden vor. Sie können somit untereinander verhältnismäßig leicht auf Zusammenhänge überprüft werden. Anders ist es bei den Erfolgsdaten der Unternehmen. Diese sind materiell nicht unternehmensübergreifend vergleichbar und liegen zudem nur in aggregierter Form, das heißt für Gruppen von Mitarbeitern, vor. Daraus resultieren besondere methodische Probleme der statistischen Zusammenhangsmessung. Auf die besonderen Herausforderungen einer solchen Ökologischen Studie bzw. den Ansatz des Linkage Research wird noch eingegangen (Kapitel 10.2). Wegen der sehr unterschiedlichen Güte und inhaltlichen Qualität der Erfolgsdaten stellen sich an diesem Punkt auch verstärkt Fragen der inhaltlichen Interpretation.

Die gesamte Untersuchung ist innovativ und kann sich daher kaum auf etablierte Untersuchungsverfahren stützen. Die Konstruktion angemessener Untersuchungsinstrumente ist daher ebenfalls ein wichtiger methodischer Teil. Im Rahmen der Untersuchung wird zugleich ein Fragebogeninstrument für die Erhebung entwickelt und erstmalig auf seine Verwendbarkeit überprüft.[178] Insofern hat die Untersuchung explorativen Charakter, dennoch werden konkrete Aussagen über die Zusammenhänge in den Modellunternehmen ermittelt.

---

[178] S. Badura et al. 2006.

Die Datenerhebungen zu der Studie wurden in den Jahren 2006 und 2007 durchgeführt. Bei der Darstellung der jeweiligen Erhebungsverfahren werden die genauen Zeiträume berichtet.

7.1 Zielsetzung und Hypothesen

Aus dem Erkenntnisinteresse des Forschungsvorhabens werden Hypothesen gebildet, die aus dem bestehenden Forschungsstand resultieren. Das Erkenntnisinteresse ist dabei normativ begründet.

Kurzgefasst werden folgende Hypothesen aufgestellt, die zu überprüfen sind:

1. Die Gesundheit von Mitarbeitern steht in einem positiven Zusammenhang mit der Ausstattung an Sozialkapital an deren Arbeitsplatz.

2. Die Ausstattung mit Sozialkapital wirkt sich positiv auf den Erfolg von Unternehmen aus.

3. Bei unterstellten ökonomischen Verhaltensannahmen ergibt sich ein Handlungsanreiz für Unternehmen, die Ausstattung mit Sozialkapital zu fördern.

Eine Annahme von praktischer Bedeutung für die Unternehmensführung ist dabei, dass die Ausstattung mit Sozialkapital seitens des Unternehmens beeinflusst werden kann. Diese Annahme wird an dieser Stelle jedoch nicht weiter verfolgt.

Für die Untersuchung werden voneinander unabhängige Variablen aus drei Bereichen erhoben. Es handelt sich dabei um die Ausstattung von Subsystemen der untersuchten Unternehmen mit Sozialkapital, den Gesundheitszustand der Mitarbeiter sowie den Unternehmenserfolg. Es wird dabei sowohl konfirmatorisch als auch explorativ vorgegangen. Der Charakter der Untersuchung eines Zusammenhangs zwischen der Ausstattung mit Sozialkapital und dem Gesundheitszustand ist eher konfirmatorisch, da hier aus dem Forschungsstand bereits deutliche Hinweise bestehen. Die Untersuchung eines Zusammenhangs zwischen der Ausstattung mit Sozialkapital und dem Unternehmenserfolg ist eher explorativ. Ein dritter hypothetisch zu unterstellender Zusammenhang zwischen dem Gesundheitszustand der Mitarbeiter und dem Unternehmenserfolg liegt nicht im Mittelpunkt des Erkenntnisinteresses. Für die Untersuchung handelt es sich dabei um eine konfundierende Variable.

Wegen der gleichen Wirkungsrichtung unterstützt sie hypothetisch allerdings die Tendenz der variablen Ausstattung mit Sozialkapital und hat somit einige praktische Relevanz für unternehmerische Entscheidungen.

7.2 Methoden

Hypothesengemäß werden abhängige und unabhängige Variablen erhoben. Wie beschrieben ergeben sich durch die unterschiedlichen Erhebungsmethoden unterschiedliche Aggregationsgrade der Daten. Nachfolgend wird das Datengerüst sowie die Datenherkunft und der jeweilige Aggregationsgrad dargestellt.

Die unabhängige Variable der Untersuchung ist die Ausstattung mit Sozialkapital. Diese wird mittelbar durch eine Mitarbeiterbefragung erhoben, bei der die Probanden um die Einschätzung zu verschiedenen Aussagen gebeten werden. Ergänzend werden für die einzelnen Probanden demografische Informationen sowie Angaben zum Beschäftigungsverhältnis erfragt. Aus den Antworten zur Ausstattung des Unternehmens mit Sozialkapital werden verschiedene Faktoren aggregiert.

Eine abhängige Variable ist der Betriebserfolg. Dieser wird als Erfolg einzelner Abteilungen ermittelt. Dabei wird auf prozessproduzierte Daten der Betriebe zurückgegriffen. Dies sind Daten, die von den Unternehmen selbst in einem Kontext außerhalb der Untersuchung erhoben werden. Dabei können Informationen unterschiedlicher Güte und zeitlicher Abfolge unterschieden werden. Von höchster Güte sind unmittelbar monetäre Erfolgskennzahlen. Danach folgen Produktivitätskennzahlen, die noch nicht in Geldwerten monetarisiert vorliegen. Berücksichtigt werden ebenfalls Informationen über Veränderungen im Leistungspotenzial der Unternehmen. Diese schlagen sich erst in späteren Perioden in der Produktivität oder in monetären Erfolgskennzahlen nieder und sind daher mit einem höheren Maß an Unsicherheit behaftet.

Die Informationen zu den Erfolgen im Unternehmen liegen aggregiert auf Abteilungsebenen vor. Es ist ebenfalls bekannt, aus welcher Abteilung die Probanden stammen.

Eine weitere abhängige Variable ist der Gesundheitszustand der Mitarbeiter. Im Rahmen der Erfolgskennzahlen wird er als ein Potenzialfaktor betrachtet und operationalisiert zum Beispiel als Krankenquote erfasst. Ergänzend werden die Probanden um eine subjektive Einschätzung ihrer krankheitsbedingten Abwesenheitszeiten sowie eine subjektive Einschätzung ihrer persönlichen erwerbsbezogenen Leistung sowie persönlichen tätigkeitsbezogenen Leistungsfähigkeit gebeten. Dieselben Aspekte werden auch als Fremdeinschätzung über die Kollegen auf Abteilungsebene erfragt. Außerdem werden Informationen über die Barrieren oder Förderfaktoren erhoben, die sich aus den materiellen betrieblichen Arbeitsbedingungen ergeben.

Die detaillierte Beschreibung der Methodik findet sich für die Fragebogenerstellung in Abschnitt 8.1, für die Erfolgsmessung in Abschnitt 9.4, zu den statistischen Analyseverfahren in Kap. 1.

7.3 Beschreibung der Stichprobe

Nachfolgend werden einige Charakteristika der Kooperationsunternehmen sowie demografische Informationen zu den Belegschaften dargestellt.

7.3.1 Kooperationsunternehmen

Die Rekrutierung von Kooperationsunternehmen in Forschungsarbeiten wie der vorliegenden erfordert eine längere Überzeugungsarbeit. Die Auswahl infrage kommender Unternehmen für die vorliegende Untersuchung war aufgrund methodischer Überlegungen reduziert. Voraussetzung für die Teilnahme an der Studie war eine hohe Auskunftsbereitschaft im Rahmen der Erhebungen. Insbesondere die Offenlegung von Kennzahlen zu Kosten und Ertragsparametern stieß bei etlichen infrage kommender Unternehmen auf Skepsis. Daneben war die Teilnahme auch mit einem nicht unerheblichen Personalaufwand für die Unternehmen verbunden, der vor allem aus umfangreichen Befragungen von Führungskräften nach geeigneten Kennzahlen sowie der Bereitstellung derselben resultierte. Im Rahmen der Mitarbeiterbefragung entstand zudem für die Information der Belegschaft über Inhalte der Studie und das geplante Vorgehen sowie die Auskunftserteilung der Mitarbeiter auf Fragebögen ein Aufwand in Form von Arbeitsausfall.

Handlungsleitend für die Auswahl der letztlich fünf Unternehmen der Studie waren von wissenschaftlicher Seite aus folgende Bedingungen:

- Ein Unternehmenssitz in Nordrhein-Westfalen – bedingt durch die Projektförderung durch das Land Nordrhein-Westfalen. Als Gegenprobe wurde ein kleineres Unternehmen in den neuen Bundesländern hinzugenommen,

- Zugehörigkeit zum Mittelstand,

- Vorzugsweise Zugehörigkeit zum Produktionssektor – als Gegenprobe wurde ein Dienstleistungsunternehmen rekrutiert,

- Gewisse Erfahrung in der Durchführung von Betrieblichem Gesundheitsmanagement seitens des Unternehmens, um eine gewisse Gewähr für die Umsetzung von Erkenntnissen aus der Untersuchung zu erhalten,

- Eine kennzahlengestützte Unternehmensführung und

- Die Bereitschaft zur Durchführung einer umfassenden Mitarbeiterbefragung.

In Tab. 1 (S. 106) sind die Unternehmen mit ihren wichtigsten Charakteristika zusammengefasst.

Herangezogen wurden für die Analyse die Ende 2007 aktuellen verfügbaren Kennzahlendaten der Unternehmen. Der genaue betrachtete Zeitraum ist bei den Unternehmensbeschreibungen aufgeführt. Die Mitarbeiterbefragungen wurden in allen Unternehmen in den Monaten September bis November 2006 durchgeführt.

Die Namen der Unternehmen wurden kodiert, was im Kooperationsvertrag so vorgesehen war. Dies bringt es zugleich mit sich, dass Literaturquellen aus den Unternehmen selbst sowie weiteres herangezogenes Material wie Presseberichte und mündliche Auskünfte von Mitarbeitern nicht verzeichnet sind.

Unternehmen B

Im ostwestfälischen Werk werden in Fließproduktion selbstfahrende Erntemaschinen erstellt. Es handelt sich um das Stammwerk des Unternehmens.

Die Unternehmensleitung hat ihren Sitz am Ort. Untersucht wurde in der vorliegenden Studie nur das produzierende Werk am Standort. Das Unternehmen B ist in der Herstellung und im Vertrieb von Landmaschinen und verwandten Gütern weltweit tätig und gehört mit einem Umsatz von 2,2 Mrd. Euro[179] zu den führenden Herstellern dieser Branche. Dabei ist das Unternehmen von den Strukturen her noch mittelständisch-patriarchalisch geprägt. Im Erhebungszeitraum wurde ein Generationenwechsel eingeleitet, der in der Belegschaft zu Unsicherheit führte. Dabei wurde ein Mittelweg zwischen Familien- und Managerführung angestrebt.[180] Von den über 8.000 Mitarbeitern des Konzerns gingen knapp 1.900 in die vorliegende Stichprobe ein. Ein erheblicher Teil davon sind Zeitarbeitskräfte. Die Mitarbeiter führen überwiegend qualifizierte Montagetätigkeiten an vier Montagelinien durch. Die Montageumfänge können dabei bis zu ¾ Stunden umfassen.[181] Vorwiegend wird nach Leistungslohn entlohnt. Die administrativen Abteilungen des Werks selbst – jedoch nicht der Muttergesellschaft – gingen in die Erhebung ein.

Die Kennzahlendaten stammen aus dem Geschäftsjahr 2006.

Unternehmen D

Das Unternehmen D in den neuen Bundesländern wurde nach der „Wende" 1990 durch den Rollstuhlhersteller Unternehmen C übernommen. Als einziges Unternehmen in der vorliegenden Untersuchung hat es seinen Standort außerhalb des Bundeslandes Nordrhein-Westfalen. Das Unternehmen wird durch das Führungspersonal des Schwesterunternehmens C, das ebenfalls in die vorliegende Untersuchung eingeht, mitgeleitet. Seit der Übernahme in den Nachwendejahren werden in dem Werk stetige Personalreduzierungen durchgeführt.

---

[179] Vgl. Geschäftsbericht des Unternehmens, hier wegen der Anonymisierung der Betriebe nicht nachgewiesen.

[180] S. Presseberichte, hier wegen der Anonymisierung der Betriebe nicht nachgewiesen.

[181] Auskunft eines hier anonymisierten Mitarbeiters und Gespräche mit Mitarbeitern vor Ort am 17.5.2006 und weitere.

In dem Unternehmen werden vorwiegend Rollstühle und Rollstuhlkomponenten in Gruppenfertigung und -montage hergestellt. In der konzernweiten Arbeitsteilung ist das Werk auf die Anfertigung von Rollstühlen mit hohen Sonderanforderungen spezialisiert, die hohe handwerkliche Fertigkeiten mit hohem Bedarf an zeitintensiver Handarbeit erfordern. Außerdem bestehen besondere Möglichkeiten zur Fertigung von Teilen aus Aluminium.[182] Zunehmend steht das Werk jedoch im Wettbewerb mit Schwesterunternehmen in Osteuropa, wo bisher einfache Geräte hergestellt wurden, jedoch immer mehr auch die Fähigkeit zu qualifizierteren Aufgaben besteht.

Die Kennzahlendaten stammen aus dem Geschäftsjahr 2006.

Unternehmen C

Das Unternehmen C gehört zu einer Unternehmensgruppe, die insgesamt etwa 1.000 Mitarbeiter beschäftigt. Das Unternehmen ist in der dritten Generation inhabergeführt und geht auf die Spezialisierung einer Schlosserei auf Mobilitätshilfen angesichts der hohen Invalidenzahlen nach dem ersten Weltkrieg zurück. Heute hat das Unternehmen einen Exportanteil von über einem Drittel seiner Produktion. In Deutschland verfügt es im Segment der Elektrorollstühle über einen Marktanteil von etwa 60 Prozent.[183] Mit typisch mittelständischer Informationssparsamkeit wird der Umsatz mit einem dreistelligen Millionenbereich angegeben.

Trotz der hohen Differenzierung des Unternehmens ist ein mittelständischer Charakter deutlich geblieben. In einem durch die Geschäftsführung erstellten Unternehmensleitbild[184] werden flache Hierarchien in Verbindung mit der Organisation in teilautonomen Arbeitsgruppen als Fundament des Unternehmens bezeichnet. Außerdem ist das Unternehmen im Bereich des Betriebli-

---

[182] Nach einem internen Unternehmenspapier, 2006, hier aus Anonymisierungsgründen der Betriebe nicht näher nachgewiesen.

[183] Nach einem internen Unternehmenspapier, 2006, hier aus Anonymisierungsgründen der Betriebe nicht näher nachgewiesen.

[184] Nach einem internen Unternehmenspapier, 2005, hier aus Anonymisierungsgründen der Betriebe nicht näher nachgewiesen.

chen Gesundheitsmanagements aktiv, für das ihm im Jahr 2002 der Best-Practice-Award des Nordrhein-Westfälischen Arbeitsministeriums verliehen wurde. Nicht untersucht sind allerdings die Auswirkungen der Arbeit in teilautonomen Arbeitsgruppen auf den Gesundheitszustand.[185]

Innerhalb der konzernweiten Arbeitsteilung obliegt dem Werk des Unternehmens C die Fertigung technologisch hochwertiger Produkte in Kleinserienfertigung, außerdem die Herstellung technologisch besonders aufwendiger Sonderanfertigungen. Dies führt zu einer überwiegenden Werkstattfertigung durch die rund 330 Mitarbeiter.

Die Kennzahlendaten stammen aus dem Geschäftsjahr 2006.

Unternehmen A

Die ländlich geprägte Lage zwischen Münsterland und Ostwestfalen ist ein Zentrum der Fleischindustrie. In Ostwestfalen-Lippe gibt es 145 Fleisch- und Wurstwarenhersteller. 1,2 Prozent der Beschäftigten der Region sind in dieser Branche tätig.[186] Zu diesen Herstellern gehört auch das mittelständische Unternehmen A. Dem inhabergeführten Unternehmen mit etwa 900 Mitarbeitern gelingt es dabei, in der zersplitterten Branche zu einem der etwa 20 bedeutendsten überregionalen Anbieter zu gehören.[187] Instrumente dazu sind ein gezielter Markenaufbau durch eine Öffentlichkeitsarbeit mit umfassenden Unternehmensführungen und Pressearbeit. Daneben wird großer Wert auf Packungsdesign gelegt. Damit erreicht das Unternehmen eine zunehmende Bekanntheit bei den Konsumenten. Die Brigitte Kommunikationsanalyse[188] – eine bundesweite Stichprobe unter Frauen im Erwerbsalter – gibt eine steigende Bekanntheit der Marke an. Für den Untersuchungszeitraum

---

[185] Vgl. Cox et al. 2000, S. 80–81, vgl. Moldaschl 2005b, S. 226–227.

[186] S. Sánchez, Rehfeld 2003, S. 42.

[187] Persönliche Auskunft leitender Mitarbeiter des Betriebes – hier aus Gründen der Anonymisierung der Betriebe nicht näher nachgewiesen – am 3. 7. 2006.

[188] S. Brigitte-Anzeigenabteilung et al. 2000, Brigitte-Anzeigenabteilung et al. 2004, Brigitte-Anzeigenabteilung et al. 2006. Die Seitenzahlen sind hier aus Anonymisierungsgründen nicht nachgewiesen.

geben darin ca. 25 Prozent der Befragten an, die Marke zu kennen, und immerhin vier Prozent, diese auch zu verwenden. Auch der mit fünf Prozent nicht allzu hohe Sympathiewert der Marke wächst langsam. Dies erleichtert dem Unternehmen in der oft umstrittenen Branche auch die Nachwuchsgewinnung im Personalbereich.[189] Auch verstärkte Aktivitäten im Bereich des Betrieblichen Gesundheitsmanagements sollen dazu beitragen. Dazu gehört auch die Teilnahme an der vorliegenden Studie. Der Umsatz des Unternehmens betrug im Untersuchungsjahr über 160 Mio. Euro. Die Arbeitsabläufe in der Fleischverarbeitung sind stark handwerklich geprägt. Wohl sind die meisten Arbeitsgänge maschinell unterstützt, die Abläufe werden jedoch in Art einer Werkstattfertigung vollzogen. Dabei ist die körperliche Belastung an vielen Arbeitsplätzen durch hohen Kraftaufwand und auch Verletzungsgefahren hoch. Geschlachtet wird an dem Standort jedoch nicht, das Fleisch wird auch aus ferneren Regionen und dem angrenzenden Ausland bezogen und im Unternehmen zerlegt und zubereitet.

Die Kennzahlendaten stammen aus dem Geschäftsjahr 2005.

Unternehmen E

Das Dienstleistungsunternehmen E gehörte im Untersuchungszeitraum mit einer Bilanzsumme von 5,3 Mio. Euro[190] zu den größeren Geldinstituten in Deutschland. Die über 1.500 Mitarbeiter sind in mehr als 50 Geschäftsstellen tätig. Das Unternehmen ist nach Rechtsform und Tätigkeit kein mittelständisches Unternehmen. Dennoch sind etliche Gemeinsamkeiten zu den Mittelständlern der Untersuchung zu beobachten, wie etwa das Arbeiten in kleineren Einheiten, das durch die Vielzahl der Geschäftsstellen bedingt wird, sowie eine gewisse Kontinuität in der Geschäftstätigkeit. Die Arbeitsaufgaben in dem Unternehmen unterscheiden sich naturgemäß von den sonst betrachteten Industrieunternehmen. Durchweg handelt es sich um verwaltende und beratende Tätigkeiten.

---

[189] Persönliche Auskunft eines leitenden Mitarbeiters des Unternehmens – hier aus Gründen der Anonymisierung der Betriebe nicht näher nachgewiesen – am 3. 7. 2006.

[190] Gem. Geschäftsbericht des Unternehmens, 2007.

Die Kennzahlendaten stammen aus dem Jahr 2006.

Unter-nehmen Sigle	Charakter	Unternehmenstätigkeit	Mitarbeiter in der Er-hebung	Teilnehmende Bereiche an der Erhebung	Anmerkungen
A	Mittelstän-disch	Herstellung von Fleisch- und Wurstwaren	908	Vollerhebung	
B	Mittelstän-disch	Serienfertigung von Landma-schinen	1.879	Hauptwerk	
C	Mittelstän-disch	Herstellung von orthopädi-schen Mobilitäts- u. a. Hilfs-mitteln	517	Produktion	
D	Mittelstän-disch	Herstellung von orthopädi-schen Mobilitätshilfen	90	Vollerhebung	Tochtergesellschaft von Unternehmen C. In einem der neuen Bundesländern gele-gen.
E	A. d. ö. R.	Bankgeschäfte	1.357	Vollerhebung	Dienstleistungsunternehmen

Tab. 1: Übersicht über die Betriebe der Untersuchung mit einigen Charakteristika

7.3.2 Personale Merkmale der Stichprobe

Im Rahmen der Mitarbeiterbefragung wurden auch demografische Daten der Probanden zu ihrer Stellung im Arbeitsleben erhoben.

Alter

Insgesamt kann die Stichprobe anhand der Altersspannen unter 35 Jahre, 35 bis 45 Jahre sowie über 45 Jahre etwa in drei gleiche Teile aufgeteilt werden. Bei Betrachtung der Datenlage in den Betrieben fällt auf, dass die Ge-schwisterbetriebe C und D einen deutlich höheren Anteil an Arbeitnehmern über 45 Jahre aufweisen als die anderen Betriebe der Untersuchung und im Gegenzug die Altersgruppe bis 35 Jahre verhältnismäßig weniger vertreten ist. Diese Altersstruktur wird von der Leitung der beiden Unternehmen durch-aus als Problem gesehen und hat dazu geführt, dass einige Anstrengungen zum Erhalt der Arbeitsfähigkeit älterer Arbeitnehmer unternommen werden. Außerdem wurde in der Vergangenheit von dem – nicht mehr verfügbaren – Instrument des Vorruhestands Gebrauch gemacht. Der Landmaschinenher-steller B dagegen weist eine besonders junge Belegschaft auf. Dies ist teil-weise auch auf den hohen Anteil an Zeitarbeitnehmern unter den Befragten zurückzuführen.

Geschlecht

Das Probandenkollektiv ist insgesamt zu fast zwei Dritteln männlich domi-niert. Der Anteil weiblicher Arbeitnehmer stammt zu einem erheblichen Teil

106

aus dem Dienstleistungsunternehmen E, wo 60 Prozent der Belegschaft weiblichen Geschlechts ist. In den Betrieben des produzierenden Gewerbes sind nur wenige weibliche Arbeitnehmer zu finden. Eine Ausnahme macht dabei mit dem Unternehmen D ein Unternehmen in den neuen Bundesländern. Der höhere Frauenanteil in Betrieb A rekrutiert sich aus den Unternehmensabteilungen mit Verpackungsaufgaben, die hier – wie sonst auch – eine Domäne weiblicher Arbeitskräfte darstellt.

Formale Qualifikation

Die formale Schulbildung schwankt zwischen den Unternehmen und korrespondiert mit den Anforderungen in den dort überwiegenden Tätigkeiten. In den produzierenden Betrieben ist das formale Schulbildungsniveau leicht unterdurchschnittlich. Neben den eher praktischen Anforderungen des Arbeitsplatzes ist zu vermuten, dass auch die ländliche Lage der Betriebe einen wichtigen Einfluss darauf hat. Das Niveau der Schulbildung korrespondiert im Probandenkollektiv zudem mit der Altersstruktur. Ältere Belegschaften verfügen tendenziell über eine geringere formale Qualifikation. Auch hier bildet das städtisch gelegene Dienstleistungsunternehmen E eine Ausnahme.

Einkommen

Die Einkommensstruktur, hier erhoben als das Nettoeinkommen der Arbeitnehmer, ist recht heterogen. Grundsätzlich sind die Einkommen in den produzierenden Unternehmen eher niedrig. Bei einer Dateninspektion fällt unmittelbar auf, dass im Unternehmen B der Anteil derjenigen, die höhere Gehälter über 3.000 Euro beziehen, bei über zehn Prozent liegt. Anders als bei den weiteren produzierenden Betrieben gehen bei diesem Betrieb jedoch nicht nur die Fertigungsabteilungen sondern auch ein größerer Entwicklungsbereich in die Untersuchung ein. Bei dem Unternehmen E ist die Aussagekraft dieser Daten durch den mit 28 Prozent hohen Anteil an Teilzeitkräften verwässert. Die demografischen Daten sind in Tab. 2 zusammengestellt.

[%]	Alter [a]			Geschlecht			Schulabschluss					Einkommen (netto) [€]				
Betrieb (Sigle)	<35	36...45	>45	männlich	weiblich	k. A.	ohne	Berufsreife	Mittlere Reife	Hochschulreife	k. A.	<400	...1000	...2000	...3000	>4000
A	28	41	31	70	29	1	4	45	34	17	1	3	14	65	15	2
B	40	25	35	83	7	10	1	26	31	32	10	1	17	45	25	2
C	14	40	47	85	9	6	4	50	30	7	9	0	6	84	9	0
D	18	30	52	73	25	2	0	40	48	5	7	0	6	88	6	0
E	32	31	37	39	60	1	0	5	41	53	1	0	22	53	19	1
Gesamt	31	31	37	62	34	4	1	22	36	36	5	1	18	56	19	1

Tab. 2: Demografische Merkmale und Unterschiede in der Stichprobe

Tab. 3 (S. 109) führt arbeitsbezogene Informationen auf. Bei Betrachtung der Dauer der Betriebszugehörigkeit – was thesengemäß ja auch mit einer Identifikation mit dem Unternehmen einhergehen könnte – fällt unmittelbar auf, dass über ein Drittel der Arbeitnehmer in dem öffentlich-rechtlich geprägten Unternehmen E seit mehr als 25 Jahren im Unternehmen tätig ist. Eine solche Zugehörigkeitsdauer wird in keinem anderen Betrieb annähernd erreicht. Daneben korrespondiert die Zugehörigkeitsdauer nachvollziehbarerweise auch mit der Altersstruktur der Unternehmen. Ein deutlicher Zusammenhang besteht auch mit der Befristung der Arbeitsverhältnisse, die beim Landmaschinenhersteller B mit über 20 Prozent den höchsten Wert annimmt. In diesem Unternehmen wird ein ausgeprägtes Saisongeschäft betrieben. Allerdings erscheint das Antwortverhalten der Zeitarbeitnehmer hier nicht durchweg gleichmäßig, je nachdem, ob sie den Fragebogen vor dem Hintergrund eines oft unbefristeten Arbeitsverhältnisses zum Verleihunternehmen beantworten oder unter der Prämisse der zeitlich eng befristeten Tätigkeit bei dem Unternehmen B.

Arbitszeitmodelle

Die Arbeitszeitmodelle der produzierenden Unternehmen sind durchweg von Vollzeitarbeitnehmerstellen geprägt. Eine Ausnahme macht das fleischverarbeitende Unternehmen A, wo – anders als bei den weiteren produzierenden Betrieben in der Verpackungslinie – ein gewichtiger Frauenanteil zu finden ist. 85 Prozent der Probanden leisten „Überstunden", im Mittel etwa zehn

Stunden im Monat. Höher ist die Zahl bei dem saisonabhängigen Landmaschinenhersteller, wo allerdings die Mehrstunden über Arbeitszeitkonten in den auftragsschwächeren Jahreszeiten abgebaut werden. Besonders gering ist die Überstundenzahl in dem fleischverarbeitenden Unternehmen A, wo wegen Hygienebestimmungen die Werksräume täglich gründlich gereinigt und vorher durch die Mitarbeiter geräumt werden müssen. Der Betrieb D war im Untersuchungszeitraum nicht voll ausgelastet.

[%]	Dauer der Betriebszugehörigkeit [a]							Befristung		Stellen-umfang		Geleistete Mehrstunden p. m. [h]							
Betrieb (Sigle)	0...5	6...10	11...15	16...20	21...25	über 25	k. A.	ja	nein	Vollzeit	Teilzeit	0	1...5	6...10	11...20	21...30	31...40	41...50	über 50
A	28	20	11	20	8	12	1	13	86	87	14	40	13	15	19	6	3	2	3
B	32	16	12	11	10	17	2	20	78	98	2	15	4	12	20	15	16	9	8
C	11	4	15	36	19	15	2	12	87	98	2	22	14	21	26	9	5	1	2
D	22	12	62	3	0	2	0	7	92	100	0	63	13	18	3	0	2	0	0
E	10	16	14	14	12	35	0	4	95	72	28	3	24	26	15	4	1	0	1
Gesamt	19	15	14	16	11	24	1	11	88	85	15	15	15	19	18	8	6	3	4

Tab. 3: Arbeitsbezogene Merkmale und Unterschiede in der Stichprobe

Zusammenfassung

Insgesamt ist das Probandenkollektiv vorwiegend männlich und rekrutiert sich aus einer ländlichen Region. Die formale Schulbildung ist leicht unterdurchschnittlich. Die Datenlage bietet mit dem Dienstleistungsunternehmen E jedoch auch die Möglichkeit, Ergebnisse gegen ein andersartiges Kollektiv zu testen, das weiblich dominiert ist, aus dem städtischen Bereich stammt und zudem einen wesentlich höheren formalen Schulbildungsstand aufweist.

8 Mitarbeiterbefragung

Die Ausstattung mit Sozialkapital wird in den einzelnen Unternehmen jeweils durch eine fragebogengestützte Erhebung unter den Mitarbeitern ermittelt. Ergänzt wird die Datenbasis um Informationen zum Gesundheitszustand der Mitarbeiter.

Grundlage für die Erhebung der Ausstattung mit Sozialkapital in den Unternehmen ist ein Wirkungsmodell von Badura.[191] Es ist in Abb. 8 grafisch dargestellt. Seine hypothetische Wirkungskette gliedert sich in eine Gruppe von Treibern, die eine Auswirkung auf die Gesundheit von Mitarbeitern haben. Zu diesen Treibern gehören die eigentlichen Träger von Sozialkapital, auf denen der Schwerpunkt der vorliegenden Untersuchung liegt. Verschiedene Ausprägungen von Sozialkapital wie Netzwerkkapital, Führungskapital und Überzeugungs- und Wertekapital wirken im Zusammenspiel mit der fachlichen Kompetenz der Mitarbeiter und den Arbeitsbedingungen auf die Gesundheit von Mitarbeitern und damit mittelbar auf den Unternehmenserfolg. Zugleich besteht ein nicht näher bezeichneter unmittelbarer Wirkzusammenhang zum Unternehmenserfolg.

---

[191] S. Behr et al. 2008.

Treiber   **Ergebnisse**

Netzwerkkapital
Führungskapital
Überzeugungs- und Wertekapital
Fachliche Kompetenz
Arbeitsbedingungen

Spätindiktatoren

Fehlzeiten
Qualität der Arbeitsleistungen
Produktivität der Mitarbeiter
Arbeitsunfälle
Fluktuation

Betriebswirtschaft

Frühindikatoren

Psychisches Befinden
Physisches Befinden
Commitment
Organisations- pathologien
Work-Life-Balance

Gesundheit

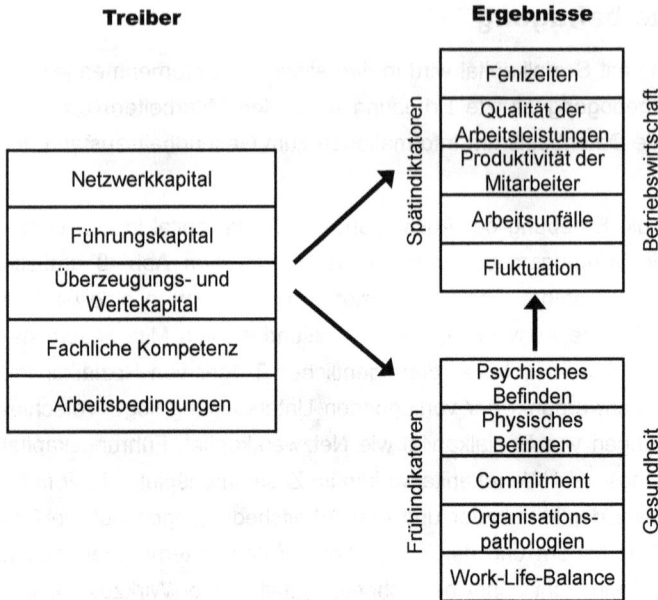

Abb. 8: Das verwendete Sozialkapitalmodell für die Mitarbeiterbefragung[192]

Ein weiterer wichtiger Faktor der Erhebung sind die immateriellen Arbeitsbedingungen der jeweiligen Unternehmen. Materielle Arbeitsbedingungen werden nicht erfragt, da diese vornehmlich Gegenstand des Arbeits- und Gesundheitsschutzes sind und somit nicht Gegenstand der vorliegenden Untersuchung.

Wichtig ist außerdem die fachliche Kompetenz der Mitarbeiter. Dieser Punkt
wird operativ zu den Arbeitsbedingungen gefasst und auf den Aspekt der
Überforderung der Mitarbeiter durch ihre Tätigkeit fokussiert.

Im Modell wirken die Treiber zunächst auf die Gesundheit der Mitarbeiter und
der Organisation und – mit einem gewissen zeitlichen Verzug – mittelbar über
eine suboptimale Bereitstellung des Produktionsfaktors Arbeit auf die wirtschaftlichen Ergebnisse und das Produktivpotenzial des Unternehmens. Die

---

[192] Verändert aus Behr et al. 2008, S. 32.

frühen Auswirkungen werden in dem Modell als Frühindikatoren bezeichnet, da sich Veränderungen bei diesen Gesundheitsfaktoren mit einem zeitlichen Vorlauf zu den Veränderungen des Betriebserfolgs zeigen sollten.

Der Betriebserfolg ist demgemäß ein Spätindikator, der sich aus der Ausstattung eines Betriebes mit Sozialkapital entwickelt. Neben dieser mittelbaren Wirkung wird außerdem eine unmittelbare Wirkung der verschiedenen Elemente des Sozialkapitals und der weiteren Treiber auf den Betriebserfolg unterstellt.

Die verschiedenen Treiber und Frühindikatoren lassen sich allerdings nicht ohne weiteres beobachten oder erfragen. In der vorliegenden Untersuchung werden diese Konstrukte daher in einer Annäherung durch verschiedene Indikatoren erfragt, die jeweils durch mehrere Fragen operationalisiert werden.

Im Folgenden werden die verschiedenen Indikatoren zunächst aufgeführt. Im Rahmen der statistischen Untersuchung handelt es sich dabei um Skalen. Die operationalisierenden Fragen (Items) werden im nächsten Abschnitt dargestellt.

Der im Mittelpunkt des Untersuchungsinteresses stehende Treiber Netzwerkkapital wird durch die folgenden Skalen repräsentiert:

Kohäsion im Team: bezeichnet den Zusammenhalt innerhalb der Arbeitsgruppe.

Kommunikation: umfasst sowohl die Qualität als auch die angemessene Quantität der Verständigung innerhalb der Arbeitsgruppe.

Sozialer Fit: bezeichnet die Passung der Mitarbeiter untereinander, was als eine Voraussetzung für eine zwischenmenschliche Harmonie verstanden wird.

Soziale Unterstützung: spiegelt die Bereitschaft zu gegenseitiger Hilfeleistung und Unterstützung.

Vertrauen: umfasst die Aspekte Verlässlichkeit am Arbeitsplatz und persönliches Vertrauen zwischen den Mitgliedern der Arbeitsgruppe auch in privaten Fragestellungen.

Die Sozialkapitalkomponente Führungskapital wird durch die nachfolgend erläuterten Skalen repräsentiert. Hinsichtlich der gesundheitlichen Auswirkungen beeinflusst Führung auf der einen Seite Ziele, Strukturen und Prozesse, denen sich die Mitarbeiter gegenübersehen. Auf der anderen Seite hat das tagtägliche Kommunikationsverhalten und der Umgang mit Entscheidungen auf der Seite des Führungspersonals einen wesentlichen Einfluss auf Gesundheitsindikatoren wie das psychische Befinden.[193] Im Mittelpunkt steht hier allerdings nicht die Führung durch Strukturen, sondern die Persönlichkeit des führenden unmittelbaren Vorgesetzten[194] und hierbei noch mehr, wie diese von den Mitarbeitern empfunden wird. Im Sinne des Kontingenzmodells der Führung von Hersey und Blanchard[195] über den bei verschiedenen Reifegraden von Mitarbeitern angemessenen Führungsstil wurde hierbei von einem mäßigen bis hohen Reifegrad der Mitarbeiter ausgegangen, bei denen ein stark mitarbeiterbezogener und weniger aufgabenbezogener Führungsstil angemessen ist. Dabei sollte das Augenmerk auf dem Teilhabeaspekt der Mitarbeiter liegen.

Dementsprechend erfolgt die Operationalisierung der Sozialkapitalkomponente in die nachfolgenden Skalen:

Mitarbeiterorientierung: Die Skala umfasst in erster Linie eine gezeigte Wertschätzung und persönliches Interesse des Vorgesetzten an seinen Mitarbeitern.

Kommunikation: Die Skala umfasst sowohl die Angemessenheit des Kommunikationsstils als auch die Informationsvermittlung.

Soziale Kontrolle: Die Skala vereinigt zwei Bereiche: Das Vertrauen, das der Vorgesetzte seinen Mitarbeitern vermittelt sowie die Rückmeldung der Qualität von Arbeitsergebnissen.

Akzeptanz des Vorgesetzten: Die Skala erhebt Teilbereiche von Rolle und Persönlichkeit des Vorgesetzten, die dessen Funktion unterstützen.

---

[193] S. Stadler et al. 2000.
[194] S. von Rosenstiel 2003, S. 7–11.
[195] S. Hersey, Blanchard 1977 u. ö.

Vertrauen in den Vorgesetzten: Hier werden die Bereiche Vertrauenswürdigkeit, Zuverlässigkeit und Ehrlichkeit erfragt.

Fairness und Gerechtigkeit: In dieser Skala geht es vornehmlich um die Gleichbehandlung der Mitarbeiter.

Machtorientierung: Diese Skala zeigt auf, inwiefern der Führende seine Positionsmacht zur Führung einsetzt. Dies ist im Rahmen der Erhebung negativ konnotiert.

Die Sozialkapitalkomponente Wertekapital wird im Fragebogen unter dem Begriff Unternehmenskultur erhoben. Bei dieser Skala wird nicht auf die unmittelbare eigene Arbeitsgruppe abgehoben, sondern auf das gesamte Unternehmen. Dabei gehen die folgenden Items ein:

Gemeinsame Normen und Werte: Die Fragstellungen beziehen sich besonders auf implizite Einigkeit zwischen Unternehmensleitung und Belegschaft.

Gelebte Unternehmenskultur: Hier steht die Konsequenz des Verhaltens der Führungskräfte im Mittelpunkt.

Konfliktkultur: Besonderes Augenmerk liegt auf verdeckter versus offener Konfliktaustragung und Konfliktbeilegungsmechanismen.

Kohäsion im Betrieb: Unter der Sozialkapitalkomponente Netzwerkkapital wird das Zusammengehörigkeitsgefühl der Mitarbeiter in der unmittelbaren Arbeitsgruppe erfragt. Hier geht es nun um die Ausweitung dieses Zusammengehörigkeitsgefühls auf den weiteren Bereich der Unternehmensbelegschaft.

Gerechtigkeit und Fairness: Im Mittelpunkt dieses Items steht die Frage der Gleichbehandlung der Belegschaftsmitglieder.

Wertschätzung: Erhoben wird in zwei Fragestellungen die Ausprägung dieses Begriffs.

Vertrauen in die Geschäftsführung und den Betriebsrat: In getrennten Fragestellungen wird die empfundene Verlässlichkeit von Geschäftsführung und Betriebsrat erhoben.

Der Treiber „Fachliche Kompetenz" wird im Rahmen der Befragung nicht er-hoben. Es handelt sich um einen Aspekt des Humankapitals. Unter der Rubrik Arbeitsbedingungen wird erfragt, ob die eigene Ausbildung als den qualitativen Anforderungen angemessen empfunden wird. Zudem wird im Fragebogen die formale „Berufsausbildung" oder der „berufliche Abschluss" erhoben, mit den Antwortmöglichkeiten „keine abgeschlossene Berufsausbil-dung", „abgeschlossene Lehre", „Fachschulabschluss (z. B. als Meister)", „Universitäts-/Fachhochschulabschluss", „Derzeit in Ausbildung" sowie einer freien Antwortmöglichkeit für anderes.

Der Treiber Arbeitsbedingungen umfasst verschiedene Faktoren, durch die äußere Rahmenbedingungen und das Anforderungsniveau gegenüber den Mitarbeitern erfasst werden.

Im Einzelnen sind dies die Items

Qualitative Anforderungen: Hierbei wird erfragt, ob die erworbenen Kennt-nisse und Fähigkeiten als zur Aufgabenerfüllung ausreichend empfunden werden.

Quantitative Anforderungen: Zeitdruck und multiple Anforderungen sind Gegenstände der Fragestellungen.

Klarheit der Aufgabe/Rollenklarheit: Unklare Verantwortlichkeiten, Aufga-ben und Befugnisse werden hier abgefragt, ohne jedoch auf resultierende allfällige Belastungen einzugehen.

Handlungsspielraum: Bezieht sich auf die Arbeitsorganisation und die Ent-scheidungsbefugnis.

Partizipation: Ermittelt die gefühlte Beteiligung an Entscheidungsprozessen in der eigenen Abteilung.

Sinnhaftigkeit der Aufgabe: Dieser Aspekt wird hier als ein Teilelement des Kohärenzgefühls nach Antonovsky erhoben.[196]

---

[196] S. Behr et al. 2008, S. 37, s. Antonovsky 1988, s. Bengel et al. 2001.

Zufriedenheit mit den Rahmenbedingungen: Das Item bezieht sich sowohl auf die materielle Ausstattung des Arbeitsumfeldes als auch auf die Beteiligungs- und Weiterentwicklungsmöglichkeiten aus der Sicht des Probanden.

Die erhobenen Frühindikatoren werden teilweise zusammengefasst erfragt.

Die Skala Gesundheit umfasst das physische und psychische Befinden der Mitarbeiter. Der Schwerpunkt liegt hierbei im psychischen Bereich. Hierzu werden folgende Skalen erfragt:

Physische Gesundheit: Diese Skala umfasst eine allgemeine Selbsteinschätzung des Gesundheitszustandes.

Allgemeines Wohlbefinden: Erfragt werden u. a. Ausgeglichenheit und Stimmungslage.

Psychosomatische Beschwerden: Hier wird ein etablierter Fragenkatalog abgearbeitet.

Depressive Verstimmungen: Vornehmlich werden Fragen zum empfundenen Antrieb gestellt.

Selbstwertgefühl: Hier wird in fünf Fragen recht differenziert der Grad der Selbstwertschätzung erhoben. Die Bewertungsskala ist allerdings nur für Unterschätzungen sensitiv.

Gesundheitsverhalten: Erhoben wird der Konsum von Alkohol und Nikotin.

Work-Life-Balance: Dies bezeichnet generell eine recht unklare Zusammenstellung verschiedener Fragestellungen, die die Qualität und das Verhältnis verschiedener Arbeits- und Lebensbereiche zueinander betreffen.[197] Im vorliegenden Fragebogen wird speziell der Aspekt der Vereinbarkeit von privaten und beruflichen Verpflichtungen erhoben.

Absentismus. In einer Frage wird hier eine Selbsteinschätzung der Fehlzeiten in Tagen in den der Befragung vorhergehenden Monaten erhoben.

Die Skala Organisationspathologien betrachtet die Items Mobbing und Innere Kündigung.

---

[197] S. Resch, Bamberg 2005.

Mobbing: Der Begriff Mobbing ist zwar nicht einheitlich exakt definiert,[198] doch insoweit Gemeingut, dass er in den Fragestellungen direkt verwendet werden kann. Erfragt werden individuelle Mobbingerfahrungen durch Kollegen sowie eine Einschätzung über die Verbreitung von Mobbing. Außerdem wird nach gelegentlichen persönlichen Angriffen durch Vorgesetzte gefragt, was im Rahmen von Mobbing eher eine unübliche Betrachtungsweise ist. Üblicherweise wird bei Mobbing eine gewisse Häufigkeit und Regelmäßigkeit vorausgesetzt.[199]

Innere Kündigung: Als ein weiterer Frühindikator wird die stille Leistungszurückhaltung erfragt. Innerhalb der drei Fragen wird allerdings nicht auf die Ursachen eingegangen. Die Fragen trennen nicht zwischen Desinteresse oder Faulheit versus Neuadjustierung des inneren Vertrages, was die Grundlage für die innere Kündigung ist.[200]

In der Frühindikatorenskala Commitment befindet sich ein Item, das folgendermaßen bezeichnet wird:

Commitment: Organisationales Commitment wird gewöhnlich mit Meyer und Allen[201] als ein dreidimensionales psychologisches Konstrukt aus *kalkuliertem Commitment*, *affektivem Commitment* und *normativem Commitment* verstanden.[202] Jede Komponente ist im Fragebogen mit einer Frage vertreten.

Schließlich wurden die Mitarbeiter auch zu einigen Spätindikatoren befragt. Hierfür wurde eine Skala erstellt, die unter der Bezeichnung *wahrgenommene Produktivität* drei Items umfasst.

Qualität der Arbeitsleistung: Diese ist auf einer individuellen Ebene, auf Abteilungsebene sowie auf der Ebene des Gesamtunternehmens zu beurteilen.

---

[198] S. Grande 2003, S. 130–131.

[199] S. Meschkutat et al. 2005, S. 18–22.

[200] S. Richter 2003.

[201] S. Meyer, Allen 1991.

[202] S. Westphal, Gmür 2009, S. 203–205.

Qualitätsbewusstsein: Im Unterschied zur Skala *Qualität der Arbeitsleistung* wird hier nur die Perspektive der eigenen Abteilung des Probanden erhoben. Die Items beziehen sich auf die Kundenzufriedenheit, Standardisierung des Vorgehens, kontinuierliche Verbesserungsprozesse sowie ein allgemeines Qualitätsbewusstsein.

Subjektive Arbeitsleistung: Der Fokus liegt hier auf der eigenen Einschätzung der gesundheitsbezogenen individuellen Leistungsfähigkeit. Durch einen Bewertungszeitraum von vier Wochen gehen langdauernde sowie akute gesundheitsbedingte Leistungseinschränkungen in die Erhebung ein. Erfragt werden das Wohlbefinden und die Durchhaltefähigkeit am Arbeitsplatz.

Die Stellung einer Mediatorvariablen in der Wirkungskette nehmen verschiedene Aspekte aus dem Gesundheitszustand der Mitarbeiter ein. Hypothesengemäß sind diese gesundheitlichen Parameter zum einen zumindest teilweise eine Auswirkung der Treiber, zum anderen wirken sie auf das produktive Ergebnis des Unternehmens ein. Ein angemessener Gesundheitszustand der Mitarbeiter ist demgemäß eine der Grundlagen für die Realisierung der Produktivität des Produktionsfaktors Arbeit. Die Befragung erstreckt sich in der vorliegenden Untersuchung auf die subjektiv eingeschätzten psychischen Belastungen, die durch eine Depressivitätsskala sowie verschiedenen Items zu psychosomatischen Beschwerden repräsentiert werden. Für die physische Gesundheit wird nur ein zusammenfassender Wert erfragt. Für die Zusammenstellung des Fragebogens ist ein wichtiger Aspekt, dass diese Dimensionen unter Forschungsgesichtspunkten als verhältnismäßig unproblematisch angesehen werden. Mit den Fragebogeninstrumenten SF-36[203] und dessen Kurzform SF-12 stehen hierfür zwar gut etablierte Instrumente zur Verfügung, deren Verbreitung im betrieblichen Umfeld jedoch ein erheblicher finanzieller Aufwand für die dann fällige Lizenzierung entgegensteht.

Verschiedene Organisationspathologien wie Mobbing und innere Kündigung sowie Commitment und die Work-Life-Balance haben modellgemäß ebenfalls

---

[203] S. Bullinger, Kirchberger 1998.

Auswirkungen auf die Ergebnisse der Mitarbeitergesundheit und nehmen somit auch die Stellung einer Mediatorvariablen ein.

8.1 Erstellung des Fragebogens

Der letztlich verwendete Fragebogen wurde aus den Hypothesen abgeleitet. Es ist als Anhang abgedruckt. Um die Vorarbeiten im Rahmen der zur Verfügung stehenden Ressourcen durchführen zu können, wurde bei der Zusammenstellung des endgültigen Fragebogens vornehmlich auf bereits etablierte Fremdskalen zurückgegriffen. Aufgrund der Hypothesen über die Wirkungszusammenhänge im zugrunde gelegten Unternehmensmodell wurde nach etablierten Instrumenten gesucht, die in der Vergangenheit eine gute Validität und Reliabilität gezeigt haben. Für ein in der Praxis einsetzbares Untersuchungsinstrument war es auch notwendig, das Einverständnis der Urheber für die Umsetzung notwendiger Kürzungen zu erreichen. Etliche Instrumente schieden zudem bereits in der Frühphase aus der engeren Auswahl aus, da Lizenzgebühren anfielen – kumulierte Lizenzgebühren aus mehreren Fragebögen können recht hohe Summen erreichen. Die Zahlungsbereitschaft bei einer breit angelegten Mitarbeiterbefragung pro Fragebogen ist nachvollziehbarerweise geringer als bei einer hochdifferenzierten psychologischen Testung, aus deren Instrument die Frageformulierung entnommen sein mag. Die unter diesen Bedingungen infrage kommenden Instrumente wurden stark gekürzt und zu Multi-Item-Skalen entwickelt. Die Kürzung der Fragebogenumfänge war notwendig, um zu einem in der Unternehmenswirklichkeit praktikablen Umfang zu kommen. Lagen für die originären Fragestellungen der vorliegenden Untersuchung keine Befragungsinstrumente vor, so wurden eigene Skalen entwickelt[204], die in einem Pretest getestet wurden.

Bei der Auswahl der verwendeten Items aus etablierten Erhebungsinstrumenten war die Faktorladung der Items leitend: Diejenigen Items mit der höchsten berichteten Ladung wurden übernommen. Zugleich sollte jedes Item möglichst mit mindestens drei Fragen operationalisiert werden, sofern es

---

[204] S. Badura et al. 2006.

nicht um die bloße Angabe von Fakten ging (demografische Angaben, Zahlenwerte etc.). Dieses Vorgehen brachte es allerdings mit sich, dass sich aus den verschiedenen Items kein zusammenfassender Skalenwert bilden ließ. In erster Linie war dies der Tatsache geschuldet, dass die Skalen nicht normiert sind und sich somit keine Gewichtung begründen lässt. Der so kompilierte Fragebogen enthält 130 Items in 40 Skalen. Knapp zwei Drittel der Fragen konnte aus Vorarbeiten übernommen werden, genauer 85 der 130 Items. Somit blieben 45 Items selbst zu erarbeiten und zu testen. Auf Skalenebene wurden 20 Skalen komplett aus Fremdinstrumenten übernommen. In sechs Skalen wurden sowohl Items aus Fremdinstrumenten als auch eigens entwickelte Items verwendet. 14 Skalen mussten selbst entwickelt werden.

Im Folgenden werden zunächst die übernommenen Erhebungsinstrumente vorgestellt, danach in kurzer Form der Entwicklungsprozess der eigenen Items. Im Rahmen des Entwicklungsprozesses wurden die übernommenen Instrumente in ihrer anwendungsbezogen stark gekürzten Form einer weiteren Validierung unterzogen.

Im Kürzungsprozess der Instrumente war ein Mittelweg zu finden zwischen der Repräsentation verschiedener Aspekte der jeweiligen Skalen und einer hohen Ladung der Fragestellungen auf dem jeweiligen Konstrukt. Dabei war die zugrundeliegende Informationslage zu Bewertung der Güte der Fragestellungen wechselnd.

8.1.1 Überblick über die verwendeten Instrumente

Im Fragebogen werden neben der eigentlichen Befragung zur gesundheitlichen Selbsteinschätzung der Mitarbeiter und zur Ausstattung mit Sozialkapital auch einige demografische Basisdaten erhoben.

Ermittlung des Gesundheitszustandes der Mitarbeiter

Der Gesundheitszustand wurde in den Komponenten (1) Physische Gesundheit, (2) Depressive Verstimmung, (3) Wohlbefinden, (4) Selbstwertgefühl sowie (5) Anzahl der Fehltage operationalisiert.

Hinsichtlich der Komponente (1) Physische Gesundheit wurde auf den Teil „Körperliche Gesundheit" aus dem Freiburger Beschwerdeinventar von Fahrenberg et al.[205] zurückgegriffen. Das Freiburger Beschwerdeinventar ist eigenschaftstheoretisch fundiert und weniger datenreduktiv angelegt. Die körperliche Gesundheit bildet darin eine von 12 Dimensionen. Aus der Skala wurden die sieben Items mit den höchsten Faktorladungen ausgewählt. Der Test vermeidet bei einer mittleren Bandbreite die Erhebung pathologischer Konzepte.

Das Vorliegen einer depressiven Verstimmung (2) wurde mit einer eigens entwickelten Skala erhoben und umfasst fünf Items.

Die Erhebung des – nicht unbedingt nur gesundheitsbezogenen – Wohlbefindens (3) erfolgte mit Items aus dem Instrument *Subjektive Arbeitsanalyse* (SAA) von Rimann und Udris.[206] Das Verfahren ist im Sinne von Antonovsky stark ressourcenorientiert.

Das Selbstwertgefühl (4) als positiver und stützender Faktor für den Gesundheitszustand wurde unter Zuhilfenahme der schon klassischen Rosenberg-Skala RSE[207] erfasst, aus der fünf von zehn Items entnommen wurden. Die Gesamtskala ist umfassend normiert.

Daneben wurden die Mitarbeiter um die Angabe der Anzahl krankheitsbedingter Fehltagen (5) in den vergangenen zwölf Monaten gebeten.

Ermittlung der Ausstattung mit Sozialkapital

Das Verständnis von Sozialkapital folgt der Arbeitsdefinition (s. Kap. 1). Letztlich ist es das Ziel, wesentliche Teile von Sozialkapital, wie es voraussichtlich im betrieblichen Kontext anzutreffen sein kann, messbar zu machen. Für die Konstruktion des Befragungsinstruments konnte in diesem Bereich kaum auf etablierte Skalen zurückgegriffen werden.

Das Sozialkapital wurde hypothesengemäß in den Dimensionen Netzwerkkapital, Führungskapital sowie Wertekapital erfasst. Diese Dimensionen wurden

---

[205] S. Fahrenberg et al. 2001.

[206] S. Rimann, Udris 1997.

[207] S. Rosenberg 1989.

jeweils durch fünf bis sieben Faktoren gebildet, denen Fragebatterien mit einem Umfang von jeweils mindestens drei Items unterliegen.

8.1.2 Die Erhebungsinstrumente für Sozialkapital im Einzelnen

Bei der nachfolgenden Darstellung der in Teilen verwendeten Erhebungsinstrumente liegt das besondere Augenmerk auf den zugrundeliegenden Konzepten. Diese sind für die vorliegende Untersuchung bedeutsam, da sie implizit in diese eingehen.

8.1.2.1 Salutogenetische Subjektive Arbeitsanalyse (Salsa)

Der Fragebogen Salsa geht dezidiert von einer salutogenetischen Sichtweise aus, was sich aus seiner Entstehungsgeschichte nachvollziehen lässt: Er ist ein Ergebnis eines Forschungsprojekts zu personalen und organisationalen Ressourcen der Salutogenese.[208] Im Rahmen des Originalfragebogens werden sowohl bekannte Belastungsfaktoren ermittelt als auch Ressourcen erhoben.[209] Das Instrument ist für Gruppenvergleiche entworfen und entspricht somit dem Studiendesign der vorliegenden Untersuchung. Das Instrument basiert seinerseits auf verschiedenen arbeitsanalytischen Verfahren.[210]

Aus diesem Fragebogen wurden für die vorliegende Untersuchung drei Skalen entnommen:

Für das Konstrukt Arbeitsbedingungen wurde die Skala Partizipation mit drei Items vollständig übernommen. Geringe Umformulierungen der Items bezogen diese nicht mehr wie in der Vorlage auf die „Firma" sondern auf die Abteilung und vermieden so die unpersönliche Form des Personalpronomens „man". Stattdessen bezogen sich die Fragen sprachlich auf die erste Person Singular. In der Originalstudie[211] (N = 1.655, in 25 Unternehmen) bietet die Skala über die drei Items ein Cronbachs Alpha von $\alpha = 0{,}62$.[212]

---

[208] Für eine ausführliche Darstellung s. Udris 2003, S. 6.

[209] Udris, Rimann 1999.

[210] Zur Entwicklung s. Rimann, Udris 1997.

[211] Sc. Rimann, Udris 1993.

[212] S. Udris 2003, S. 11–13.

Für die Skala „Vertrauen" wurden zwei Items zusammengefasst, die im Originalfragebogen unterschiedlichen Merkmalsbereichen zugeordnet sind, nämlich dem Bereich „Positives Sozialklima" beziehungsweise „Soziale Unterstützung durch Arbeitskolleg/innen". Da die beiden Skalen hoch miteinander korrelieren, erschien dies jedoch wenig problematisch.

Für die Skala „Allgemeines Wohlbefinden" wurden schließlich Items ausgewählt, die nicht zum eigentlichen Kernbestand von Salsa gehören, sondern dort informativ mit erhoben werden, ohne dass das salutogenetische Paradigma berücksichtigt wird.[213]

Das Instrument Salsa an sich ist etabliert und wird bei Mitarbeiterbefragungen vollständig oder in Teilen häufig eingesetzt.

8.1.2.2 Copenhagen Psychosocial Questionnaire – Deutsch (COPSOQ) und Work-Family Conflict Scale von Netemeyer, Boles und McMurrian

Das dänische Assessmentinstrument für verschiedene psychosoziale Belastungsfaktoren[214] ist recht umfassend auf seine Verwendbarkeit in Deutschland hin untersucht worden.[215] Handlungsleitend waren dabei die Anforderungen der Norm EN-ISO 10075-3 „Ergonomische Grundlagen bezüglich psychischer Arbeitsbelastung – Teil 3: Grundsätze und Anforderungen an Verfahren zur Messung und Erfassung psychischer Arbeitsbelastung"[216]. Im Rahmen dieser Untersuchung wurde der Originalfragebogen in Teilen modifiziert und neu überarbeitet. Die Konstruktvalidität ist durchweg hoch.

---

[213] Der Fragebogen Salsa besteht aus fünf Teilen, Kern ist der Fragebogen B mit Items zu „Arbeit und Betrieb". Aus salutogenetischer Sicht interessant sind des Weiteren besonders die Teile D „Persönliche Einstellungen" und E „Gesundheit und Krankheit". Mehr zur Hintergrundinformation dienen die Teile C „Privatbereich und Krankheit" sowie A „Angaben zur Person". Die letzteren sind also mehr oder weniger austauschbar. Für eine vollständige Darstellung des Erhebungsintruments s. Rimann, Udris 1997.

[214] S. Kristensen 2002.

[215] S. Nübling 2005.

[216] Deutsches Institut für Normung, Normenausschuß Ergonomie 2004.

Anforderungen	Soziale Beziehungen
Quantitative Anforderungen Kognitive Anforderungen Emotionale Anforderungen Anforderung, Gefühle zu verbergen Sensorische Anforderungen	und Führung Vorhersehbarkeit Rollenklarheit Rollenkonflikte Führungsqualität Soziale Unterstützung Feedback Soziale Beziehungen Gemeinschaftsgefühl

**Einfluss und Ent-
wicklungsmöglichkeiten**
  Einfluss
  Entscheidungsspielraum
  Entwicklungsmöglichkeiten
  Bedeutung der Arbeit
  Verbundenheit mit dem
Arbeitsplatz

Weitere Parameter
  Work-privacy conflict
  Einbindung in Prozesse
  Wertschätzung als Person
  Unsicherheit des
Arbeitsplatzes
  Mobbing
  Gedanke an Berufsaufgabe

**Belastungsfolgen
(Outcomes)**
  Arbeitszufriedenheit
  Arbeitsfähigkeit
  Allgemeiner
Gesundheitszustand
  Burnout
  Verhaltensbezogener Stress
  Kognitiver Stress
  Lebenszufriedenheit

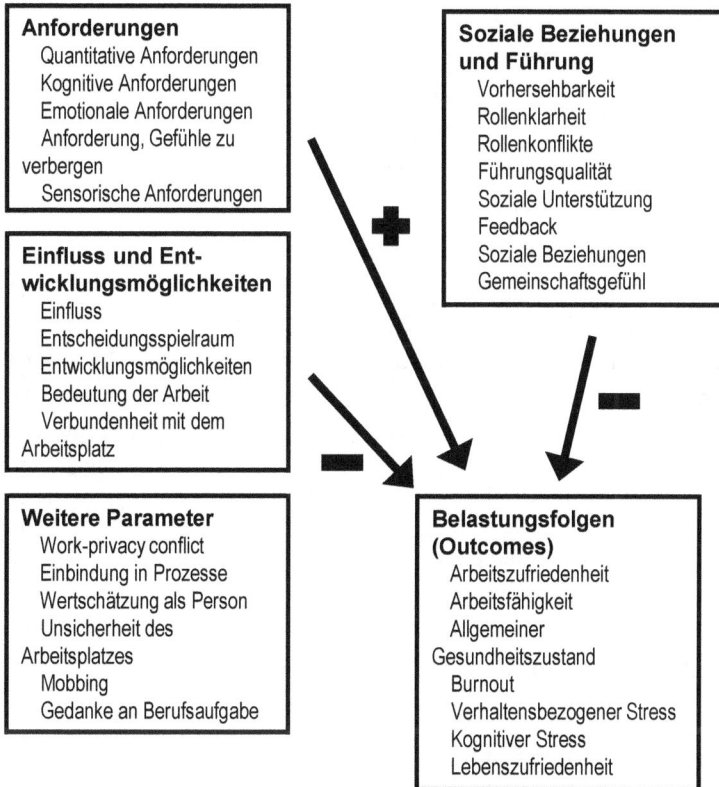

Abb. 9: Der angenommene Wirkungszusammenhang des Erhebungsinstruments COPSOQ[217]

Aus diesem Erhebungsinstrument wurden die Skalen *Quantitative Anforderungen*, *Klarheit der Aufgabe* und *Work-Life-Balance* übernommen.

---

[217] Leicht verändert nach Nübling 2005, S. 17.

Die Skala Work-Life-Balance geht dabei vollständig auf die *Work-Family Conflict Scale* von Netemeyer, Boles und McMurrian[218] zurück. Neben der Übersetzung wurden die Items in Absprache mit dem Skalenersteller umformuliert, indem durchgängig der Konflikt Arbeit–Familie als Konfliktbereich Arbeit–Familie und Privatleben erhoben wurde.[219] Es handelt sich somit also tatsächlich um eine *Work-privacy conflict scale.* Dabei wurden verschiedene Aufwände des Arbeitslebens (wie Zeitaufwand, emotionaler Aufwand und Anstrengung) zusammengefasst erhoben. Ein Wirkzusammenhang wurde hier aufgrund von Voruntersuchungen postuliert, aber nicht untersucht. Vermutet wurde dieser hinsichtlich von Burnout, Rollenkonflikten, unklaren Arbeitsaufgaben, Wechselneigung sowie Selbstwertgefühl.[220]

Auf einer Skala von 5 bis 25 maßen Netemeyer et al. Mittelwerte von 15,4 bis 17,5 Punkten. In der deutschen COPSOQ Studie ergab sich bei einer Skala von 0 bis 100 ein Mittelwert von 45, der nur wenig über dem bei einer Umskalierung der Erhebungen von Netemeyer et al. zu erwartenden Wert in einem Bereich von 35 bis 42 lag. Die Skalenreliabilität ist in der deutschen Version mit einem Cronbachs Alpha von $\alpha = 0{,}92$ sehr gut und wesentlich höher als in der US-amerikanischen Ursprungsversion mit einem $\alpha = 0{,}88$.

Die Skala Klarheit der Aufgabe wurde komplett aus dem COPSOQ übernommen und hat hier die Bezeichnung Rollenklarheit. Es handelt sich dabei um eine Eigenentwicklung im Rahmen des COPSOQ. Die Reliabilität der Skala ist mit einem Cronbachs Alpha von $\alpha = 0{,}83$ gut.

Die Skala Quantitative Anforderungen basierte auf der Urversion des Fragebogens. Auch hier wurde eine gute Skalenreliabilität berichtet. Die Items wurden umformuliert, da sie im Original fragend formuliert waren, jedoch nur in der Aussageform in den Gesamtfragebogen der Untersuchung passten.

---

[218] S. Netemeyer et al. 1996.
[219] S. Nübling 2005, S. 18.
[220] S. Netemeyer et al. 1996, S. 401.

8.1.2.3 Mitarbeiterkennzahlenbogen (MIKE)

Der Mitarbeiterkennzahlenbogen ist für die Unternehmensführung in der personenbezogenen Dienstleistungsorganisation Krankenhaus entwickelt worden.[221] Das Befragungsinstrument ist von Grund auf modular angelegt, das heißt, dass die Skalen problemlos unabhängig voneinander verwendet werden können.

Aus diesem Befragungsinstrument wurden die Skalen Handlungsspielraum, Gruppenkohäsion sowie Qualitätsbewusstsein für die vorliegende Untersuchung entnommen.

Die Skala Handlungsspielraum – in MIKE als Tätigkeitsspielraum bezeichnet – ist ein Zitat einer Skala von Richter et al.[222] Sie basiert auf einem Paradigma von Karasek[223]. Verkürzt handelt es sich dabei um ein Zweifaktorenmodell aus den erlebten Dimensionen Arbeitsanforderungen (qualitativ und quantitativ) und Tätigkeitsspielraum. Gemäß den empirischen Befunden wirkt sich eine Steigerung der Arbeitsanforderungen negativ auf die Gesundheit aus, eine Steigerung des Tätigkeitsspielraums positiv. Erhöhte Anforderungen wirken sich gemäß dem Paradigma unter höherem Tätigkeitsspielraum weniger negativ aus als bei geringem Tätigkeitsspielraum.

Von den zwölf Items der Skala von Richter wurden zwei repräsentative Items ausgewählt. Dabei wurde bei der Reformulierung die positive Konnotation noch verstärkt, indem nicht mehr von Entscheidungen treffen *müssen*, sondern von *können* die Rede war. Das Verfahren ist bei Richter mit einem N = 526 für die Verfahrensindustrie und die Bauindustrie validiert. Durch die erfolgte Verwendung des MIKE im Krankenhaus liegen auch für diese Branche Erfahrungen vor.

Die Skala „Gruppenkohäsion"[224] wurde unverändert aus dem Instrument MIKE entnommen.

---

[221] S. Pfaff et al. 2004.

[222] S. Richter et al. 2000.

[223] S. z. B. Karasek, 1979.

[224] S. Pfaff et al. 2004, S. 145–148.

Ähnlich verhält es sich mit der Skala „Qualitätsbewusstsein". Der originale Wortlaut, der nach den Verhältnissen in einem Krankenhaus fragt, wurde auf die (kleinere) Ebene Abteilung umformuliert, der Begriff Patienten durch das Wort Kunden ersetzt.

Alle Skalen wurden auf fünfstufige Antwortmöglichkeiten umcodiert.

8.1.2.4 Fragebogen Interpro-Q

Aus dem für die Verwendung in Krankenhäusern erstellten Erhebungsinstrument[225] wurden mehrere Skalen vollständig oder teilweise übernommen. Folgende Skalen wurden vollständig aus Items des Interpro-Q gebildet:

- Zufriedenheit mit Rahmenbedingungen
- Sozialer Fit
- Akzeptanz des Vorgesetzten
- Konfliktkultur
- Kohäsion im Betrieb

Aus den folgenden Skalen wurden einzelne Items aus dem Interpro-Q übernommen:

- Kommunikation
- Mitarbeiterorientierung
- Soziale Kontrolle
- Kommunikation
- Gerechtigkeit und Fairness

Die dem Instrument zugrundeliegenden Paradigmata sind nicht berichtet.

---

[225] S. Initiative für interprofessionelle Qualität im Gesundheits- und Sozialwesen 19. 7. 2010 [Zugriff].

8.1.2.5 „Fragebogen zur Vorgesetzten-Verhaltens-Beurteilung"[226] (FVVB)

Der Fragebogen steht in der Tradition der Zwei-Faktoren-Führungstheorie aus der Ohio State University der 1960er Jahre. Die Forschungsarbeiten um Fleishmann[227] sind in der betriebswirtschaftlichen Lehrbuchtheorie zu einiger Bekanntheit gelangt. In diesen wurden die Führungsdimensionen Mitarbeiterorientierung versus Aufgabenorientierung voneinander abgegrenzt. Dazu wurden auch entsprechende Erhebungsinstrumente erstellt, an die sich Fittkau-Garte und Fittkau mit ihrem 1971 erstmals publizierten Instrument eng anlehnen.[228] Für die vorliegende Untersuchung wurde eines der Paradeitems ausgewählt, nämlich die Einschätzung der Häufigkeit, mit der ein Vorgesetzter seine Mitarbeiter in der Gegenwart anderer kritisiert. Das Item wurde im hier verwendeten Fragebogen der Skala Machtorientierung zugeschlagen.

8.1.2.6 Fragebogen „Freiburger Beschwerden-Liste" (FBL)

Die Freiburger Beschwerdenliste[229] ist ein umfassendes diagnostisches Instrument zur Erfassung körperlicher Beschwerden mit und ohne somatische Grundlagen. Das Verfahren ist weit verbreitet. Aus einer frühen Form der Liste erstellte Zerssen[230] eine Kurzform, die für die vorliegende Untersuchung übernommen wurde. Ein Zusammenhang zwischen etlichen Skalen der FBL und Belastungen am Arbeitsplatz wird häufig festgestellt, die Liste liefert hierfür naturgemäß keinen Erklärungsansatz. Die Kurzform ist anhand einer Anfallsstichprobe validiert.

Für die vorliegende Arbeit wurde mit der Kurzform von Zerssen die Skala Psychosomatische Beschwerden abgedeckt.

---

[226] S. Fittkau-Garthe, Fittkau 1988.
[227] S. z. B. Fleishman, Harris 1962.
[228] S. Walenta, Kirchler 2005.
[229] S. Fahrenberg 1994, s. a. Baumann, Stieglitz 1980.
[230] S. von Zerssen 1976.

8.1.2.7 Fragebogen „Rosenberg-Skala"

Das Selbstwertgefühl ist eine globale Einstellung zur eigenen Person. Dabei ist es allerdings wichtig, diese Einschätzung als ein Konstrukt zu betrachten, also als ein Ergebnis eines kognitiven Prozesses.[231] Die mit einiger Wahrscheinlichkeit am häufigsten[232] verwendete Skala zu Messung dieses Konstrukts ist die „Rosenberg-Skala"[233], für die eine hohe Reliabilität berichtet wird.[234] Sie wurde hier in einer revidierten Form verwendet. Mit der Skala lassen sich vornehmlich niedrige und mittlere Grade des Selbstwertgefühls erheben. Nach oben bestehen Deckeneffekte,[235] die im Rahmen der vorliegenden Untersuchung nicht bedeutsam wurden. Durch die hohe Augenscheinvalidität der Skala zeigten frühere Untersuchungen jedoch eine gewisse Tendenz zu sozial erwünschtem Antwortverhalten.[236] Außerdem zeigte sich in früheren Untersuchungen immer wieder, dass die Skala im Grunde auf zwei Faktoren lädt, die als Selbstwertschätzung beziehungsweise Wertlosigkeit interpretiert werden können.[237] Dies könnte jedoch auch auf die negative beziehungsweise positive Kodierung zurückzuführen sein. Bei gemischt negativ und positiv formulierten Items sind solche Effekte nicht ungewöhnlich.

Diese Problematik wurde in der vorliegenden Untersuchung umschifft, indem bei der ohnehin notwendigen Kürzung des Instruments auf fünf der zehn Ursprungsitems nur auf positiv kodierte Items zurückgegriffen wurde und somit eine Selbstwertschätzungsskala erstellt wurde.

---

[231] S. Sellin 2003.

[232] S. Sellin 2003, S. 47.

[233] S. Ferring, Filipp 1996.

[234] S. von Collani, Herzberg 2003.

[235] S. Sellin 2003, S. 49.

[236] S. Sellin 2003, S. 49.

[237] S. Sellin 2003, S. 49.

8.1.2.8 Eigene Ergänzungen zur Entwicklung des ProSoB Fragebogens[238]

Wo keine etablierten Instrumente in praktisch anwendbarer Form vorlagen, wurden eigene Items entworfen. Dabei wurden die nachfolgend aufgeführten Skalen komplett neu erstellt. In Klammern ist die Anzahl der jeweils operationalisierenden Items angegeben.

- Qualitative Anforderungen (3 Items)
- Sinnhaftigkeit der Aufgabe (3 Items)
- Social Support (2 Items)
- Vertrauen in den Vorgesetzten (3 Items)
- Gemeinsame Normen und Werte (5 Items)
- Gelebte Unternehmenskultur (3 Items)
- Wertschätzung (2 Items)
- Vertrauen in die Geschäftsführung und in den Betriebsrat (2 Items)
- Physische Gesundheit (1 Item)
- Depressive Verstimmungen (5 Items)
- Gesundheitsverhalten (2 Items)
- Absentismus (1 Item)
- Innere Kündigung (3 Items)
- Subjektive Arbeitsleistung (3 Items)

Die folgenden Skalen wurden teilweise aus neu entwickelten Items gebildet. In der Klammer ist zunächst sie Anzahl der neu entwickelten Items angegeben, als zweite Zahl die Gesamtzahl der Items in der jeweiligen Skala.

- Kommunikation (1 von 2 Items)
- Soziale Kontrolle (1 von 2 Items)
- Kommunikation (1 von 3 Items)

---

[238] S. Badura et al. 2006.

- Gerechtigkeit und Fairness (1 von 3 Items)

- Machtorientierung (2 von 3 Items)

Diese Items wurden als Ergebnis eines Pretests in vier Unternehmen mit N = 42 Probanden gebildet. Die ausgewählten Items sind das Ergebnis einer Faktorenanalyse unter einer größeren Zahl getesteter Fragestellungen.

8.2 Durchführung der Mitarbeiterbefragung

Die Befragung wurde in den untersuchten Betrieben bzw. Betriebsteilen als Vollerhebung durchgeführt. Im Fragebogen standen die Items in einer Likert-Skala zu Beantwortung. Dabei war fünfstufig zwischen voller Zustimmung und voller Ablehnung eines vorgegebenen Statements zu wählen. Völliger Ablehnung wurde der Wert 1, völliger Zustimmung der Wert 5 zugewiesen. Teilweise waren die Items invers kodiert. Ausnahmen waren selbstverständlich Fragen zu demografischen Daten der Stichprobe und einigen weiteren nominal- und ordinalskalierten Items. Bei der Auswertung wurde die individuelle Faktorausprägung durch den arithmetischen Mittelwert für die einzelnen Items ermittelt. Dieses Vorgehen erschien angemessen, da die Skalierung bei allen so behandelten Items nicht nur gleichbleibend fünfstufig war, sondern auch die Paraphrasierungen der Ausprägungen (trifft voll zu, trifft überhaupt nicht zu usw.) gleich blieben. Eine Gewichtung der Items innerhalb eines Faktors fand nicht statt, da hierfür keine Hypothese bestand. Denkbar wäre eine Gewichtung der Items aufgrund der Stärke ihres Reliabilitätskoeffizienten gewesen. Da aber ohnehin nur Items mit einem hohen Reliabilitätskoeffizienten berücksichtigt wurden, wurde davon abgesehen. Problematisch wäre die Auswertung von Items eines Faktors gewesen, bei denen das Antwortverhalten verschiedener Probanden stark variiert. Die Ergebnisse zeigten aber, dass dies nicht der Fall war. Eine gemeinsame Auswertung der Faktoren innerhalb einer Dimension erschien nicht sinnvoll, da die Faktoren recht trennscharf sind. Die verschiedenen Faktoren sind für das Gesamtkonstrukt Sozialkapital nicht gleichgewichtig, es bestehen allerdings noch keine operationalisierbaren Hypothesen über Gewichtungen. Die Faktoren wurden in der weiteren Betrachtung daher nur getrennt ausgewertet.

Bei der Durchführung der Mitarbeiterbefragung sollte bei einer hohen Durch-führungsobjektivität eine hohe Beteiligung erzielt werden. Bei „strenger" psy-chologischer Testung verwendet man hierzu üblicherweise ein Manual mit genauen Anleitungen, wie die Fragestellungen einzuführen sind und welche Hilfestellungen zur Beantwortung zu geben sind.[239] Idealerweise stellen die befragten Personen bei einer Befragung die einzige Variationsquelle dar. Verfälschende Einflussfaktoren können etwa in der Person des Leiters der Befragung liegen oder auch in unterschiedlichen Durchführungsformen. Bei Mitarbeiterbefragungen wird verschiedentlich der Einfluss vom Grad der glaubwürdig zugesicherten Anonymität bei Befragungen sowie unterschied-liche Befragungsformen untersucht.

Zweifel an der Anonymität einer Befragung führen in Betrieben tendenziell zu erwünschtem Antwortverhalten und – aus Furcht vor negativer Sanktion – zu einer höheren Teilnehmerquote bei geringer Abbruchtendenz während der Befragung bei einer allerdings positiven Verzerrung in den Antworten.[240] Detailliertere Befunde weisen für solche Fälle überwiegend deutlich eine Verzerrung hin zu sozial erwünschtem Antwortverhalten nach, eine geringere Anzahl von Untersuchungen berichtet allerdings auch nur von einem ver-nachlässigbaren Einfluss.[241] Berichte über gegenteilige Beeinflussung – also hin zu unerwünschtem Antwortverhalten – sind nicht bekannt.

Der Anforderung der Anonymität steht das ebenso wichtige Kriterium entge-gen, dass für eine aussagekräftige und reliable[242] Erhebung eine möglichst unverzerrte Grundgesamtheit erhoben werden soll. Für die Anwendung quali-fizierterer statistischer Verfahren ist zudem ein gewisser Umfang der Daten-basis notwendig. Aus verschiedenen Mitarbeiterbefragungen wird allerdings regelmäßig berichtet, dass der Rücklauf bei eingeschränkter Anonymität – also letztlich der Möglichkeit zu kontrollieren, welche Mitarbeiter sich an der

---

[239] S. Moosbrugger, Kelava 2007, S. 8–10.
[240] S. Six, Kleinbeck 1989.
[241] S. Reips, Franek 2004.
[242] S. Moosbrugger, Kelava 2007, S. 11–12, s. Schermelleh-Engel, Werner 2007, S. 114–116 et passim.

Erhebung beteiligt haben – wesentlich höher ist. Die Unterschiede bei der Ausschöpfung der Grundgesamtheit liegen in der Größenordnung von über zehn Prozentpunkten.[243]

Zwischen den beiden Extremen mit Auswirkung auf die Reliabilität der Erhebung gilt es einen sinnvollen Mittelweg zu finden. Dabei ist die Wahrung der Anonymität der Mitarbeiter unerlässlich.[244] Einer Kommunikation der bloßen Tatsache des Antwortrücklaufs in einer größeren Gruppenaggregation stehen allerdings keine Einwände entgegen. Damit kann auch ein Wettbewerb zwischen Arbeitsgruppen initiiert werden. Ein solches Vorgehen entspräche übrigens der Nutzung von Netzwerkkapital für die Zwecke der Untersuchung.[245]

In der Befragungspraxis sind drei grundlegende fragebogenbasierte Durchführungsmethoden zu unterscheiden, die jeweils nach den Gegebenheiten in den Betrieben vor Ort und deren Kommunikationsgewohnheiten und Unternehmenskultur auszuwählen sind.[246]

Zwei der Durchführungsmethoden sind papiergestützt, eine weitere basiert auf einem vernetzten EDV-System des Betriebs. Im Rahmen der vorliegenden Untersuchung wurden alle drei Durchführungsmethoden mit Erfolg angewendet.

Nach einer grundsätzlichen Vorstellung der drei Durchführungsmethoden wird im Anschluss die konkrete Umsetzung vor Ort vorgestellt und abschließend nach erkennbaren Unterschieden in der Durchführungsobjektivität untersucht.

Die klassische Form der Befragung ist der papierne Fragebogen, auf dem anhand einer Ordinalskala – mit einigen Ausnahmen – die Ausprägung unterschiedlicher Sachverhalte eingeschätzt werden soll. Dabei wurde in den Be-

---

[243] S. z. B. Reips, Franek 2004, S. 75, Jöns, Mataja 1998. Mit eindeutiger Präferenz für unverfälschtes Antwortverhalten vor der Ausschöpfung der Stichprobe: Müller et al. 2007, S. 46, Nieder 2006, S. 329–330.

[244] S. Domsch, Ladwig 2006, S. 17–18.

[245] S. Thunig, Knauth 2000.

[246] S. Müller et al. 2007, S. 43–46.

trieben sowohl die „Wahllokalmethode" als auch die postalische Befragung angewandt. Bei der Wahllokalmethode werden die Mitarbeiter gewöhnlicher Weise während der Arbeitszeit aus den gewöhnlichen Arbeitsabläufen herausgenommen und aufgefordert, den Fragebogen auszufüllen. Nach der Bearbeitung wird der ausgefüllte Fragebogen anonym abgegeben. In der vorliegenden Untersuchung wurde ein etwas abweichendes Modell angewandt. Da der Fragebogen recht umfangreich war, fand die Erhebung im Rahmen einer Klassenraumbefragung statt, das heißt, die Mitarbeiter hatten an Einzeltischen die Möglichkeit, den Fragebogen in Ruhe auszufüllen. Durch den räumlichen Abstand zu Kollegen wurde dabei die Anonymität gewahrt. Bei der in weiteren Betrieben ebenfalls durchgeführten postalischen Befragung erhielten die Mitarbeiter den Fragebogen nach Hause geschickt, wo sie ihn ausfüllen und kuvertieren konnten. In einem weiteren Betrieb konnte die Erhebung EDV-gestützt durchgeführt werden. Voraussetzung hierfür ist eine hohe Durchdringung des Unternehmens mit Bildschirmarbeitsplätzen. Aus anderen Zusammenhängen werden für bildschirmgestützte Befragungen hohe Rücklaufquoten berichtet.[247] Für diese Form der Befragung spricht aus Unternehmenssicht zudem eine oft geringere Störung des Betriebsablaufs[248] sowie aus erhebungspraktischer Sicht die leichte Verteilung der Befragungsunterlagen durch E-Mail und unmittelbare automatisierte Bereitstellung der Daten im Anschluss an die Erhebung.[249]

Im Folgenden wird die Durchführung in den Studienbetrieben umrissen.

In den Unternehmen A und B wurde eine postalische Erhebung durchgeführt. In Reinform kam diese bei dem Unternehmen A zum Einsatz.[250] Hier wurde der Fragebogen gemeinsam mit den Lohn- und Gehaltsabrechnungen an die Privatanschrift der Mitarbeiter versandt. Beigefügt waren ein Schreiben der Unternehmensleitung mit der „Bitte und Aufforderung" zum Ausfüllen des

---

[247] S. z. B. Reips, Franek 2004, Mertens 2006.

[248] S. Nieder 2006, Mertens 2006.

[249] S. auch Müller et al. 2007, S. 44, Mertens 2006.

[250] S. Projekt: Kennzahlenentwicklung und Nutzenbewertung im Betrieblichen Gesundheitsmanagement 2006c, S. 37.

Fragebogens sowie ein kurzes in der Darstellung plakativ gehaltenes Informationsblatt. Der Fragebogen war kuvertiert in eine Urne am Werkstor zurückzugeben, desgleichen das adressierte Anschreiben als Rücklaufkontrolle. Es waren einige Sachpreise wie ein Fahrrad oder Laufschuhe ausgeschrieben. Die Fragebögen wurden durch ein Mitglied des Betriebsrats verschlossen an die Forschungsgruppe der Universität Bielefeld weitergeleitet.

Im Unternehmen B wurden die Fragebogen durch die Führungskräfte persönlich an die Mitarbeiter verteilt.[251] Beigefügt waren ein ausführliches Anschreiben des Unternehmens sowie eine umfassende Erläuterung des Vorhabens seitens der Hochschule, die sich an die Führungskräfte richtete. In diesem wurde auch ausführlich auf die Anonymität der Erhebung eingegangen. Auch hier wurden unter den Teilnehmern als Anreiz einige Preise ausgeschrieben. Die kuvertierten ausgefüllten Fragebögen waren an Rückgabebehältern abzugeben, die an den Werkstoren aufgestellt wurden. Geleert wurden diese von Mitarbeitern der Hochschule.

In beiden Unternehmen wurde das Ausfüllen der Fragebögen im Rahmen der postalischen Mitarbeiterbefragung nicht als gesonderte Arbeitszeit berücksichtigt. Zumindest bei den Mitarbeitern der Fertigung ist davon auszugehen (und war es seitens der Unternehmensleitungen auch gewollt), dass die Fragebögen außerhalb der Arbeitszeit ausgefüllt wurden.

In den verschwisterten Unternehmen C und D erfolgte die Durchführung der Erhebung als Klassenraumbefragung.[252] Entsprechend der Arbeitsabläufe im Unternehmen wurden Gruppen mit einer Größe zwischen fünf bis 25 Mitarbeitern gebildet, die gemäß einem Zeitplan in einen Kantinenraum mit Tischen eingeladen wurden. Stets war dabei ein Wissenschaftler vor Ort, der einleitend Sinn und Zweck des Vorhabens erläuterte, standardisierte Instruktionen vorgab sowie für Nachfragen zur Verfügung stand. Außerdem wurden

---

[251] S. Projekt: Kennzahlenentwicklung und Nutzenbewertung im Betrieblichen Gesundheitsmanagement 2006b, S. 37–38.

[252] S. Projekt: Kennzahlenentwicklung und Nutzenbewertung im Betrieblichen Gesundheitsmanagement 2006a, S. 36.

die zurückgegebenen Fragebögen demonstrativ in einer Urne verschlossen, um den Ausschluss der Unternehmensleitung vom Zugriff zu verdeutlichen. Aus diesen Befragungen ist auch bekannt, dass die Mitarbeiter für das Ausfüllen des Fragebogens zwischen 15 bis 50 Minuten aufwendeten. Die Erhebung fand während der regulären Arbeitszeit statt, durch die Leistungsentlohnung in dem Unternehmen in Verbindung mit teilautonomer Arbeitsgruppenorganisation entstand für den Verfasser allerdings der Eindruck, dass sich die Mitarbeiter beeilten, an ihren Arbeitsplatz zurückzukehren.

Die Fragebögen der Papierauswertungen wurden im Übrigen entgegen der ursprünglichen Intention zur eigenen händischen Eingabe in eine Datenbank an einen Dienstleister weitergegeben. Die Entscheidung fiel aus finanziellen Gründen – es bewegten sich Anbieter am Markt, die die händische Dateneingabe günstig anboten. Die Anschaffung und Bedienung entsprechender Hard- und Software erschien für eine einmalige Projektverwendung demgegenüber finanziell aufwendig.

Im Betrieb E schließlich wurde die Erhebung über das vorhandene Intranet durchgeführt. Der papierne Fragebogen wurde durch den EDV-Dienstleister des Unternehmens in eine HTML-Form übertragen, bei der die Antworten unmittelbar in eine Datenbank eingespielt wurden. Eine Plausibilitäts- und Vollständigkeitskontrolle der Daten fand dabei nicht statt. Die leitenden Mitarbeiter des Unternehmens E waren in einer Informationsveranstaltung vorab umfassend über das Vorhaben informiert worden und waren gebeten worden, ihre Mitarbeiter zu informieren. Diese erhielten anschließend eine E-Mail mit einem Hyperlink, der den Fragebogen öffnete. Dem EDV-Dienstleiter war bekannt, welche Mitarbeiter den Bogen ausgefüllt hatten. Entsprechend folgten ggf. bis zu zwei Erinnerungsschreiben durch E-Mail.

Die Fragebögen konnten während der Arbeitszeit bearbeitet werden. Durch die verhältnismäßig hohen Freiheitsgrade der Mitarbeiter in diesem Haus bei der Arbeitsorganisation ließ sich dies auch realistisch durchführen. Die Voraussetzung für die Durchführung dieser Befragungsform, dass alle Mitarbeiter Zugriff auf das Intranet haben, war bei dem Unternehmen E ausnahmslos gegeben; für den absolut überwiegenden Teil der Mitarbeiter ist er das hauptsächliche Arbeitsmittel, aber auch alle anderen erhalten Arbeitsaufträge durch interne E-Mails.

Insgesamt konnte so über alle Unternehmen hinweg eine Rücklaufquote von über 45 Prozent erzielt werden. Dabei unterschieden sich die Erhebungszeiträume erheblich. Dort, wo eine Klassenraumbefragung durchgeführt wurde, konnte die gesamte Erhebung an einem Tag durchgeführt werden. Für die postalischen Erhebungen wurde jeweils ein Zeitraum von zwei bis zweieinhalb Wochen vorgesehen. Aufgrund von Urlauben der Mitarbeiter wurden für die elektronische Befragung dreieinhalb Wochen eingeplant.

Zusammengefasst kann festgestellt werden, dass sich bei den Klassenraumbefragungen mit Teilnahmequoten bis annähernd 80 Prozent ein wesentlich höherer Rücklauf erzielen ließ als mit der postalischen Befragung, wo der Rücklauf durchweg unter einem Drittel blieb. Auch das Dienstleistungsunternehmen E verzeichnete mit fast 77 Prozent eine hohe Rücklaufquote, allerdings ist diese aufgrund der anderen Tätigkeitsfelder der Mitarbeiter mit den Quoten bei Mitarbeitern aus der Produktion weniger vergleichbar. Die Daten sind in Tab. 4 zusammengefasst.

Ein systematischer Bias im Antwortverhalten hinsichtlich sozialer Erwünschtheit konnte im Rahmen der vorliegenden Untersuchung nicht festgestellt werden. Allerdings ist das Studiendesign auch nicht dafür ausgelegt.

Betrieb (Sigle)	Wirtschaftszweig	Form der Befragung	Erhebungs- dauer [d]	Rücklauf- quote [%]
A	Industrielle Fertigung	postalisch	17	32
B	Produktion	postalisch	14	28
C	Produktion	Klassenraum- befragung	1	79
D	Produktion	Klassenraum- befragung	1	72
E	Bankgewerbe	EDV	25	77

Tab. 4: Befragungsform, Rücklaufquote und Erhebungsdauer[253]

Die Klassenraumbefragungen ließen sich an jeweils einem Tag durchführen und erzielten eine hohe Rücklaufquote. Die längste Erhebungsdauer wurde für die EDV-gestützte Erhebung aufgewendet, was zugunsten einer hohen Rücklaufquote in Kauf genommen wurde. Bei den postalischen Befragungen fiel die Beteiligung der Mitarbeiter erwartungsgemäß geringer aus.

---

[253] Verändert nach Badura et al. 2008, S. 49, eigene Berechnungen.

9 Erfolgsmessung in Betrieben

Im Rahmen der vorliegenden Untersuchung soll ein Beitrag zu der Fragestellung geleistet werden, ob ein Zusammenhang zwischen der Ausstattung mit Sozialkapital und dem Unternehmenserfolg besteht. Beide Begriffe sind nicht selbsterklärend. Oben wurde bereits dargestellt, dass der Begriff „Sozialkapital" vielfach unterschiedlich verwendet wird. Ähnliches gilt dafür, wie der Erfolg eines Unternehmens definiert wird.

Ob es für ein Unternehmen demensprechend *zielführend* erscheint, zum Beispiel in die Ausstattung mit Sozialkapital zu investieren, ergibt sich aus der Zielsetzung des Betriebes und der Situation, in der die Entscheidung getroffen wird. Gute oder gar optimale Entscheidungen in diesem Sinne sind diejenigen, die die Zielerreichung effizient befördern.[254]

Dabei wird in Betrieben ein ganzes Zielbündel verfolgt. Die verfolgten Ziele unterscheiden sich in Bezug auf die Ziele unterschiedlicher Anspruchsgruppen, auf ihre Stellung in der Zielhierarchie, ihren zeitlichen Horizont sowie ihre Rangordnung als Ober-, Zwischen- oder Unterziele. Zudem ergeben sich bei der Leistungserstellung weitere Ziele, *Erfolgsfaktoren der Produktpolitik*[255], die sich nicht eindeutig von denjenigen der Unternehmenspolitik und den Unternehmenszielen abgrenzen lassen. Es handelt sich dabei um Teil- und Unterziele mit einer hohen Nähe zur Leistungserstellung.

Im vorliegenden Zusammenhang bleibt die Grundfrage: Was sind die Ziele eines Unternehmens und wie kann ihr Erreichen – der Erfolg im Sinne dieser Ziele – gemessen werden. Der Rückgriff auf standardisierte Erfolgszahlen wie Ertragszahlen oder ein Jahresergebnis unterstellt eine bestimmte Zielvorstellung. Es bleibt zu untersuchen, inwiefern eine solche für die vorliegend betrachteten, vorwiegend mittelständisch geprägten Betriebe vorliegt.

---

[254] Vgl. Wöhe, Döring 2008, S. 74.
[255] S. Hüttel 1998, S. 18–19.

9.1 Unternehmerziele und Unternehmensziele

Die im Alltag tatsächlich anzutreffende Vorstellung eines einfachen Unternehmenziels basiert auf einer impliziten Vorstellung der Übereinstimmung und Durchsetzbarkeit von Unternehmerzielen mit den Unternehmenszielen. Unterstellt wird dabei eine frühkapitalistische Vorstellung eines Eigentümerunternehmers, die in dieser Form heute allenfalls in kleineren und mittleren mittelständisch geprägten Unternehmen anzutreffen ist. Sombart versteht unter Unternehmertum eine auf Gewinnerzielung ausgerichtete „Verwirklichung eines weitsichtigen Planes, zu dessen Durchführung es des andauernden Zusammenwirkens mehrerer Personen unter einem einheitlichen Willen bedarf"[256].

Dieser Schluss greift allerdings kurz: Die Tätigkeit in den Betrieben ist primär von einer Weiterentwicklung am Markt geprägt. Die „Schöpferische Zerstörung"[257] ist im Tagesgeschäft überwunden und „[d]er technische Fortschritt wird in zunehmendem Maße zur Sache von geschulten Spezialistengruppen, die das, was man von ihnen verlangt, liefern und dafür sorgen, daß es auf die vorausgesagte Weise funktioniert."[258] Dies ist die Aufgabe des Managers.[259] Dieser ist eingebunden in ein Kollektiv von Funktionsträgern, denen wiederum in Teilbereichen unternehmerische Entscheidungen zu fällen aufgetragen sind. Ihre Vorentscheidungen, die nicht mehr ohne weiteres rückgängig zu machen sind und zu Pfadabhängigkeiten führen, fließen in die Entscheidungsfindung des Managers als Unternehmensleiter ein und verändern in einem Kompromissprozess unter Umständen auch die Unternehmungsziele.[260] Damit wird die Zielsetzung in Unternehmen und Betrieben über die sachlogischen Komplexitäten hinaus auch durch die Notwendigkeit zur Berücksichtigung sozialer Beziehungen weiter kompliziert.

---

[256] Sombart 1988, S. 60.
[257] Schumpeter 1987, S. 138 et passim.
[258] Schumpeter 1987, S. 215.
[259] S. Redlich 1964, S. 361.
[260] S. Endress 1971, S. 81.

9.1.1 Zielsetzung bei multiplen Anspruchsgruppen und multiplen Zielen

Die Frage nach der angemessenen Zielsetzungsinstanz bleibt auch unter der Prämisse einer Managersteuerung aktuell. Konkurrierende Systeme sind hier etwa der Shareholder-Value Ansatz[261], demgemäß dieses Recht den Anteilseignern als Ausgleichsverpflichteten des Residuums zukommt. Operationalisiert als ein Oberziel zur Steigerung der Eigenkapitalausstattung lässt sich mit diesem Ansatz eine langfristige Unternehmenswertsteigerung formulieren.

Konkurrierend dazu ist gemäß dem Anspruchsgruppenansatz „Stakeholder-Ansatz"[262] auch das Interesse weiterer Akteure im Umfeld des Unternehmens zu berücksichtigen. Da diese jeweils unterschiedliche Interessenlagen haben – bei den Arbeitnehmern eines Betriebes etwa die Sicherung des Arbeitsplatzes bei zugleich hoher Entlohnung, bei Nachbarn ein Interesse auf geringe Emissionen sowie ein fiskalisches Interesse an hohen Steuerzahlungen – entsteht unter einer solchen Betrachtung bereits auf der Ebene der Oberziele ein multiples Zielsystem.

Diese Ansätze konkurrieren miteinander und sind nur schwer in Übereinstimmung zu bringen. Für die tägliche betriebliche Arbeit sollte dieser Konflikt allerdings nicht überschätzt werden. Viele eher operative Entscheidungen werden unter beiden Prämissen ähnlich ausfallen.

Neben den geschilderten unterschiedlichen Interessenlagen und Machtverhältnissen bestehen auch sachlogische Gründe für multiple und teilweise nur schwer miteinander zu vereinbarende betriebliche Zielsetzungen. Oberziele, die zum Beispiel der Gewinnmaximierung dienen, können oft nur eingeschränkt in operative Handlungsanweisungen für Mitarbeiter überführt werden, weshalb für einzelne Stellen gesonderte Teilziele formuliert werden. Diese ergeben auch in der Summe nicht den Betriebserfolg, tragen jedoch dazu bei. In vielen Fällen handelt es sich dabei also um Prozessziele, die die Zielerreichung von Oberzielen in einer mehr oder weniger wohldefinierten Weise unterstützen sollen.

---

[261] S. Rappaport 1999.
[262] S. Stiglbauer 2010, S. 37–39.

Aufgrund einer mangelhaften Vorstellung über diese Zusammenhänge können sich Inkompatibilitäten bei der Setzung von Teilzielen ergeben: So werden widerstreitende Zielsetzungen verfolgt, die sich hinsichtlich der Umsetzung gegenseitig in Teilen aufheben. Dies führt zu wirtschaftlichen Ineffizienzen, die durch standardisierte Verfahren zu Reduktion von Komplexität in Teilen überwunden werden können.

Hinzu kommen Aspekte aus der Agency-Problematik (s. Kap. 6.8, S. 91). Gemäß diesem Konzept verfolgen Akteure nicht ausschließlich Ziele ihres Auftraggebers, sondern zusätzlich oder auch primär eigene Ziele, die mit den anderen nicht immer in Einklang stehen. Trotzdem kann auf eine dezentrale Zielplanung nicht verzichtet werden, denn eine zentrale Zielplanung setzt voraus, dass der Planungsinstanz die Lösung der gesamten Planungsaufgabe bekannt sein müsste.[263] Generell ist eine Kombination von zentraler und dezentraler Zielplanung üblich, die einer umfassenden Abstimmung bedarf.[264]

Dazu aus dem Untersuchungskontext ein Beispiel: Einer der betrachteten Betriebe in der vorliegenden Untersuchung wurde zum Erhebungszeitpunkt nur noch übergangsweise fortgeführt, die Eigentümergesellschaft plante die Verlagerung der Produktion an osteuropäische Standorte mit einem niedrigeren Personalkostenniveau. Dazu sollten die Mitarbeiter die zukünftigen Mitarbeiter an den neuen Standorten anlernen. Die Bereitschaft der Mitarbeiter zum Wissenstransfer war allerdings verständlicherweise gering und die Erreichung der Unternehmensziele insofern nur sehr schwerfällig zu realisieren.

Für die betriebliche Arbeit sind daher Verfahren zur konkreten Formulierung von Zielen sowie zur konsistenten Festlegung von definierten Zielen notwendig, um Zielsysteme für einzelne Akteure handhabbar und überprüfbar zu machen.

Bei der Operationalisierung zumal multipler betrieblicher Ziele ergibt sich zunächst eine methodische Problematik: Logisch lassen sich nur eindimensionale (oder allenfalls völlig unabhängige) Ziele maximieren. Multiple Zielset-

---

[263] S. Kupsch 1979, S. 102–104.
[264] S. Kupsch 1979, S. 103.

zungen erfordern eine Schwerpunktsetzung oder Festlegung der Gewichtungen innerhalb des Zielbündels. Diese Gewichtung erfolgt wiederum unter einem eigenen Zielbündel. Zudem entsteht dadurch ein weiterer diskretionärer Handlungsspielraum der Akteure (z. B. Manager), der durch die Zielvorgaben ja gerade eingeschränkt werden soll. Dies zeigt sich auch in der Empirie: Es ist aufgezeigt worden, dass die Verfolgung multipler Ziele zu einer unklaren Auftragslage führt, die nur unzureichend durch die Akteure selbst ausgefüllt werden kann und im Ergebnis zu einer Überforderung führt. Ergänzend wurde festgestellt, dass Unternehmen mit multiplen Zielvorgaben tendenziell geringere Erfolge generieren.[265]

Zur Erreichung konsistenter Zielsetzungen bestehen verschiedene Ansätze. Verbreitet ist etwa die Bildung teilweise komplexer Kennzahlensysteme für Betriebe und Unternehmen, die den Mitarbeitern als Vorgaben dienen. Ein verbreitetes instruktives Verfahren, das auch die Zielbildung von stellenbezogenen Teilzielen aus betrieblichen Oberzielen ermöglichen soll, ist die Balanced Scorecard, auf die in einem Exkurs der vorliegenden Arbeit eingegangen wird (s. S. 158).

9.1.2 Interbetriebliche Vergleichbarkeit von Zielen

Die Ziele der Tätigkeit von Betrieben unterscheiden sich nicht nur hinsichtlich der Sachziele (wie Art und Inhalt der Tätigkeit und Produktion), sondern auch hinsichtlich der Formalziele (wie wirtschaftliche Ziele und ihre Aushandlungsmodalitäten). Daraus ergeben sich unterschiedliche Ergebnisziele, die auf Prozessziele wirken. Hinzu kommen externe Einflüsse, die sich zwischen Betrieben sehr unterscheiden können.

Dies führt dazu, dass jeweils nur die Oberziele betrieblicher Entitäten vergleichbar sind, und dies nur dann, wenn es sich dabei um Ergebnisziele handelt. Prozessziele sind nur dann vergleichbar, wenn mit ihnen identische Oberziele angestrebt werden. Dies ist aufgrund der dargestellten unter-

---

[265] S. Khadjavi 2005.

schiedlichen Zielbündel von Unternehmen regelmäßig nicht der Fall. Prozessziele sind somit überbetrieblich meist nicht vergleichbar.

Etwas anders stellt sich die Situation hinsichtlich der Möglichkeit zu einem innerbetrieblichen Vergleich dar. Hier beziehen sich Prozessziele auf jeweils identische Oberziele, was die Vergleichbarkeit der Ergebnisse erleichtert.

9.2 Betriebserfolg

Das Erreichen der gesetzten Ziele bedeutet das Erreichen eines betrieblichen Erfolgs. Da die untersuchten Betriebe durchweg Teile von Unternehmen sind, kann der Betriebserfolg nachfolgend ohne weiteres mit zumindest einem Teilziel des Unternehmenserfolgs gleichgesetzt werden. Das gewählte Vorgehen des innerbetrieblichen Vergleichs ermöglicht es außerdem, zufällige Einflüsse auf den Unternehmenserfolg zumindest teilweise von der Betrachtung auszuschließen. Im Sinne der Erfolgsfaktorenforschung lässt sich so der Schwerpunkt auf die Betrachtung des angestrebten Erfolges konzentrieren.[266]

Bei der Ermittlung des Unternehmenserfolgs werden konsequenterweise in der Literatur meist die Ziele der verschiedenen Anspruchsgruppen simultan betrachtet und gemessen.[267] Eine solche gesamtwirtschaftliche Betrachtung erscheint wohlfahrtsökonomisch durchaus sinnvoll, entspricht jedoch nicht den betriebswirtschaftlichen Entscheidungsrealitäten. Sie wird hier daher nicht verfolgt. Dafür bestehen zwei wesentliche Gründe: Zum einen beschränkt sich das unternehmerische Kalkül regelmäßig auf die betriebliche Ebene und zum anderen korrespondiert diese Betrachtung auch mit dem sozialen Setting, in dem die Herausbildung von oder Ausstattung mit Sozialkapital betrachtet wird.

9.3 Auswirkungen auf die vorliegende Arbeit

Aus der hier dargestellten Analyse der eher abstrakten Zielbildungsprozesse ergeben sich für das Vorgehen in der vorliegenden Untersuchung einige un-

---

[266] S. Rudolph 1996.
[267] Vgl. Degener 2003, S. 9–15, Baetge 2006, S. 12.

mittelbare Folgen. Bei der Exploration von Zielen im unmittelbaren Tätigkeits-
bereich von Mitarbeitern in Unternehmen wurde festgestellt, dass kaum
messbare Ergebnisziele formuliert sind. Die Steuerung folgt vorwiegend Pro-
zesszielen. Die Oberziele von Unternehmen sind diffus und zumindest in den
eigentümergeführten Unternehmen nicht klar formuliert. Es ist von einer hohen Komplexität dieser Ziele auszugehen und es kann keinesfalls unterstellt
werden, dass ähnliche Vorstellungen bestehen. Zudem unterscheiden sich
die Prozessziele in Unternehmen auch schon aufgrund der unterschiedlichen
Sachziele.

Die ermittelte Abwesenheit von Ergebniszielen, die unterschiedlichen Oberziele und Sachziele sowie variierende Methoden zur Auswahl der Prozessziele führen dazu, dass die Zielsetzungen von Unternehmen nicht miteinander vergleichbar sind. Daher wurde in der vorliegenden Untersuchung auf einen Vergleich zwischen den untersuchten Betrieben verzichtet.

Möglich ist allerdings ein Vergleich der Zielsetzungen auf der Abteilungsebene von Unternehmen – auch unter den geschilderten theoretischen Voraussetzungen. Hier werden – *cum grano salis* hinsichtlich der sozialen
Handlungsfreiheiten von Akteuren – die gleichen Oberziele verfolgt.

9.4 Kennzahlen

Zur Ermittlung des Betriebserfolgs wurde in den beteiligten Betrieben nach
Kennzahlen gesucht. Kennzahlen beinhalten eine Messvorschrift[268] zur Erfassung von Ausschnitten der Realität, wozu mehr oder weniger komplexe Er-
hebungsalgorithmen vorgegeben werden. Damit soll eine gleichmäßige Erhebung in unterschiedlichen Perioden ermöglicht und gewährleistet werden,
unabhängig von der betrachteten Institution und den erhebenden Personen.
Mit der Verwendung von Kennzahlen ist allerdings ein Informationsverlust
verbunden – komplexe Informationen werden durch die Reduzierung ihrer
Komplexität überschaubar und somit der Berücksichtigung in Entscheidungsprozessen zugänglich gemacht.

---

[268] S. Heineke 2005, S. 68.

Über die Verwendung des Begriffs „Kennzahl" besteht heute in der betriebs-wirtschaftlichen Literatur weitgehend Einigkeit, die begrifflichen Differenzen bewegen sich auf Detailebene.[269] Lehrbuchmäßig handelt es sich dabei um eine relative oder absolute Zahl, die quantitativ erfassbare Sachverhalte in konzentrierter Form erfasst.[270] Nach herrschender Meinung sind es drei we-sentliche Merkmale, die für eine Kennzahl konstitutiv sind:

Informationscharakter: „Im Informationscharakter kommt zum Ausdruck, dass Kennzahlen Urteile über wichtige Sachverhalte und Zusammenhänge ermöglichen sollen."

Quantifizierbarkeit: „Die Quantifizierbarkeit ist eine Eigenschaft von Variab-len, die, messtheoretisch gesprochen, die genannten Sachverhalte und Zu-sammenhänge auf einem metrischen Skalenniveau messen und somit relativ präzise Aussagen ermöglichen."

Spezifische Form: „Die spezifische Form schließlich soll es ermöglichen, komplizierte Strukturen und Prozesse auf eine relativ einfache Weise darzu-stellen, um einen möglichst schnellen und umfassenden Überblick insbeson-dere für Führungsinstanzen zu erlauben."[271]

Mit den erhobenen Kennzahlen sollen Auswirkungen der Ausstattung mit So-zialkapital in Unternehmen auf den betriebswirtschaftlichen Erfolg und das Erfolgspotenzial der beteiligten Betriebe untersucht werden.

Bei der Betrachtung sollen dabei volkswirtschaftliche Aspekte sowie Zuwäch-se und Verluste im Nutzenniveau der Mitarbeiter in diesem Zusammenhang außer Betracht bleiben. Unter dem Betriebsbegriff wird hier lediglich der Ort der Kombination von Produktionsfaktoren verstanden. Da zudem der Schwerpunkt der Untersuchung eindeutig im Bereich des Produktionsfaktors Arbeit liegt, ist auch eine Verbindung zum Begriff der Arbeitsstätte beabsich-

---

[269] S. Heineke 2005, S. 66–71.
[270] Vgl. Reichmann 1993, S. 16.
[271] Reichmann 1993, S. 16. Heineke 2005, S. 71–106 führt umfassend aus und benennt die Kriterien „Informationsmerkmal", „Verdichtungsmerkmal" und „Zielbezug". Für eine Systematisierung von Kennzahlen s. z. B. Meyer 2006.

tigt. Zugrunde liegt hier die Annahme, dass sich Sozialkapital vorwiegend im unmittelbaren Umfeld der Mitarbeiter herausbildet. Daher wird bevorzugt die Arbeitsgruppe betrachtet, in der sich die Mitarbeiter täglich bewegen.

Dafür gibt es empirische Gründe, die bei der Betrachtung des Sozialkapital-begriffs dargestellt wurden, wobei man zur Begründung allerdings gar nicht so weit gehen müsste. Schon allgemein wird berichtet, dass hinsichtlich der Produktivität „die Auswirkungen von Zufriedenheit [von Mitarbeitern] auf die weitere Leistung eher indirekt und ungewiss als unmittelbar"[272] sind. An anderer Stelle wird festgestellt, dass der einzige signifikante Einflussfaktor auf die Leistungsfähigkeit (hier älterer) Arbeitnehmer das Verhalten des unmittelbaren Vorgesetzten sei.[273] Dies legt das angewandte Vorgehen nahe, Kennzahlen eher im näheren Umfeld der Arbeitnehmer zu suchen, also abteilungs- und gruppenorientiert zu arbeiten. Teilweise ist dazu ein Bezug zur Anzahl der Mitarbeiter angebracht, ohne dass es sich dabei notwendigerweise um die Kosten- oder Erlöstreiber handeln muss.

In der Unternehmenspraxis findet sich eine Vielzahl unterschiedlicher Kennzahlen, die jedoch nur schwer vergleichbar sind. Auch unter demselben Begriff wird häufig nicht das gleiche verstanden, was einen unternehmensübergreifenden Vergleich weiter erschwert.

Eine Gliederung von Kennzahlen kann nach ihrer Nähe zu Geldwerten vorgenommen werden. Demnach lassen sich direkte monetäre Kennzahlen, abgeleitete monetäre Kennzahlen, Kennzahlen zur Faktorauslastung, Investitionskennzahlen sowie nichtmonetäre Kennzahlen unterscheiden. In der vorliegenden Untersuchungen werden zudem Kennzahlen aus Abweichungsanalysen herangezogen.

9.4.1 Die Datenlage in den Kooperationsunternehmen

In der Untersuchung wurden vier produzierende Unternehmen sowie ein Dienstleistungsunternehmen betrachtet. Insgesamt war zu beobachten, dass

---

[272] Locke, Latham 1990, übers. u. recte Ue-.
[273] S. Ilmarinen 2002.

die Controllingsysteme durch die Abbildung in ERP-Software bzw. die Auslagerung an Dienstleister in den letzten Jahren eine gewisse Vereinheitlichung erfahren hatten. Neben einer Vereinheitlichung des Vorgehens führte dies jedoch entgegen der Erwartung nicht zu einer Ausweitung der Datenbasis, sondern zu deren Reduzierung, zumindest dann, wenn nicht der technische Bereich der unmittelbaren Produktionssteuerung betrachtet wurde. Informationen aus solchen Controllingsystemen wurden seitens der Unternehmensleitungen auch keineswegs vermisst. Die durchweg mittleren Unternehmen, die untersucht wurden, wurden von den Mitarbeitern der dispositiven Ebene als so überschaubar dargestellt, dass Schwachpunkte in der Unternehmenstätigkeit auch ohne einen dokumentarischen Umweg erfasst würden. Die Folge in der Unternehmenspraxis war ein überwiegend an den technisch-produktiven Anforderungen der Güter- und Leistungserstellung orientiertes Controllingsystem. Zusammengefasst konnte eine Tendenz zu einer Artikelerfolgsrechnung zu variablen Kosten beobachtet werden. Fixkosten wurden nicht verrechnet. Ihre Planung basierte auf Erfahrungswerten. Dies wurde seitens der Unternehmen als ausreichend geschildert, denn ohnehin sei man um eine ständige Kostensenkung bemüht. Eine Kenntnis genauer Beträge liefere keine weiteren Handlungsinformationen. Eine abteilungsbezogene Erfolgsrechnung wurde überwiegend nur in Kontexten von produktnahen Abteilungen durchgeführt, in denen die Aufbauorganisation mit den Produktlinien übereinstimmte.[274]

Kennzahlen in der Unternehmenspraxis

Trotz der hohen Unterschiedlichkeit der betrachteten Unternehmen waren in der Unternehmenspraxis etliche Gemeinsamkeiten zu erkennen. Insbesondere wurde die Bedeutung von Kennzahlen als Führungsinstrument in den betrachteten Betrieben zugunsten der fallweisen Prozessbeobachtung in den Hintergrund gestellt.

---

[274] Ertrag aus Gesprächen mit Mitarbeitern der Studienbetriebe. Aus Gründen der Anonymisierung hier nicht nachgewiesen.

Die Informationsgewinnung in den untersuchten Betrieben war technisch orientiert. Es wurde damit primär das Ziel verfolgt, Abweichungen von Plandaten mit den tatsächlich realisierten Zuständen festzustellen. Dabei spielten die Prozessdaten jedoch eine untergeordnete Rolle. In erster Linie wurden die Abweichungen durch die Beobachtung der Prozesse erfasst. Dadurch wurde der Zeitverzug bis zur Intervention verringert. Prozessveränderungen und Innovationen erfolgten in den betrachteten mittelgroßen Unternehmen aufgrund technologischer Veränderungen. Informationen aus dem Prozesscontrolling waren dabei weniger wesentlich.

Zudem konnte bei den betrachteten Betriebsgrößen noch davon ausgegangen werden, dass die Betriebsleitung über eine gewisse Übersicht über die Prozesszusammenhänge verfügt. Eine quantifizierende Dokumentation wurde von daher als kaum erforderlich angesehen.

Dementsprechend stand zum Zeitpunkt der Untersuchung auch nicht die Erfolgsmessung einzelner Unternehmensbereiche im Mittelpunkt des Unternehmensinteresses. Eine rechnungsmäßige Abgrenzung in Profit Centers wurde daher bisher kaum durchgeführt, in produktnahen Bereichen ergab sie sich jedoch implizit aus der Artikelorientierung des Rechnungswesens im Rahmen einer Kostenträgerrechnung.

Kriterien für die Auswahl

Bei der Sichtung der Datenlage musste notwendigerweise aus dem Datenfundus eine Auswahl nach ihrer Verwendbarkeit für den Untersuchungszweck getroffen werden. So schied die überwiegende Menge an Daten aus der umfänglichen Betriebsdatenerfassung aus, da von diesen kein Erklärungsbeitrag erwartet wurde. Leitend für die Auswahl waren Bausteine für eine Beschreibung des Periodenerfolges der Abteilungen, darüber hinaus Elemente, die möglicherweise einer Variabilität in den in der Mitarbeiterbefragung gemessenen Aspekten wie Sozialkapital und Commitment zugänglich erschienen. Problematisch gestaltete sich die Zugänglichkeit zu direkten Erfolgskennzahlen der Markttätigkeit der Unternehmen. Seitens der Produktionsunternehmen wurde ein Zugriff auf diese nicht gewährt.

9.4.2 Exploration prozessgenerierter Controllingdaten

Für die Analyse der Unternehmensdaten war es notwendig, angemessene Erhebungseinheiten zu bilden. Im Folgenden werden einige grundsätzliche Hinweise zur Vorgehensweise gegeben. Das Vorgehen in den einzelnen Modellbetrieben wird im nachfolgenden Abschnitt beschrieben.

Das in der Untersuchung vorgesehene Studiendesign erforderte die Bildung möglichst vieler angemessener Erhebungseinheiten, also möglichst kleiner Einheiten. Aus Gründen des Datenschutzes für die Mitarbeiter der Unternehmen – und damit letztlich zur Sicherstellung der Mitwirkungsbereitschaft – wurden Einheiten unter sechs Mitarbeitern zusammengefasst. Diese Zahl wird auch für die spätere Präsentation von Ergebnissen einen Grenzwert darstellen: Liegen aus der Befragung weniger als sechs Antworten vor, wird aus Anonymisierungsgründen ein Aggregat mit einer weiteren Gruppe gebildet.

Ein wichtiges Kriterium zur Abgrenzung der Erhebungsgruppen war das Vorliegen von Kennzahlen, die zur Abschätzung der Leistungsfähigkeit der Gruppen herangezogen werden konnten. Je nach Ausprägung des Controllingsystems resultierten daraus teilweise Gruppengrößen erheblichen Umfangs, deren weitere Aufteilung unter diesem Gesichtspunkt nicht sinnvoll gewesen wäre. Da bei der vorgesehenen Überprüfung von Auswirkungen vorliegenden Sozialkapitals Aspekte wie sozialer Zusammenhalt innerhalb einer Abteilung oder die Auswirkungen des Führungsverhaltens von Vorgesetzten von vornherein berücksichtigt werden sollten, waren als weitere Kriterien die räumliche Nähe der Mitarbeiter zueinander sowie die Zuständigkeiten der Führungskräfte zu berücksichtigen. In der Realität können offensichtlich nicht alle diese Anforderungen im gleichen Maße und gleichzeitig erfüllt werden, weshalb in Abstimmung mit den verantwortlichen Vertretern der Unternehmen folgender Prioritätenkatalog angelegt wurde:

Bei der Gruppengröße handelte es sich um ein Ausschlusskriterium. Gruppengrößen unter sechs Mitarbeitern wurden niemals gebildet. Neben grundsätzlichen ethischen Überlegungen war dies auch eine Voraussetzung, um die notwendige Unterstützung bei Mitarbeitern und Belegschaft zu erreichen.

Außerdem war es eine Voraussetzung, dass für die Gruppe prozessproduzierte Kennzahlen vorliegen. Weitere wichtige Aspekte waren die räumliche Nähe der Mitarbeiter bei der täglichen Arbeit sowie nach Möglichkeit eine einheitliche Führung unter der gleichen unmittelbaren Führungskraft, unabhängig davon, ob diese auch formaler Vorgesetzter war oder nicht. Außerdem sollte die ausgeübte Tätigkeit der Mitglieder der Erhebungsgruppe möglichst ähnlich sein. Daneben waren noch besondere Anforderungen hinsichtlich spezieller Interessen der Unternehmen zu berücksichtigen, wie die Bildung von Gruppen analog zu bereits anderweitig durchgeführten Erhebungen wie etwa Mitarbeiterbefragungen. Im Ergebnis lagen unternehmensspezifisch stark unterschiedlich besetzte Gruppen vor, woraus sich auch eine stark variierende Gruppenanzahl ergab. Nicht immer ließ sich die Durchmischung von Mitarbeitern mit unterschiedlichen Aufgaben vermeiden. Ursachen waren die Notwendigkeit des Erreichens entsprechender Gruppengrößen sowie die Datenaggregation der Prozessdaten, die eine weitere Aufschlüsselung nicht zuließ. In solchen Fällen wurde meist auch bei der Befragung der Mitarbeiter auf eine weitere Aufschlüsselung der Gruppen verzichtet.

Letztlich handelte es sich bei der Bildung der Erhebungsgruppen um einen Aushandlungsprozess zwischen den verschiedenen Anspruchsgruppen aus der Wissenschaft und den kooperierende Betrieben sowie einem Ausgleich zwischen den verschiedenen wissenschaftlich-methodischen Ansprüchen. Für jede Erhebungseinheit wurde nach dem Vorliegen angemessener teilbetrieblicher Kennzahlen gesucht, mit denen ein Vergleich der Abteilungsergebnisse durchgeführt werden sollte.

Obgleich in allen Unternehmen ein ERP-System zum Einsatz kam, war es überwiegend nicht möglich, die Abfragen für die vorliegenden Zwecke zu automatisieren. In den Produktionsunternehmen war durchweg die Software SAP R/3 in Verwendung, im Falle des Fleischwarenherstellers in Verbindung mit einem mächtigen Instrument zur Produktionsdatenerfassung. Bei dem Unternehmen E war das ERP-System Lotus Notes eingeführt, das im Personalbereich mit einem Modul aus SAP R/3 ergänzt wurde. Maßgeblich für die Systemwahl waren im letzteren Fall Pfadabhängigkeiten zu den Systemen verbundener Geldinstitute, durch die auch ein großer Teil der Datenauswertungen übernommen wurde. Die Datenhaltung allerdings erfolgte in dem Unternehmen selbst.

Es bestand in den Unternehmen überwiegend keine Instanz, die in der Lage war, alle Daten ohne weiteres zusammenzustellen. In keinem der Unternehmen wurde das Konzept eines Data Warehouse oder dergleichen verfolgt. Die Daten wurden daher von Mitarbeitern der verschiedenen Abteilungen durch händische Abfragen abgerufen.

Als Zeitraum für die Datenerhebung wurde die zur Mitarbeiterbefragung zeitnahe Periode von Juni bis August 2006 gewählt und für Informationen, die den Unternehmen erst mit dem Jahresabschluss vorliegen, das im Sommer 2006 laufende Geschäftsjahr.

9.4.3 Identifizierte Kennzahlen

Trotz der Unterschiede der vorgefundenen betrieblichen Rechnungssysteme ließen sich die Kennzahlen in direkte monetären Kennzahlen, abgeleitete monetäre Kennzahlen und Abweichungsanalysen gliedern.

Direkte monetäre Kennzahlen

Direkte monetäre Kennzahlen beschreiben den Kernbereich der Fragestellung der vorliegenden Untersuchung. Durch diese werden zumindest Teile des Periodenerfolges dargestellt. Da eine Gewinn- und Verlustrechnung für die einzelnen Bereiche in keinem der Unternehmen durchgeführt wird, bleibt als direkte monetäre Kennzahl die den Unternehmen bekannt ist, nur der Deckungsbeitrag 1. Diese Kennzahl lag in zwei der Kooperationsunternehmen für produktive Bereiche vor. Die Berechnung als Nettoerlös je Produktart ./. variablen Kosten je Produktart liefert den Ertrag, der zur Deckung der Gemeinkosten, die bei der Fertigung des betrachteten Produkts entstehen, verfügbar ist. Selbstverständlich liefert diese Kennzahl keine eindeutige Aussage. Die Diskussion um die Vor- und Nachteile diese Kennzahl füllt Bibliotheken und Lehrbücher. Auf einige wichtige externe Einflussfaktoren sei hingewiesen: So ist der Erlös für verschiedene Produkte auch nach Deckung der Kosten schwankend, mit einigen Produkten ist mehr zu verdienen als mit anderen. Die Abgrenzung zwischen variablen und fixen Kosten kann in der Betriebspraxis verschieden gehandhabt werden, und letztlich bleibt es auch offen, wie eng eine Produktart abzugrenzen ist.

Mitarbeiter unterschiedlicher Motivationsstruktur und unterschiedlicher gesundheitliche Ausstattung können als differenzierte Produktionsfaktoren gesehen werden, was zu jeweils verschiedenen Faktorkombinationen führt. Das sollte sich wiederum auf die Art des Produktes auswirken. Innerhalb der industriellen Fertigungsverhältnisse steht hierbei als Parameter die Produktqualität zu Verfügung. In drei der Unternehmen wurden dementsprechend Fehlerkosten erhoben, die sich aus den Kosten für Nacharbeiten und Reparaturen ergaben. Andere Auswirkungen auf die Qualität der Produkte lassen sich allerdings weniger leicht monetär umrechnen und sind dementsprechend unten als nichtmonetäre Kennzahlen aufgeführt.

Abgeleitete monetäre Kennzahlen

Abgeleitete monetäre Kennzahlen sind solche, deren monetäre Auswirkung entweder nicht unmittelbar in Geldgrößen darstellbar sind oder deren monetäre Auswirkungen in einer nicht näher bestimmten Zukunft liegen und zudem nicht eindeutig bestimmbar sind. Meist handelt es sich in diesem Falle um investive Faktoren, die einen zukünftigen Ertrag befördern. Zu den abgeleiteten monetären Kennzahlen gehören die Kennzahlen zur Faktorauslastung und Investitionskennzahlen.

Kennzahlen zur Faktorauslastung

Im vorliegenden Zusammenhang wird vorwiegend der Faktor Arbeit betrachtet. Eine übermäßige Auslastung kann zu Ausfällen führen, die sich im Unfall- und Krankheitsgeschehen niederschlagen. Es handelt sich dabei um eine nachlaufende Zahl, die häufig betrachtet wird. Trotz umfassender Ansätze zur monetären Bewertung resultierender Fehlzeiten,[275] ist das Problem bisher allenfalls näherungsweise gelöst. Selbstverständlich kann die Belastung in Teilaspekten mit hoher Sicherheit ermittelt werden. Damit lässt sich eine Un-

---

[275] S. Zangemeister 2000, s. Bundesanstalt für Arbeitsschutz und Arbeitsmedizin (Dortmund) 2007, s. Kollerer 1978.

tergrenze der Belastung ermitteln. Für den Krankheitsfall ergibt sich diese aus den Kosten der Lohnfortzahlung und bei Zuständigkeit der Unfallversicherung aus der Zuordnung zu Beitragsklassen mit den entsprechenden Auswirkungen auf die Höhe der Beitragszahlungen.

Investitionskennzahlen

Investitionskennzahlen bezeichnen Aufwendungen zur Sicherstellung der Unternehmenstätigkeit in der Zukunft. In der vorliegenden Stichprobe lagen in vier Unternehmen Informationen über die Beteiligung von Mitarbeitern an kontinuierlichen Verbesserungsprozessen (KVP) vor. Im Rahmen von KVP findet regelmäßig eine Bewertung der eingebrachten Verbesserungsvorschläge statt, aufgrund der Prämienzahlungen erfolgen. Somit liegen Daten aus der Einschätzung des Ertrags aus solchen KVP vor.

Die freiwillige Fluktuation von Mitarbeitern kann als ein Akt der Desinvestition betrachtet werden. In den betrachteten Unternehmen wurden daraus entstehende Kosten bisher zwar nicht berechnet, gewisse Untergrenzen ließen sich aber analog zu den Kosten aus Ausfällen wegen Krankheit und Unfall monetär berechnen.[276] Fluktuationsdaten lagen in allen Unternehmen vor.

Nichtmonetäre Kennzahlen

Nichtmonetäre Kennzahlen sind solche, die zwar einen Erklärungsbeitrag zum Erfolg eines Betriebes liefern, der jedoch nicht durch Umrechnung in Geld quantifizierbar ist. Durch diese Daten können Hypothesen allenfalls gestützt werden. In diesen Bereich fallen auch solche Daten, für die die Wirkungszusammenhänge unklar sind. Dazu gehören etwa die Beteiligung an Ideenbörsen im Unternehmen, die Beteiligung der Mitarbeiter an außerdienstlichen Aktivitäten sowie die bei einem Unternehmen der Studie vorkommende Möglichkeit zu einem Erwerb von Unternehmensanteilen. die Beteiligung an Maßnahmen der Betrieblichen Gesundheitsförderung, die wegen bisher ungenauer Effektivitätsnachweise noch nicht monetär bewertet

---

[276] S. z. B. Greiner 1996.

werden können.[277] Diese Kennzahlen können zusammengenommen Indikatoren für ein Commitment mit dem Unternehmen sein; ihre Auswirkungen auf die Produktivität sind allerdings unklar.

Ebenfalls nichtmonetär sind Kennzahlen zur Qualität der Produktion, sofern sie nicht bereits oben als monetär bewertbar aufgeführt sind. Einer direkten monetären Bewertung entzieht sich in diesem Bereich etwa die Kundenzufriedenheit, die jedoch nur für ein Unternehmen und für einzelne Abteilungen vorliegt oder Prozessfehler, die sich nicht unmittelbar auf das Arbeitsergebnis auswirken.

Abweichungsanalyse

Bei der Abweichungsanalyse wird ein erzieltes Periodenergebnis zu vorher festgelegten Zielen in Beziehung gesetzt. Ein klassisches Beispiel ist die Beschäftigungsabweichung bei der Plankostenrechnung. Kennzahlen der Abweichungsanalyse können der Monetarisierbarkeit dabei mehr oder weniger nahe stehen.

Die Ziele sind dabei aus Vergangenheitswerten abgeleitet oder auch mehr oder weniger ambitioniert gesetzt. In den betrachteten Industrieunternehmen waren durchweg Vergangenheitswerte maßgeblich, nur das Dienstleistungsunternehmen verfolgte eine herausfordernde Zielsetzung. Planzahlen liegen für die produktiven Bereiche der Unternehmen vor. Auf der individuellen Ebene der Arbeitnehmer handelt es sich um das Erreichen von Akkordrichtsätzen, die in praxi nur mit geringer Variabilität behaftet sind. Für diese Bereiche werden auch Abweichungsanalysen erstellt, mit denen die Beschäftigungsabweichung ermittelt wird. Dabei wird der Materialeinsatz teilweise nicht mit berücksichtigt, um den Einfluss von Preisabweichungen zu reduzieren. Die Abweichungsarten lassen sich jedoch sowohl theoretisch und mehr noch praktisch kaum abgrenzen.

---

[277] Vgl. Kreis, Bödeker 2003, vgl. Eberle et al. 2005.

9.4.4 Rechnungssysteme in den untersuchten Betrieben

Die Rechnungssysteme der untersuchten Betriebe unterschieden sich in zwei Hauptbereichen: Hinsichtlich der Aufbauorganisation, der Zuordnung zu Kostenstellen sowie den tatsächlich verfügbaren Kennzahlen. Da in keinem der Betriebe etwa eine Gliederung in Profit Center vorlag, bestand keine aufbaustrukturelle Abgrenzung, die sich dem Betrachter unmittelbar aufdrängte. Außerdem war zu berücksichtigen, inwiefern vorgesehene Gliederungen und Strukturen tatsächlich in die Praxis umgesetzt werden. So werden etwa Mitarbeiter, die eindeutig einer Gruppe in der Aufbauorganisation zugeordnet sind, tatsächlich an anderer Stelle eingesetzt oder in einer anderen Kostenstelle geführt. Die Gründe dafür können vielfältig sein, gelegentlich sind sie auch nur historischer Art oder hierarchiebedingt.

In den Kooperationsbetrieben konnte eine Fülle von Kennzahlen beobachtet werden, die jedoch keineswegs stets nach dem gleichen Schema erhoben wurden. Dennoch handelt es sich meist um ähnliche Konstrukte, die durch die Kennzahlen erklärt werden sollen. Um diesen Zusammenhang zu verdeutlichen, werden die Kennzahlen im Folgenden nach dem Gliederungsschema einer generischen Balanced Scorecard dargestellt. Diese Gliederung erscheint für einen überbetrieblichen Vergleich angemessen, da ähnliche Fragestellungen verglichen werden sollen, für die nicht davon ausgegangen werden kann, dass exakt die gleichen Kennzahleninstrumente vorliegen. In der Darstellung mit der Balanced Scorecard wird deutlich, welche Kennzahlen verwandte Konstrukte messen.

Zudem lagen die Kennzahlen für die Betriebe in jeweils unterschiedlicher Aggregation vor: teilweise nach Gruppen, die auch mit den Erhebungsgruppen kongruent waren, teilweise aber auch nur nach übergeordneten Einheiten.

Exkurs: Balanced Scorecard

Die Balanced Scorecard (BSC) wurde Anfang der 1990er Jahre durch Kaplan und Norton[278] als Steuerungsinstrument für Unternehmen entwickelt. Leitend

---

[278] S. Kaplan, Norton 1997, zuerst als: Kaplan, Norton 1996.

war dabei die Erkenntnis, dass eine Unternehmenssteuerung anhand von finanziellen Kennzahlen zum einen nur vergangenheitsorientiert ist und zum anderen Potenziale, die in der Zukunft wertschöpfend sein können, nicht darstellen kann.[279] Die Balanced Scorecard verbindet die Ziele und Prozesse des klassischen Rechnungswesens mit einer Beobachtung und Identifikation strategischer Potenziale.

Damit ist die BSC auch ein Managementinstrument zur Ausführung einer Unternehmensstrategie. Aus einer entwickelten Unternehmensstrategie lassen sich mittels der BSC spezifische strategische Ziele ableiten, die mit einer der jeweiligen Stelle des Unternehmens angemessenen Messgrößen- und Zielwertkombination versehen werden. Die Anzahl der definierten Ziele bildet einen Kompromiss zwischen der Komplexität der Unternehmensstrategie und den Anforderungen nach Übersichtlichkeit. Horváth und Partner[280] nennen eine Anzahl von mindestens 15 bis höchstens 25 Zielen, um die Komplexität bei gleichzeitiger Steuerbarkeit angemessen abzubilden.

Ganz ähnlich wie bei der Kennzahlenentwicklung für die vorliegende Studie sind für eine BSC die ermittelten Ziele in Kennzahlen messbar zu machen, Vorgaben für die zu erreichenden Ziele festzulegen und zielführende Maßnahmen zu identifizieren und zu implementieren. Für verschiedene Stellen und Hierarcheebenen sind jeweils geeignete Operationalisierungen der jeweiligen Ziele in Kennzahlen zu ermitteln, die dem Einflussbereich der Stelle und des Mitarbeiters entsprechen.

Herkömmlich werden in der Balanced Scorecard neben der Finanzperspektive drei weitere Perspektiven betrachtet: die Kundenperspektive, die Perspektive der inneren Geschäftsprozesse und die Lern- und Entwicklungsperspektive. Ausdrücklich ist auch die Einbindung weiterer unternehmensspezifischer Perspektiven vorgesehen.[281]

---

[279] S. auch Stoll 2003, S. 78–81.
[280] S. Horváth & Partner GmbH 2001, S. 142.
[281] S. Kaplan, Norton 1997, S. 9.

Der Finanzperspektive kommt in erwerbswirtschaftlichen Unternehmen eine besondere und doppelte Bedeutung zu. Sie ist zum einen das Endziel der anderen Perspektiven, zum anderen wird hier die finanzielle Leistung definiert, die als Ergebnis der Unternehmensstrategie erwartet wird. Die Zielsetzungen in dieser Perspektive werden sich oftmals aus den Erwartungen der Kapitalgeber ergeben. Auch hier werden neben den Zielen auch Maßnahmen in die BSC aufgenommen.

Die Kundenperspektive berücksichtigt die Anforderungen einer Anspruchsgruppe. In dieser Perspektive werden die Marktsegmente festgelegt, in denen der Marktauftritt stattfinden soll. Daraus ergeben sich Ziele zur Leistung in diesen Marktsegmenten. Dabei werden sowohl Anspruchshaltungen der Kunden (wie Zufriedenheit) festgelegt als auch Kennzahlen der Prozesskette, die erwartungsgemäß die Anspruchshaltung befriedigen und damit längerfristig einen Wettbewerbsvorteil, die Haltung oder Ausweitung von Marktanteilen ermöglichen. Auch strategische Zielsetzungen mit Kundenbezug können hier formuliert werden, etwa zur Neukundengewinnung oder Haltung von Bestandskunden.

Die „Prozessperspektive", die Perspektive der internen Geschäftsprozesse, dient neben der Überwachung bestehender Prozesse auch der Identifikation neuer Prozesse, die zur Zielerreichung finanznäherer Zielsetzungen (etwa der Kundenperspektive oder Finanzperspektive) dienen. Unter den vielen Unternehmensprozessen gilt es hier bei der Auswahl, die maßgeblichen für die Erreichung der strategischen Ziele zu identifizieren. In der Prozessperspektive werden auch Innovationsprozesse geführt. Auch hier sind somit kurz- und längerfristige Zielsetzungen kombiniert.

In der letzten der generischen Perspektiven, der Potenzialperspektive (oder auch Lern- und Entwicklungsperspektive) werden Zielsetzungen betrachtet, die die für die Zielerreichung der weiteren Perspektiven notwendige Infrastruktur bereitstellen. Betont wird hier häufig die Bedeutung von Investitionen in Humankapital, in Mitarbeitermotivation oder Informationstechnologie.

Zusammengefasst bietet eine Balanced Scorecard die Möglichkeit zu einer integrierten Betrachtung von Kennzahlen, die ähnliche Sachverhalte oder Potenziale für ähnliche Ziele darstellen.

An dieser Stelle stellt sich die Frage, an welcher Stelle Kennzahlen zum Betrieblichen Gesundheitsmanagement (BGM) hinsichtlich der Ausstattung mit und der Bildung von Sozialkapital sowie der Mitarbeitergesundheit allgemein in das Instrument eingebunden werden können.

Dazu sind grundsätzlich drei Möglichkeiten denkbar, die spezifische Vor- und Nachteile aufweisen.[282] Zum einen kann das Betriebliche Gesundheitsmanagement als eine fünfte Entwicklungsperspektive in die Balanced Scorecard aufgenommen werden (s. Abb. 10 „Möglichkeit 1"). Dafür spricht, dass dem Thema Betriebliches Gesundheitsmanagement damit eine hohe und sichtbare Bedeutung zugemessen wird. Bei der Integration in die gesamte Balanced Scorecard kann sich dabei allerdings eine Neigung zum Sektordenken entwickeln, die der Implementierung eines Betrieblichen Gesundheitsmanagements nachteilig wäre. Eine weitere Möglichkeit ist es, den Komplex Betriebliches Gesundheitsmanagement der Potenzialperspektive zuzuordnen (s. Abb. 10 „Möglichkeit 2"). Dafür sprechen der hohe Innovationsgrad des Betrieblichen Gesundheitsmanagements im Unternehmen sowie der ausgeprägte Potenzialcharakter von Investitionen in diesem Bereich.[283]

In der vorliegenden Untersuchung wurden die Kennzahlen anders gegliedert. Führend war hierbei der Gedanke, dass das Betriebliche Gesundheitsmanagement bei allen betrachteten Bereichen als ein Teil der Unternehmensstrategie zu berücksichtigen ist (s. Abb. 10 „Möglichkeit 3"). Nachteilig ist dabei vielleicht die geringere Sichtbarkeit des Anliegens, vorteilhaft aber der hohe Stellenwert, der ihm zugeordnet wird.

Mit der generischen Balanced Scorecard – also ihrer Standardform – werden nachfolgend die vorgefundenen Kennzahlen, die einen Bezug zur Ausstat-

---

[282] S. Wellmann et al. 2006.
[283] S. Ueberle, Wellmann 2005, S. 56–57.

tung mit Sozialkapital aufweisen, nach inhaltlichen Gesichtspunkten gegliedert.

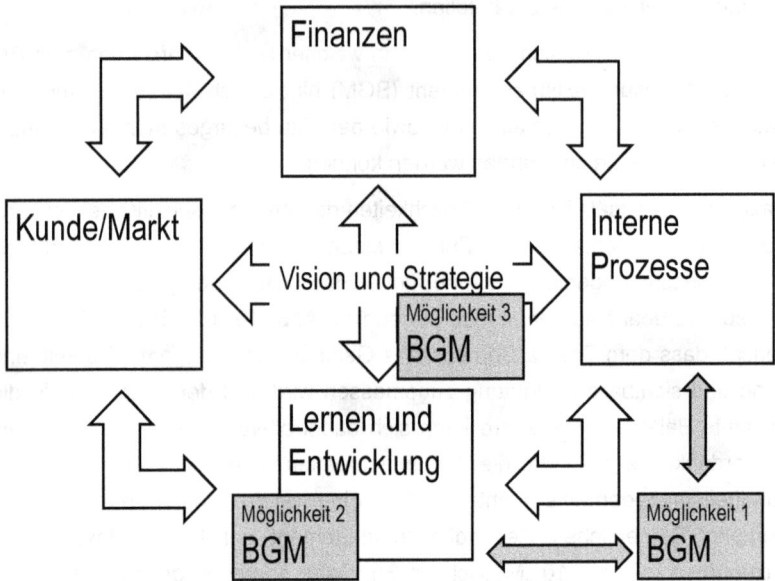

Abb. 10: Balanced Scorecard
Generische Balanced Scorecard mit den drei Möglichkeiten zur Integration der Perspektive des Betrieblichen Gesundheitsmanagements (BGM).[284]

9.4.4.1 Das Rechnungssystem im Unternehmen C

Das Unternehmen ist vorwiegend mit der Herstellung von Rollstühlen und Rollstuhlkomponenten befasst. Die nichtproduktiven Aufgaben werden überwiegend von anderen Bereichen des Konzerns wahrgenommen und sind daher hier nicht aufgeführt.

Abteilungsbezogen wird für die produktiven Abteilungen eine Plankostenrechnung auf Erlösbasis durchgeführt. Kostenseitig werden Produkte nach einem Zielkostenverfahren kalkuliert. Dazu werden Faktorpreise aus Vor-

---

[284] Verändert nach Ueberle, Wellmann 2005, S. 57.

periodenwerten aus dem Betriebsabrechnungsbogen herangezogen. Die variablen Herstellkosten setzen sich im Wesentlichen aus den Kostensätzen nach Betriebsabrechnungsbogen[285] (BAB) multipliziert mit der aufgewendeten Zeit zuzüglich der Materialkosten zusammen. Gemeinkosten werden pauschal zugeschlagen. Für die einzelnen Chargen sind zudem die Vergangenheitswerte für Verkaufspreise abzüglich erlösmindernder Faktoren – überwiegend Frachtkosten – bekannt.

Diese Rechnung wird allerdings nicht zu einer Deckungsbeitragsrechung oder sonstigen Erfolgsrechnung für die verschiedenen produktiven Abteilungen ausgebaut. Eine solche Erfolgsrechnung wird nach Aussage des Geschäftsführers nicht für sinnvoll gehalten, da die erzielten Erlöse primär von der Marktlage und Wettbewerbssituation abhingen und die produktiven Abteilungen darauf kaum Einfluss hätten. Es ist jedoch festzuhalten, dass damit letztlich unbekannt bleibt, welchen Anteil einzelne Unternehmensteile zu dem Erfolg des Gesamtunternehmens beitragen; der Periodenerfolg des Gesamtunternehmens ergibt sich aus den summierten Geldströmen. Allerdings wird im Unternehmen auftragsbezogen eine Plannachkalkulation durchgeführt, die im Grunde Aufschluss über die Abteilungserfolge geben könnte. Diese Daten werden bisher allerdings nicht genutzt, insbesondere sind die Informationen aus der operativen Nachkalkulation für die Unternehmenssteuerung nicht verfügbar. Notwendig wäre dazu eine Aggregation der einzelnen Auftragsdaten. Wesentliche Ansätze einer abteilungsbezogenen Erfolgsrechnung könnten in diesem Unternehmen also ohne Aufwand bei der Datengenerierung und geringem Aufwand bei der Verarbeitung der Daten implementiert werden. Um Aussagen über die Effizienz einzelner Arbeitsgruppen zu treffen, müssen daher Hilfswerte herangezogen werden.

---

[285] Der Betriebsabrechnungsbogen dient der Aufschlüsselung von Gemeinkosten auf Hauptkostenstellen. Er ist die Voraussetzung für die Weiterwälzung der Gemeinkosten auf die Kostenträger. Im vorliegenden Fall wird die Betriebsabrechnung rechnergestützt geführt und die traditionelle Darstellung des BAB dient nur zur Veranschaulichung und Nachvollziehbarkeit der verwendeten Kostenverrechnungsschlüssel.

Die verfügbare Datenlage wird hier in der Gliederung der Normalperspektiven der Balanced Scorecard aufgeführt. Es folgt eine Erläuterung der einzelnen Kennzahlen, deren Aussagekraft schließlich diskutiert wird.

Vorgefundene Kennzahlen im Unternehmen C

Finanzperspektive

- Produktivität
- Produktivitätssteigerung

Kundenperspektive

- Kundenzufriedenheit

Prozessperspektive

- Termintreue
- Fehlerkosten

Potenzialperspektive

- Krankenstand
- Unfälle
- Betriebliches Vorschlagswesen „Sparunternehmen"[286]
- Betriebliches Vorschlagswesen „Schlauunternehmen"[287]
- Teilnahme an freiwilligen außerbetrieblichen Veranstaltungen der Betrieblichen Gesundheitsförderung
- Freiwillige Fluktuation
- Unfreiwillige Fluktuation
- Ältere Ergebnisse einer Gesundheitsumfrage
- Ältere Ergebnisse einer Umfrage zur Mitarbeiterzufriedenheit

Details zur Finanzperspektive

Die Produktivität wird berechnet als

> Ist-Aufwand/Produktionszeit

im Vergleich zum Referenzzeitraum 1996, die entsprechende Formel ist

$$\text{Produktivität}_{t\,=\,1}/\text{Produktivität}_{t\,=\,1996}$$

---

[286] Im Original mit der Firma bezeichnet, hier anonymisiert.

[287] Im Original mit der Firma bezeichnet, hier anonymisiert.

d. h. die aktuelle Produktivität dividiert durch diejenige für das Basisjahr 1996. Die Kennzahl liegt nur für solche Gruppen vor, die unmittelbar produktiv sind. Bei dieser Kennzahl handelt es sich um den Kernindikator für die Produktionssteuerung des Unternehmens. Die „Produktionszeit" wird zur Berechnung über Perioden hinweg konstant gehalten, wodurch Vorgabezeiten zum Zeitpunkt der letzten grundlegenden technologischen Veränderung in dem betrachteten Produktionsbereich erhalten bleiben; sie ist jedoch nicht auf ein Basisjahr definiert. Originärer Zweck der Kennzahl ist die Darstellung von Veränderungen zwischen einer oder mehrerer Perioden. Der Wert für die Produktionszeit als solcher ist inzwischen obsolet und hat den Charakter einer Verrechnungseinheit; er dient nur mehr der Normierung.

Die Produktivitätssteigerung wird berechnet als Quotient der Produktivität der laufenden Periode mit der vorangegangenen, die entsprechende Formel ist

$$\text{Produktivtät}_{t\,=\,i} / \text{Produktivität}_{t\,=\,i\text{-}1}$$

Diese Kennzahl liegt ebenso wie die zugrundeliegende Kennzahl Produktivität nur für unmittelbar produktive Bereiche vor. Sie dient ähnlich wie die Kennzahl „Produktivität" zur Darstellungen von Veränderungen im Ressourcenverbrauch, allerdings nur zwischen zwei Perioden. Für Vergleiche zwischen mehreren Perioden bietet sich die Verwendung der Kennzahl Produktivität an.

Details zur Kundenperspektive

Die einzigen expliziten Informationen zur Kundenperspektive entstammen einer Marktstudie, die jährlich durch ein Meinungsforschungsunternehmen durchgeführt wurde. Die Studie basierte auf 542 befragten Zwischenhändlern, die nach Umsatz zu den größten gehören. Überwiegend handelte es sich dabei um große und größere Sanitätshäuser, bei denen jeweils ein „Entscheidungsträger" befragt wurde. Die Befragungsdaten wurden jeweils jährlich vorgelegt (zuletzt 2006) und ermöglichten mit einiger Vorsicht ein Benchmarking gegenüber weiteren führenden Herstellern von Rehabilitationshilfsmitteln. Da überwiegend Serviceaspekte abgefragt wurden, ist der nichtproduktive Bereich beschrieben. Ebenfalls abgefragt wurde die Zufriedenheit mit der Produktqualität insgesamt. Da dabei jedoch nicht auf einzelne Produkte eingegangen wurde, ist eine Zuordnung zu Abteilungen nicht möglich. Nach Aussage des Unternehmens resultieren allfällige Defizite in der Produktqualität überwiegend aus unzureichender Qualität von Zulieferteilen, gefolgt von konstruktiven Schwachstellen. Die unmittelbaren ökonomischen Auswirkungen ergeben sich bei der Kennzahl „Fehlerkosten". Informationen der Kundenperspektive gehen daher in die weitere Analyse nicht ein.

Details zur Prozessperspektive

Unter der Prozessperspektive liegen Daten über die Lieferfähigkeit zu verschiedenen Zeitpunkten sowie Fehlerkosten aus dem Produktionsprozess vor. Schwankungen in der Lieferfähigkeit haben ihre Ursache entweder in Schwankungen der Marktnachfrage oder suboptimaler Prozessgestaltung. Die Lieferfähigkeit wird berechnet als der periodengewichtete Anteil der Aufträge mit Verzug an den gesamten Aufträgen. Die Zahl liegt nur für die Montagebereiche vor, nicht für Arbeitsgruppen in der Vorfertigung. Wegen der Organisation der Produktion in teilautonomen Arbeitsgruppen wirken sich solche Schwankungen unmittelbar auf die Beschäftigung der Mitarbeiter aus. Die Kennzahl steht damit im Zusammenhang mit der weiteren Kennzahl aus der Prozessperspektive, den Fehlerkosten. Diese beinhaltet die Kosten für Nachbesserung und Garantieleistungen; da diese für einzelne Produkte anfallen, können die Kosten einzelnen Arbeitsgruppen der Montagebereiche zugeordnet werden. Um eine Vergleichbarkeit herzustellen, wird diese Kennzahl sinnvollerweise auf die Anzahl der Beschäftigten bezogen. Ihr Schwachpunkt ist die unterschiedliche Fehlergeneigtheit der Produktionen. So ist anzunehmen, dass komplexe Produkte eher zu Fehlerkosten führen werden als einfachere. Außerdem ist nicht bekannt, welche Nachbesserungsquote als wirtschaftlich optimal anzusehen ist, da auch aus der Fehlervermeidung Aufwand entsteht.

Details zur Potenzialperspektive

Die Potenzialperspektive ist verhältnismäßig besser abgedeckt, was auch daran liegt, dass diese Kategorie als Sammelbecken für Personalkennzahlen dient. Eine traditionell gut dokumentierte Kernkennzahl ist der Krankenstand. Da die Krankenstände in den letzten Jahren allerdings generell sinken und auch Sockeleffekte bestehen, ist die Aussagekraft dieser Kennzahl begrenzt. Im Unternehmen C bestehen neben den unterstützenden Aktivitäten im Gesundheitsschutz besondere Anreize, den Krankenstand gering zu halten. Zum einen besteht eine Vereinbarung mit der zuständigen Innungskrankenkasse über Beitragsnachlässe bei unterdurchschnittlichen Fehlzeiten, mit der Maßgabe, die freiwerdenden Mittel für den Gesundheitsschutz der Mitarbeiter einzusetzen. Zum anderen führt die Teamorganisation in teilautonomen Arbeitsgruppen mit auslastungsabhängiger Arbeitszeit zu einem Ausgleich der ausfallenden Arbeitsstunden innerhalb der Arbeitsgruppe. Ähnlich verhält es sich mit dem Unfallgeschehen. Insgesamt ist festzustellen, dass sich der Arbeitsschutz hier wie in anderen Unternehmen so weit entwickelt hat, dass Unfälle mit gravierenden Auswirkungen nicht in statistisch auswertbarer Anzahl auftreten.

Etabliert sind Instrumente des Betrieblichen Vorschlagswesens, mit dem die Erfahrung und Kreativität der Mitarbeiter für die Optimierung der betrieblichen Prozesse und Produkte nutzbar gemacht werden soll. Zwei Modelle bestehen dabei parallel. Das Programm „Sparunternehmen" basiert auf Planerfüllungsdaten. Das bedeutet, dass die Menge der Verbesserungsvorschläge für die Dauer einer Periode als Zielvorgabe für die Arbeitsgruppen vereinbart wird, deren Erfüllung überprüft werden kann. Grundgedanke ist, dass die Verbesserung von Prozessen zu den regelmäßigen Aufgaben der Mitarbeiter gehört. Die Zielerreichung wird anhand einer sechsstufigen Skala bewertet. Verbesserungsvorschläge, die nicht in das Arbeitsgebiet des Mitarbeiters fallen, können im Rahmen des KVP-Programms „Schlauunternehmen" berücksichtigt werden. Bisher wurden Verbesserungsvorschläge in diesem Programm individuell vergütet, sofern sie angenommen wurden. Mit Einführung des Rahmentarifvertrags Entgelt-Rahmenabkommen (ERA) wird diese Vergütung entfallen. Begründet wird dies mit der neu eröffneten Möglichkeit, leistungsbezogene Bestandteile bereits im Entgelt zu berücksichtigen.

Als eine Kennzahl, die eventuell Rückschlüsse auf die Verbundenheit mit dem Unternehmen zulässt, wurde die Beteiligung an außerbetrieblichen Veranstaltungen erhoben. Es liegen Informationen über die Teilnahme an abteilungsbezogenen außerbetrieblichen Aktivitäten sowie einer außerbetrieblich organisierten Weihnachtsfeier vor. Beides wird von Unternehmensmitarbeitern in ihrer Freizeit organisiert und durch das Unternehmen nicht unterstützt. Diese Aspekte kennzeichnen den Grenzbereich zwischen den Settings Betrieb und Wohnumfeld. Eindeutig der betrieblichen Sphäre zuzurechnen ist dagegen die Beteiligung der Mitarbeiter an Maßnahmen der Betrieblichen Gesundheitsförderung. Überwiegend handelt es sich dabei um verhaltenspräventive Angebote wie Sportgruppen. Diese Angebote sind auch Teil der Vereinbarung mit der zuständigen Innungskrankenkasse. Unter anderem fließen hierhin Gelder aus den Beitragsnachlässen, die sich aus einem verringerten Krankenstand ergeben. In den genannten Aktivitätsbereichen liegen absolute Teilnehmerzahlen vor, die in Verhältnis zu den Mitarbeiterzahlen der teilautonomen Arbeitsgruppen gesetzt werden können. Es sind keine Informationen über die Intensität der Teilnahmen vorhanden.

Daneben liegen absolute Zahlen über die Fluktuation der Mitarbeiter vor, die wiederum in Beziehung zur Mitarbeiterzahl gesetzt wird. Dabei kann zwischen „freiwilliger" und „unfreiwilliger" Fluktuation unterschieden werden. „Freiwillig" ist dabei die Auflösung des Arbeitsverhältnisses seitens des Arbeitnehmers. Der Übergang in den Ruhestand mit Eintritt des gesetzlichen Rentenalters wird nicht als freiwillig angesehen, da eine Weiterarbeit arbeitsvertraglich ausscheidet.[288] Entsprechend liegen auch Daten für „unfreiwillige" Fluktuation vor.

9.4.4.2 Das Rechnungssystem im Unternehmen D

Das Produktionsunternehmen wird durch die Führungsmannschaft des Schwesterunternehmens C mitgeleitet und es werden die gleichen Controlingmechanismen angewandt. Bedingt durch die geringe Größe des Unternehmens und dadurch, dass der Schwerpunkt der Aufmerksamkeit bei den

---

[288] Als Folge ist auch der Übergang in Altersteilzeit im Blockmodell erst ab einem Block von über drei Jahren ohne Tätigkeitsausübung als freiwillige Fluktuation einzuschätzen, in anderen Fällen handelt es sich um einen zum Erhebungszeitpunkt üblichen Übergang in den Ruhestand, der durch das Unternehmen für eine vorgezogene Personalreduzierung genutzt wird.

beteiligten Protagonisten eindeutig am Standort der Muttergesellschaft liegt, wird das Controlling insgesamt weniger stringent durchgeführt; es wird nur ein Teil der Kennzahlen erhoben.

Vorgefundene Kennzahlen im Unternehmen D

Finanzperspektive

- Produktivität
- Produktivitätssteigerung

Kundenperspektive

Keine

Prozessperspektive

- Termintreue
- Fehlerkosten

Potenzialperspektive

- Krankenstand
- Unfälle
- Kontinuierlicher Verbesserungsprozess „Sparunternehmen" (Betriebliches Vorschlagswesen)
- Kontinuierlicher Verbesserungsprozess „Schlauunternehmen" (Betriebliches Vorschlagswesen)
- Teilnahme an freiwilligen außerbetrieblichen Veranstaltungen der Betrieblichen Gesundheitsförderung
- Freiwillige Fluktuation
- Unfreiwillige Fluktuation

Details zu den Perspektiven

Bei gleichem Rechnungssystem gelten die für den Betrieb C gmachten Ausführungen.

9.4.4.3 Das Rechnungssystem im Unternehmen B

Bei dem Unternehmen handelt es sich um eine produktive Tochtergesellschaft der Holding am gleichen Standort. Trotz abweichender formaler Organisation gehen ebenso wie im oben dargestellten Fall der Firma C überwiegend produktive Bereiche in die Betrachtung ein. Ein großer Teil der nichtproduktiven Tätigkeiten insbesondere der dispositive Faktor ist bei der Holdinggesellschaft angesiedelt.

Die Erhebungszeiträume sind beim Unternehmen B leicht abweichend, Daten liegen durchweg als Durchschnittswert für die Monate Juni bis August 2006 vor. Das Geschäftsjahr geht von Oktober bis September. Auf Wunsch des Unternehmens wurden die Erhebungsgruppen im Vergleich groß gehalten. Im Fertigungsbereich etwa bildet eine Produktionslinie eine Gruppe der Erhebung.

Vorgefundene Kennzahlen im Unternehmen B

Finanzperspektive

- Beschäftigungsabweichung

Kundenperspektive

Keine

Prozessperspektive

- Zeitgrade
- Fehlerkosten

Potenzialperspektive

- Unfallneulast
- Anteil Zeichner bei der Mitarbeiterbeteiligungsgesellschaft
- Einsparungen aus dem betrieblichen Vorschlagswesen pro Mitarbeiter
- Krankenstand
- Arbeitsunfälle
- Freiwillige Fluktuation
- Unfreiwillige Fluktuation
- Schulungstage pro Mitarbeiter

Details zur Finanzperspektive

Beim Unternehmen B ist ein Planungssystem auf Basis einer Grenzplankostenrechnung etabliert. Fixkosten werden über die Beschäftigungsabweichung berücksichtigt. Charakteristisch ist bei dieser Kennzahl, dass positive Werte eine Überbeschäftigung und negative eine Unterbeschäftigung darstellen, jeweils bezogen auf einen prognostizierten Beschäftigungsgrad. Dieser wird anhand der Marktlage viermonatlich geschätzt. Die Beschäftigungsabwei-

170

chung gibt denjenigen Teil der (fixen) Kosten an, der nicht mittels der verrechneten Plankostensätze auf Kostenträger verrechnet wurde; es handelt sich um eine kalkulatorische Unter- oder Überdeckung. Bei Annahme über korrekte Schätzung von Plan und Soll gibt die Zahl primär Auskunft über die Faktorauslastung der Arbeit und sollte somit Rückschlüsse auf die Arbeitsbelastung in den Kostenstellen ermöglichen. Aus Gründen der Planungssicherheit werden nach Auskunft des Unternehmens durchweg konservative Annahmen über die Marktentwicklung und das Absatzpotenzial zugrunde gelegt.

Details zur Kundenperspektive

Zur Kundenperspektive liegen keine Daten vor.

Details zur Prozessperspektive

Für Bereiche, in denen eine mengenorientierte Entlohnung vorzufinden ist, liegen Informationen über die erreichten Zeitgrade vor. Der Zeitgrad dient als Grundlage für die Berechnung der Entlohnung und wird als Quotient aus Sollzeit durch Ist-Zeit berechnet. Die Zeitvorgaben werden nach MTM oder Refa-Zeitaufnahme ermittelt, für die Berechnung der Entlohnung werden Leistungsgrade bis maximal 114 Prozent berücksichtigt. Im gewerblichen Bereich setzt sich die Lohnsumme zu etwa vier Fünfteln aus Zeitlohn und etwa einem Fünftel aus mengenbezogenem Leistungslohn zusammen. Als Kennzahl wird das arithmetische Mittel über die Leistungslöhne einer Erhebungsgruppe betrachtet.

Abteilungsbezogen sind außerdem die Fehlerkosten bekannt, die monatlich erhoben werden. Sie werden im Rahmen einer innerbetrieblichen Leistungsverrechnung auf die verursachende Kostenstelle verrechnet. Daneben bestehen noch Informationen zu Fehlerkosten im Prozess, was fehlerhafte Arbeitsergebnisse umfasst. Dies ermöglicht allerdings noch nicht die Zurechnung des Fehlers zur ausführenden Stelle. Er könnte auch in vorgelagerten Prozessen entstehen, etwa durch fehlende Teile oder Qualitätsabweichungen. Die Kennzahl wird auf die Anzahl der Beschäftigten bezogen. Ein Vergleich zwischen unterschiedlichen Erhebungsgruppen ist nur bedingt möglich, da verschiedene Herstellungsprozesse eine unterschiedliche Fehlergeneigtheit aufweisen.

Details zur Potenzialperspektive

Auch beim Unternehmen B sind eher die „weicheren" Kennzahlen aus der Potenzialperspektive verfügbar. Krankenstands- und Unfalldaten liegen auf der Ebene der Arbeitsgruppen vor, ebenso wie Fluktuationsdaten, die in freiwillige und unfreiwillige Fluktuation unterteilt werden. Für letztere ist eine hohe saisonale Abhängigkeit der Beschäftigung zu beachten, was durch einen hohen Anteil an Leiharbeitnehmern ausgeglichen wird. In der produktionsintensivsten Phase im Jahreslauf beträgt der Anteil von Leiharbeitnehmern über ein Fünftel der gesamten Belegschaft.

Für die Stammbelegschaft besteht die Möglichkeit, Anteile an der Mitarbeiterbeteiligungsgesellschaft zu zeichnen. Nach Auskunft des zuständigen Sachbearbeiters schwankt die Zeichnungswilligkeit der Mitarbeiter mit der Verzinsung der Anteile in der Vergangenheit. Es liegen Informationen über die Zeichnungsquote in den einzelnen Erhebungsgruppen vor. Als Anhaltspunkt für die Investition in das Humanvermögen dient als Kennzahl die Anzahl der Schulungstage pro Mitarbeiter und Abteilung.

9.4.4.4 Das Rechnungssystem im Unternehmen A

Im Unternehmen A wird eine schulmäßige Deckungsbeitragsrechnung (Deckungsbeiträge I bis V) durchgeführt, die im Rahmen der vorliegenden Untersuchung jedoch nicht zugänglich war. Dabei findet auch eine Abweichungsanalyse hinsichtlich der Planwerte statt.

Der durchschnittlich über alle Produkte mindestens zu erzielende Deckungsbeitrag ist bekannt und wird monatlich kalkuliert. Die hauptsächlich verwendete Erfolgszahl ist das Verhältnis von Verkaufspreis zu variablen Kosten, letztere bezeichnet als Preisuntergrenze. Die Produktdaten sind im Rahmen des vorliegenden Projekts nicht zugänglich.

Schon seit längerem ist ein ausgearbeitetes PPS-System etabliert, das seit Anfang 2005 mit dem neu eingeführten ERP-System (SAP R/3) verbunden ist. Ausgearbeitete PPS-Systeme sind in der fleischverarbeitenden Industrie üblich, da eine genaue Chargenverfolgung aus gesundheitspolizeilichen Gründen notwendig ist.

Größter Kostenfaktor im Produktionsprozess sind die sehr variierenden Einkaufspreise für Rohstoffe (Fleisch). Die häufigen Preisveränderungen werden daher sehr zeitnah kalkuliert. Dabei findet automatisiert auch eine Äquivalenzziffernbewertung für Faktorsubstitution statt.

Produktivitätskennziffern wie Ausbringungsmenge pro Zeiteinheit werden seit Einführung des ERP-Systems nicht mehr erhoben.

Vorgefundene Kennzahlen im Unternehmen A

Finanzperspektive

Keine

Kundenperspektive

Keine

Prozessperspektive

- Soll-Ist-Abweichung
- Erreichte Zeitgrade

Potenzialperspektive

- Krankenstand
- Unfallgeschehen
- Freiwillige Fluktuation
- Unfreiwillige Fluktuation

Details zur Prozessperspektive

Bei der Prozessperspektive liegen Informationen über die erreichten Zeitgrade für die Mitarbeiter produktiver Bereiche mit mengenbezogener Entlohnung vor. Beim Unternehmen A verlaufen die Prämienzuschläge degressiv und werden schließlich gekappt. Die vorgegebenen Sollzeiten beruhen dabei ausschließlich auf Erfahrungswerten; bei der Neugestaltung oder dem Neuzuschnitt von Stellen werden „straffere" Zeitvorgaben festgelegt. Ähnlich verhält es sich bei den Zielvorgaben im Außendienst. Dessen Entlohnung erfolgt nach dem erzielten Deckungsbeitrag. Im Rahmen dieser Untersuchung flossen aus Geheimhaltungsgründen des Unternehmens nur Umsatzziele ein, die auf Vergangenheitswerten basierten und durchweg erfüllt wurden. Aus der mehrstufigen Deckungsbeitragsrechnung liegen Informationen über Soll-Ist-Abweichungen in produktiven Bereichen vor. Die Sollvorgaben beruhen auf Vergangenheitswerten und umfassen alle Kostenarten, einschließlich Abschreibungen, außer dem Materialeinsatz, der gesondert kalkuliert wird. Letzterer ist nur geringen Schwankungen in der Ausbeute, jedoch starken Schwankungen im Preis unterworfen. Diese Kennzahlen sind damit dem bilanziellen Gestaltungswillen des Unternehmens sehr zugänglich.

Durch die hohe Standardisierung des Produktionsprozesses haben die Mitarbeiter nur geringen Einfluss auf die Beschaffenheit des Endprodukts. Bei der unmittelbaren Produktion wird die Einhaltung der Rezepturen durch das PPS-System überwacht, Fehler aufgrund menschlichen Versagens sind kaum machbar. Allenfalls mechanische Störungen treten mit einer gewissen Häufigkeit auf, die jedoch maschinen- oder hilfsstoffbedingt sind. Bei den Hilfsstoffen bestehen etwa chargenabhängige Qualitätsunterschiede bei Kunstdärmen. Auch die weiteren produktiven Stellen wie die Verpackungslinien sind in den Abläufen hoch mechanisiert und durch den produktiven Mitarbeiter kaum zu beeinflussen. Ein weiteres Hindernis für eine variable Leistung liegt in der taggenauen Produktion: Der Produktionsprozess wird zum Ende eines Werktages vollständig beendet, da das Nahrungsmittel nicht über Nacht in den Produktionsanlagen gelagert werden darf und Räumlichkeiten, Werkzeuge und Maschinen gereinigt werden müssen. Diese Voraussetzungen bringen es mit sich, dass der gesamte täglich angelieferte Rohstoff taggleich verarbeitet werden muss. Variabel ist somit nicht die eingesetzte Arbeitszeit, sondern die Menge des eingekauften Rohstoffs. Da die Zeitvorgaben auf Erfahrungswerten beruhen, kann die notwendige Rohstoffmenge recht gut kalkuliert werden, individuelle Leistungsstärken der Mitarbeiter können sich somit allerdings nicht auswirken.

Details zur Potenzialperspektive

In der Potenzialperspektive liegen erwartungsgemäß Informationen über den Krankenstand in den einzelnen Gruppen sowie Daten aus dem Arbeitsunfallgeschehen vor, des Weiteren die Fluktuationsdaten unterschieden nach freiwilliger und unfreiwilliger Fluktuation.

174

9.4.4.5 Das Rechnungssystem im Unternehmen E

Das Unternehmen E ist ein Kreditinstitut, das sich als Dienstleistungsunternehmen grundlegend von den bisher betrachteten Industrieunternehmen unterscheidet. Im Rahmen dieses Unternehmens findet ein Herstellungsprozess im Sinne einer Produktentwicklung oder spezifischen Anpassung kaum statt; die Produktentwicklung ist an eine Zentralorganisation delegiert. Das Leistungsangebot ist stark standardisiert. Am Ende der Wertschöpfungskette steht der Vertrieb, der überwiegend in Filialen durchgeführt wird. Die unterstützenden Abteilungen sind zentral angesiedelt. Durch die räumliche Trennung bietet sich die praktizierte getrennte Erfolgsrechnung an. Schnittstellen ergeben sich bei umfangreichen Geschäftsvorfällen, die zentral erledigt werden. Dabei hat das Kreditinstitut einen nur sehr begrenzten Handlungsrahmen hinsichtlich der Dokumentation einer Erfolgsrechnung, da diese Aufgabe ebenfalls zentral ausgelagert ist. Da der Dienstleister für mehrere Kreditinstitute ein gleichförmiges Vorgehen standardisiert hat, kann davon nur unter hohen Kosten abgewichen werden. Insgesamt liegen für die Filialen abteilungsbezogene Betriebsergebnisse vor. Für andere Bereiche, die zentral angesiedelt sind, können Indikatordaten gebildet werden. Beim Unternehmen E ist das ERP-System Lotus Notes eingeführt. Maßgeblich für die Systemwahl waren Pfadabhängigkeiten zum zentralen Dienstleister, der für das Unternehmen sowohl Prüfstelle ist, als auch als EDV-Dienstleister einen großen Teil der Datenauswertungen übernimmt. Die Datenhaltung allerdings erfolgt im Unternehmen selbst.

Vorgefundene Daten im Unternehmen E

Finanzperspektive

- Deckungsbeiträge I bis III
- Betriebserlös
- Betriebskosten
- Aufwand/Ertrags-Verhältnis (Cost-Income-Ratio)

Kundenperspektive

Keine

Prozessperspektive

Keine

Potenzialperspektive

- Krankenstand
- Fortbildungstage
- Mitgliedschaftsquote in der Betriebssportgruppe

Zielsetzungen:

- Rentabilitätsziel: Deckungsbeitrag I
- Aktivitätsziel: Anzahl Abschlüsse je Mitarbeiter

Produktziele:

- Finanzierungsvolumen
- (Geld-)Anlagenbestand
- Bausparsumme
- Deckungsbeitrag aus dem Wertpapiergeschäft
- Abschlussvolumen der Sachversicherungen
- Abschlussvolumen aus Vorsorgeprodukten

Details zur Finanzperspektive

Informationen aus der Finanzperspektive liegen für alle Filialen vor, nicht jedoch für die führenden und unterstützenden Abteilungen der Zentrale. Somit kann aus dem Blickwinkel der Kennzahlen für knapp die Hälfte der Beschäftigten des Betriebes eine Aussage getroffen werden. Beim untersuchten Kreditinstitut erfolgt die Erfolgsrechnung bankentypisch durch die Marktzinsmethode. Dabei handelt es sich um ein Opportunitätserlöskalkül, bei dem der erzielte Erlös aus Zinsen mit im Interbankenmarkt erzielbaren Erträgen verglichen wird. Nur der überschießende Erlös wird berücksichtigt. Im Ergebnis wird ein Deckungsbeitrag I ermittelt. Nach Zuschreibung von Betriebserlösen wird ein Deckungsbeitrag II ermittelt. Abzüglich ordentlicher Aufwendungen, überwiegend Betriebskosten, ergibt sich ein Deckungsbeitrag III.

Die Deckungsbeiträge werden also wie folgt ermittelt:

Zinskonditionenbeitrag

= Deckungsbeitrag I

+ Betriebserlöse (d. h. ordentliche Erträge aus Gebühren und Provisionen)

= Deckungsbeitrag II

./. Betriebskosten (d. h. ordentliche Aufwendungen)

= Deckungsbeitrag III (was einem ordentlichen Betriebsergebnis entspricht).

Die Deckungsbeiträge liegen pro Filiale vor und sind für einen Vergleich zu standardisieren. Für die hier im Mittelpunkt stehenden Fragestellungen hinsichtlich des Sozialkapitals bot es sich an, die Deckungsbeiträge pro Kopf (gewichtet nach Mitarbeiter-Vollzeitäquivalenten) heranzuziehen.

Diese Standardisierung erübrigte sich bei der geeignet erscheinenden bankenspezifischen Kennzahl Aufwand-Ertrags-Verhältnis (Cost-Income-Ratio, C.I.R.)[289], die für die Filialen bekannt ist. Bei dieser Kennzahl ist zu beachten, dass natürlich eine möglichst geringe Höhe angestrebt wird.

Details zur Kunden- und Prozessperspektive

Die Kundenzufriedenheit wird nur für das Gesamtunternehmen durch Befragung ermittelt. Da die Daten nicht abteilungsbezogen vorlagen, wurden sie für die hier vorgelegte Studie nicht verwertet. Aus der Prozessperspektive liegen keine Daten vor.

Details zur Potenzialperspektive

Hinsichtlich der Potenzialperspektive liegen Informationen über den Krankenstand vor, für die es eine spezielle Kennzahl gibt: Herangezogen werden die gemeldeten Fehltage, die zu einer angenommenen Soll-Jahresarbeitszeit bei

---

[289] S. Schütt, Niebergall 2001.

Vollzeitkräften von 250 Tagen in Beziehung gesetzt werden.[290] Bestechend an dieser Berechnungsmethode ist die Genauigkeit aus der Sicht des Arbeitgebers gerade bei einem hohen Anteil an Teilzeitkräften: Allfällige Verlagerungen der Genesungszeit auf arbeitsfreie Tage werden so unmittelbar mit abgebildet. Außerdem liegt eine Reihe von Zielerfüllungskennzahlen vor. Den Filialen werden jährlich Vorgaben über zu erreichende Absatz- und Erfolgsziele gemacht. Der Zielsetzungsprozess erfolgt top-down, das heißt, dass die Ziele für das Gesamtunternehmen unter Berücksichtigung des abgeschätzten Marktpotenzials auf die Filialen umgelegt werden. Das Marktpotenzial wird dabei vor allem anhand der Erfahrungen aus vergangenen Perioden geschätzt. Es werden Rentabilitäts-, Produkt- und Aktivitätenziele vorgegeben. Rentabilitätsziel ist der Deckungsbeitrag I, Aktivitätsziel die Anzahl Abschlüsse pro Mitarbeiter. Produktziele sind (1) das erzielte Finanzierungsvolumen, (2) der Bestand an (Geld-)Anlagen der Filiale, (3) die Bausparsumme, (4) der Deckungsbeitrag aus dem Wertpapiergeschäft, (5) das Volumen der Sachversicherungen, (6) Volumen aus Vorsorgeprodukten (beispielsweise privaten, staatlich geförderten Rentenversicherungsverträgen). Herangezogen wird jeweils der Grad der Zielerfüllung.

9.4.4.6 Zusammenfassende Betrachtung und Diskussion einzelner Kennzahlen

Es ergibt sich zwischen den Unternehmen ein insgesamt heterogenes Bild an routinemäßig vorliegenden Kennzahlen. Erfolgszahlen liegen in keinem der betrachteten Betriebe auf der Ebene der Gruppe vor, unabhängig davon, ob die Gruppen produktiv oder nichtproduktiv sind. Zwar wird für produktive Einheiten teilweise ein Deckungsbeitrag ermittelt, doch er stand der wissenschaftlichen Auswertung nicht zur Verfügung. Leistungsabhängige Kennzahlen liegen ausschließlich für die produktiven Bereiche in Form von Ver-

---

[290] Periodenvergleiche sind damit natürlich nicht möglich, dafür muss eine Umrechnung nach tatsächlichen Sollarbeitstagen durchgeführt werden, für 2006 waren das 250 Arbeitstage, für 2007 252. Eine solche Differenz wirkt sich im Rahmen der hier betrachteten Bezugsgrößen in einer Größenordnung von 10 Basispunkten aus.

gleichszahlen zwischen Sollvorgaben und Istwerten vor. Bei mengenbezogener Entlohnung werden die erreichten Akkordsätze dokumentiert, denen regelmäßig auch Fehlerkosten angerechnet werden. Etwas umfassender ist die
Datenlage hinsichtlich der Potenzialperspektive, wo Daten zu Fluktuationen,
Unfällen und Fehlzeiten zur Routine der betrieblichen Dokumentation gehören. Die entstehenden Kosten werden jedoch nicht im Einzelnen ermittelt. Wo
Systeme der kontinuierlichen Verbesserung implementiert sind, liegen Informationen über Prämienzahlungen vor, außerdem einige Anhaltspunkte, die
Rückschlüsse auf das Commitment zulassen sollten, wie die Beteiligungs-
quote an gemeinschaftlichen Aktivitäten außerhalb der Arbeitszeit. Solche
bestehen jedoch nicht in allen untersuchten Betrieben.

9.5 Erfahrungen bei der Datenexploration in Betrieben

Anschließend an die Ergebnisse der Kennzahlenermittlung in den Unternehmen wird hier ein kurzgefasster Werkstattbericht gegeben, der einige Hinweise für die Ermittlung von Kennzahlen enthält.

Anders als bei der fragebogengestützten Mitarbeiterbefragung konnte bei der
Kennzahlenermittlung in den Betrieben nicht mit Hilfe von standardisierten
Erhebungsverfahren vorgegangen werden. Stattdessen wurden mit ausgewählten Mitarbeitern Gespräche geführt, in denen zu Beginn offen war, welche Art von Information gesucht werden sollte. Ziel war es, einen möglichst
umfassenden Überblick über die im jeweiligen Betrieb vorhandenen Kennzahlen zu erhalten. Es konnte bei der Erfassung also nicht darum gehen,
teilstrukturierte Interviews mit hermeneutischen Methoden auszuwerten.[291]
Die Herausforderung bestand vielmehr darin, die Mitarbeiter in den untersuchten Betrieben zu einer kreativen Kooperation bei der Suche nach Kennzahlen zu bringen. Zu Projektbeginn war durch die Betriebsleitung jeweils ein
Ansprechpartner benannt, mit dem die Suche den Anfang nehmen sollte.

---

[291] Vgl. Aufenanger 1991.

Bereits im Vorfeld war anhand der einschlägigen Literatur[292] eine Vorstellung über die erwartete Kennzahlenausstattung erarbeitet worden. Diese war bereits nach organisationalen Gesichtspunkten gegliedert. Im Gespräch wurde großer Wert darauf gelegt, die Zielsetzung des Forschungsprojekts zu verdeutlichen, um ein wirkliches Verständnis über die Datenverwendung zu erreichen. An erster Stelle stand anschließend ein Brainstorming mit dem Ergebnis einer Auflistung sicher vorhandener und vermuteter Kennzahlen. Das gleiche Vorgehen fand dann in Art eines Schneeballsystems bei den so ermittelten potenziellen Ansprechpartnern statt. In weiteren Runden wurde dann gezielt nach solchen Kennzahlen gefahndet, die entweder bereits anhand der Literaturauswertung erwartet worden waren oder in einem der anderen Betriebe neu aufgefunden wurden. Besonderer Wert wurde dabei darauf gelegt, mit Mitarbeitern verschiedener Hierarchiestufen zu sprechen.

Die Untersuchung zeigt, dass die Informationsgewinnung in den untersuchten Betrieben technisch orientiert ist. Es wird damit primär das Ziel verfolgt, Abweichungen von Plandaten mit den tatsächlich realisierten Zuständen festzustellen. Die Auswertung der Prozessdaten ist dabei zweitrangig, in erster Linie wird versucht, drohende oder eingetretene Prozessabweichungen durch Beobachtung der Prozesse aufzuspüren, bevor sie sich in einer Änderung der Prozessergebnisse und damit der Prozessergebnisdaten niederschlagen. Dadurch soll der Zeitverzug bis zur Intervention gering gehalten werden. Prozessveränderungen und Innovationen folgten in den betrachteten mittelgroßen Unternehmen den technologischen Veränderungen. Informationen aus dem Prozesscontrolling sind dabei unwesentlich. Zudem kann bei den betrachteten Betriebsgrößen noch davon ausgegangen werden, dass die Betriebsleitung über eine gewisse Übersicht über die Prozesszusammenhänge verfügt. Zumindest in einem der Unternehmen ist der Betriebsleiter zum Beispiel ständig im Werk präsent, um Prozess-Störungen selbst zu erkennen und auch bei ihrer Behebung mitzuwirken. Eine quantifizierende Dokumentation wird dann als kaum erforderlich angesehen.

---

[292] Z. B. Ossola-Haring 2006, Meyer 2006, Zentralverband der Elektrotechnischen Industrie/Betriebswirtschaftlicher Ausschuß 1989, Lelke 2006, Stausberg 2004, Cremer 2001.

Dementsprechend steht auch nicht die Erfolgsmessung einzelner Unternehmensbereiche im Mittelpunkt des Unternehmensinteresses. Eine rechnungsmäßige Abgrenzung in Profit Center ist daher zum Zeitpunkt der Untersuchung bislang kaum durchgeführt worden, in produktnahen Bereichen ergibt sie sich jedoch aus der Artikelorientierung des Rechnungswesens im Rahmen einer Kostenträgerrechnung. Grundsätzlich kann die Datenlage in den vier betrachteten Produktionsunternehmen von derjenigen im Dienstleistungsunternehmen hinsichtlich der zur Verfügung gestellten Datenbasis unterschieden werden. Bei den Produktionsunternehmen liegen Daten über abteilungsbezogene Erfolge überwiegend nicht vor, sodass abgeleitete Kennzahlen herangezogen werden müssen. Eine weitere Unterscheidung ergibt sich bei der Ermittlung von Informationen zum Erfolg von Abteilungen. Diese wertvollen Daten liegen durchweg nur für solche Abteilungen vor, die am Ende der Wertschöpfungskette angesiedelt sind, namentlich für den Vertrieb. Im betrachteten Kreditinstitut sind dies die Filialen. Anders ist die Lage im Gemeinkostenbereich. Da eine innerbetriebliche Leistungsverrechnung durchweg nicht stattfindet, bestehen kaum Vorstellungen über den Beitrag einzelner Abteilungen zum Unternehmenserfolg. Hier können hilfsweise Indikatoren für Potenzialfaktoren als Kennzahlen herangezogen werden. Eine hinsichtlich der Informationslage mittlere Stellung nehmen die „produktiven" Abteilungen der Industrieunternehmen ein, in denen ein Endprodukt weitgehend fertig gestellt – häufig montiert – wird. Hier liegen durchweg Daten zum Güterausstoß vor, allerdings weniger zum Ressourceneinsatz. Auch hier sind überwiegend Indikatoren heranzuziehen, die jedoch näher am Gütererstellungsprozess liegen.

Kennzahlenexploration im Betrieb A

Von dem Unternehmen war ein Mitarbeiter des Managements als Ansprechpartner für das Projekt benannt worden. Die Kontakte zum Unternehmen liefen vorwiegend über diesen Geschäftsführer des Verwaltungsbereiches. Ausgehend von Gesprächen mit diesem Projektverantwortlichen wurden ad hoc weitere Mitarbeiter unterschiedlicher Abteilungen herangezogen, mit denen jeweils ein Brainstorming durchgeführt wurde. Außerdem wurde jeweils ein Gespräch mit einem Mitarbeiter auf Meisterebene geführt. Die Herausforderung in der Kommunikation mit den Mitarbeitern bestand darin, deutlich zwischen Erfolgskennzahlen und Produktionskennzahlen zu unterscheiden. Auch in diesem Unternehmen hat sich durch die Einführung von Standard-ERP-Software eine starke Reduzierung des erhobenen Datenmaterials auf Erfolgsdaten ergeben. Die Datenexploration wurde dadurch weiter erschwert, dass im Unternehmen zur Zeit der Erhebung größere Anstrengungen zu einer umfassenden Einführung eines ERP-Systems mit Focus auf die Erfolgsdaten unternommen wurden.

Geplant war der Rückgriff auf produktbezogene Deckungsbeiträge, die nach personellen Veränderungen in der Unternehmensleitung jedoch nicht mehr verfügbar gemacht wurden. Der Schwerpunkt des Controllings bezog sich auf die Verfolgung und Kalkulation der verwendeten Rohstoffe, die produktbedingt als Kostentreiber betrachtet wurden. Daneben erfolgten auf der personenbezogenen Ebene Erfolgskontrollen durch Fertigungslohnanalysen, wobei sich Abweichungen jedoch überwiegend durch Veränderungen im Personaleinsatz und weniger in der individuellen Leistung ergaben. In den Produktbereichen wurde zwar nach Stückakkord entlohnt, es ergab sich jedoch nur selten eine Abweichung von den langfristig eingeführten Vorgaben.

Kennzahlenexploration im Betrieb B

Von diesem Unternehmen war ein leitender Mitarbeiter der Personalabteilung als Ansprechpartner benannt worden. Dieser war auch die treibende Kraft an der Projektteilnahme. Die Kennzahlenexploration erfolgte im Unternehmen in einer größeren Runde mit dem Werksarzt, dem Sicherheitsbeauftragten, zwei Mitarbeitern mit Verantwortung für die Gestaltung von Produktionsprozessen, dem Qualitätsmanagementbeauftragten sowie dem zuständigen Mitarbeiter für das betriebliche Vorschlagswesen. In einer offenen Gesprächsrunde wurden zunächst die vorhandenen Kennzahlen gesammelt und anschließend die vorbereitete Kennzahlenliste abgefragt. Zu einem weiteren Zeitpunkt fand ein intensiver mehrstündiger Austausch mit leitenden Mitarbeitern der Controllingabteilung statt, mit denen die Dokumentation des SAP-Systems durchgesehen wurde. Aus Gründen der Geheimhaltung bedienten die Mitarbeiter des Controllings die EDV und gaben erst nach Kontrolle der Bildschirmanzeigen die Einsicht für den Wissenschaftler frei. Insbesondere wollte man verhin-

182

dern, dass Ertragszahlen und Produktionskennzahlen bekannt würden. Es kam häufiger vor, dass Kennzahlen, die für das Forschungsvorhaben vom Aufbau her nützlich hätten sein können, nicht freigegeben wurden. In diesen Fällen wurde bei der Geschäftsleitung wegen einer Datenfreigabe angefragt, die jedoch in keinem Fall erfolgte.

Aus dem Unternehmen war für das Projekt ein Ansprechpartner aus dem Personalbereich benannt worden, der Kontakte zu Kollegen herstellen sollte. Über eine Weisungsbefugnis verfügte der Mitarbeiter nicht. Es wurden explorierende Gespräche mit verantwortlichen Mitarbeitern aus den Bereichen Personalwesen, Arbeitsmedizin, Arbeitssicherheit, Qualitätsmanagement, Prozessmanagement, betrieblichem Vorschlagswesen sowie Außenfinanzierung durchgeführt. Außerdem fanden Gespräche mit weiteren nicht leitenden Mitarbeitern statt. Arbeitsmedizinische Daten waren noch manuell dokumentiert und deshalb nicht auswertbar. Ansonsten wären die Anforderungen des Datenschutzes zu beachten gewesen. Ebenfalls außerhalb des ERP wurden die Arbeitssicherheitsdaten (wie das Unfallgeschehen) dokumentiert. Diese Daten waren im Rahmen dieser Forschung nicht zugänglich. Dies galt auch für Daten aus dem Qualitätsmanagement, die durch die Betriebsleitung als besonders wettbewerbssensibel eingeschätzt wurden. Das betriebliche Vorschlagwesen stellte sich als weitgehend brachliegend heraus. Interessant war der Aspekt der Außenfinanzierung über eine Mitarbeiterbeteiligungsgesellschaft, die nur in diesem Unternehmen vorgefunden wurde.

Kennzahlenexploration im Betrieb C

Der zuständige leitende Mitarbeiter des Unternehmens C zeigte ein besonderes Interesse für das Forschungsprojekt und war in Forschungsaktivitäten in einem benachbarten Feld tätig. Daher gestaltete sich die Kennzahlensuche von dieser Seite her unproblematisch. Es musste kaum Überzeugungsarbeit geleistet werden und die Datenlieferungen erfolgten oft bereits in aufbereiteter Form. Hervorzuheben ist zudem eine Einbindung des Betriebsratsvorsitzenden, der zum einen bei der Kennzahlensuche mitwirkte, zum anderen aber auch große Teile der Datenaufbereitung übernahm. Das Unternehmen verfügte über einige Erfahrung im Betrieblichen Gesundheitsmanagement, wodurch eine wohlstrukturierte Aufarbeitung des Gesundheitsstatus in regelmäßigen Gesundheitsberichten sowie der technisch bedingten Gefährdungen in Gefährdungsbeurteilungen vorlag. Zudem stand aus dem Bereich des Qualitätsmanagements eine Vielzahl von Ablaufdiagrammen zur Verfügung, die überwiegend aktuell waren. Der Geschäftsführer verfügte über eine qualifizierte Ausbildung im Bereich des Betrieblichen Gesundheitsmanagements. In die Datenakquise waren neben dem Geschäftsführer auch der Betriebsleiter, der Qualitätsmanagementbeauftragte, der Werksarzt sowie der Betriebsratsvorsitzende eingebunden. Anlässlich von Arbeitsplatzbegehungen wurde außerdem mit Mitarbeitern ohne Leitungsfunktion gesprochen.

Ausgangspunkt der Recherche nach verwendbaren Daten war ein Brainstorming mit dem Geschäftsführer, dem Betriebsleiter sowie dem Betriebsratsvorsitzenden. Die Anforderungen an die benötigten Daten – insbesondere ihr Vorliegen nach Abteilungen – wurde thematisiert. Es fiel auf, dass bei den beteiligten Mitarbeitern nicht genau bekannt war, in welcher Aggregation und Qualität verschiedene Daten vorlagen. Dies ist sicher auch ein Indiz dafür, dass diese Informationen für die Leitung des Unternehmens als eher unbedeutend eingeschätzt wurden. Infolge der Einführung von ERP-Software (SAP R/3) war die Datenlage in den zurückliegenden Jahren übersichtlicher geworden. Insbesondere dezentrale (meist händische) Datenerfassungen fanden kaum mehr statt. Obgleich die schließlich angeforderten Informationen in der ERP-Software abgelegt waren, war die Abfrage nicht automatisiert möglich. Automatisierte Abfragen waren nur zu engen festgelegten Fragestellungen möglich. Daher wurde eine händische Aufarbeitung notwendig.

Kennzahlenexploration im Unternehmen D

Die Datenakquise erfolgte analog zum Schwesterunternehmen C, es waren die gleichen Ansprechpartner zu befragen. Eine Datenakquise vor Ort erfolgte hier nicht, da die gesamten dispositiven Aufgaben von der Muttergesellschaft erbracht werden. Es wurden zehn Erhebungsgruppen gebildet, in vier davon fand teilautonome Gruppenarbeit statt. Für drei Gruppen lagen besonders aussagefähige Controllingdaten vor.

Kennzahlenexploration im Unternehmen E

Deutliche Unterstützung seitens der obersten Führungsebene sowie äußerst geordnete Zuständigkeiten erleichterten es bei diesem Unternehmen, einen Überblick über verfügbare Daten sowie Zugang zu den vorhandenen Informationen zu bekommen. Durch die hohe Standardisierung und Auslagerung der Datenverarbeitung fand sich hier auch eine umfassende Dokumentation. Daher beschränkte sich die Datenakquise auf die Befragung der Leiter der Abteilungen für operatives beziehungsweise strategisches Controlling sowie Personalwesen.

10 Datenanalyse

Bei der statistischen Betrachtung des Datenmaterials kamen sowohl konfirmatorische als auch explorative Verfahren zum Einsatz. Wegen des unterschiedlichen Charakters des Datenmaterials wird zwischen der Auswertung innerhalb der Daten aus der Mitarbeiterbefragung sowie der gemeinsamen Auswertung der Daten aus der Mitarbeiterbefragung und der Daten zum betrieblichen Erfolg unterschieden.

Verfahren bei der befragungsimmanenten Auswertung

Das Auswertungsverfahren stützte sich bei der Auswertung der Befragungsdaten primär auf die Überprüfung von Zusammenhangshypothesen. Es wurden vornehmlich Verfahren der linearen Regression angewendet, obgleich auch auf nichtlineare Zusammenhänge geprüft wird. Aufgrund der Befragungsdaten konnte neben einer Auswertung des Gesamtdatensatzes auch weiter nach Betrieben oder Arbeitsgruppen differenziert werden. Der Datenumfang erlaubte des Weiteren auch die Durchführung multipler Regressionsrechnungen. Ebenso konnten lineare Strukturgleichungsmodelle erstellt werden, mit denen die Faktoren der Untersuchung in einen Gesamtzusammenhang gestellt werden können. Neben der konfirmatorischen Anwendung der Verfahren wurden weitere plausibel erscheinende Zusammenhänge exemplarisch untersucht.

Verfahren bei der Verbindung mit ökonomischen Ergebnisdaten

Die Zusammenfügung betriebswirtschaftlicher Ergebnis- und Befragungsdaten geschah in Form einer ökologischen Querschnittstudie. Dies bedeutet, dass Ursachen und Ergebnisse zeitgleich zu einem festen Stichtag erhoben werden.[293] Dabei wird vorausgesetzt, dass die Ausstattung der Unternehmen mit Sozialkapital in der Vergangenheit zumindest relativ gleich zu der am Erhebungszeitpunkt ist. Zudem wurden den einzelnen Probanden Ergebnisdaten einer Gruppe zugeordnet. Dies bedeutete hier die Zuordnung von wirtschaftlichen Ergebnissen auf die einzelnen Probanden. Konkret wurde den

---

[293] S. Klug et al. 2007, s. Mather et al. 2004, S. 1443–1144.

Mitarbeitern die durchschnittliche Ergebniskennzahl der Abteilung, in der sie beschäftigt sind, zugeordnet. Ein solches „ökologisches" Vorgehen birgt stets die Gefahr von Verzerrungen, da der individuelle Beitrag zum Betriebsergebnis, den der einzelne Mitarbeiter tatsächlich leistet, vom Mittelwert seiner Gruppe abweichen wird – es gibt Hoch- und Geringleister. Trotz allem kann der Mittelwert als eine verhältnismäßig gute Annäherung betrachtet werden. Zudem lassen sich damit Anforderungen des Datenschutzes erfüllen.

Als Nachteil dieses Vorgehens war es in Kauf zu nehmen, dass die statistischen Auswertungsmöglichkeiten geringer sind. Dies lag am Datenmaterial, da letztlich nur so viele verschiedene Merkmalsausprägungen vorliegen können, wie Gruppen gebildet werden. Bei einer Auswertung auf Unternehmensebene in einer Größenordnung wie in der vorliegenden Studie ließ der Datenumfang von maximal etwa 30 – jedoch gering besetzten – Gruppen keine multiplen Verfahren zu. Einfachregressionen konnten jedoch aufgestellt werden, die vorwiegend hypothesenprüfend durchgeführt wurden.

10.1 Befragungsimmanente Datenanalyse

Die Ergebnisse die sich aus der Auswertung der Mitarbeiterbefragung ergeben, werden hier als *befragungsimmanent* bezeichnet, da dazu keine weiteren Daten außerhalb der Mitarbeiterbefragung herangezogen wurden. Nachfolgend werden die Daten beschrieben und die Ergebnisse der statistischen Auswertung dargestellt. Die inhaltlichen Grundlagen zu der Mitarbeiterbefragung wurden bereits in Überblick über die verwendeten Instrumente (Kapitel 8.1.1) dargestellt.

10.1.1 Datenbeschreibung

Da für alle Betriebe das gleiche Fragebogeninstrument verwendet wurde, werden im Folgenden die Daten ohne eine Unterscheindung nach Betrieben dargestellt. Das Antwortverhalten der Probanden variiert allerdings dahingehend, ob überhaupt eine auswertbare Antwort auf die Fragen nach bestimmten Konstrukten gegeben wurde. Dementsprechend schwankt die Datenbasis (Grundgesamtheit von n = 2.287), für die die entsprechenden Faktoren der Konstrukte berechnet werden konnte, von nur 1.157 Probanden (für den

Faktor „Zufriedenheit mit organisatorischen Rahmenbedingungen") bis zu
2.268 Probanden (für den Faktor „Physische Gesundheit"), bei einem Mittelwert von immerhin 2.139 Probanden. In Tab. 5 werden die Ergebnisse für die
einzelnen Faktoren berichtet. Neben der Rücklaufquote (RL) über alle Unternehmen wird auch der Mittelwert (μ) für die verschiedenen Antworten nebst
der Standardabweichung (σ) angegeben. Die meisten Items zeigen in der Befragung eine leicht asymmetrische Tendenz. Der Grad der Asymmetrie ist jeweils angegeben.[294] Der Exzess (w-3) gibt einen Eindruck über die Gruppierung der Antworten im Vergleich zu einer normalverteilten Gruppierung. Ein
negativer Wert zeigt dabei eine engere Gruppierung an, ein positiver Wert
eine breitere, die sich mehr zu den Extremwerten der Verteilung hin orientiert.
Ein Wert von null würde eine Normalverteilung anzeigen.

Faktor	Skala	RL	μ	σ	v	Symmetrie	w-3
Arbeitsbedingungen							
A1	Partizipation	96	9,32	2,396	-0,147	symmetrisch	-0,19
A2	Qualitative Anforderungen	97	5,91	1,814	0,452	leicht asymmetrisch	0,2
A3	Quantitative Anforderungen	98	9,13	2,626	0,066	symmetrisch	-0,43
A4	Klarheit der Aufgabe/Rollenklarheit	97	16,4	2,524	-0,79	asymmetrisch	1,25
A5	Handlungsspielraum	98	7,21	1,912	-0,511	leicht asymmetrisch	-0,18
A6	Sinnhaftigkeit der Aufgabe	97	11,16	2,205	-0,356	leicht asymmetrisch	-0,11
A7	Zufriedenheit mit Rahmenbedingun-gen	51	19,62	3,855	-0,273	symmetrisch	0,05
Soziale Beziehungen/Netzwerkkapital							
B1	Gruppenkohäsion	97	18,96	3,987	-0,741	asymmetrisch	0,29
B2	Kommunikation	98	7,65	1,446	-0,446	leicht asymmetrisch	0,26
B3	Sozialer Fit	98	11,29	2,259	-0,56	leicht asymmetrisch	0,24
B4	Social Support	99	7,41	1,706	-0,471	leicht asymmetrisch	-0,08
B5	Vertrauen	99	7,07	1,657	-0,351	leicht asymmetrisch	0,03
Führung/Führungskapital							
C1	Mitarbeiterorientierung	95	14,99	3,241	-0,667	asymmetrisch	0,31
C2	Soziale Kontrolle	96	6,21	1,504	0,101	symmetrisch	-0,07
C3	Kommunikation	96	11,91	2,288	-0,754	asymmetrisch	0,26
C4	Akzeptanz des Vorgesetzten	96	10,87	2,583	-0,55	leicht asymmetrisch	-0,04
C5	Vertrauen in den Vorgesetzten	96	11,13	2,771	-0,673	asymmetrisch	0,09
C6	Fairness und Gerechtigkeit	96	7,27	1,973	-0,631	asymmetrisch	-0,06
C7	Machtorientierung	95	7,03	2,473	0,647	asymmetrisch	0,2

---

[294] Gemäß den Grenzwerten bei SPSS Inc. <2009>.

Faktor	Skala	RL	μ	σ	ν	Symmetrie	w-3
	Unternehmenskultur/Wertekapital						
D1	Gemeinsame Normen und Werte	90	16,65	2,682	0,015	symmetrisch	0,58
D2	Gelebte Unternehmenskultur	92	9,04	2,227	-0,068	symmetrisch	-0,08
D3	Konfliktkultur	94	12,21	2,72	-0,139	symmetrisch	0,21
D4	Kohäsion im Betrieb	91	12,45	2,792	0,033	symmetrisch	0,12
D5	Gerechtigkeit und Fairness	93	9,36	2,304	-0,178	symmetrisch	0,01
D6	Wertschätzung	93	6,4	1,442	-0,139	symmetrisch	0,22
D7	Vertrauen in die Geschäftsführung und den Betriebsrat	52	6,64	1,552	-0,216	leicht asymmetrisch	0,27
	Gesundheit						
E1	Psychosomatische Beschwerden	96	13,3	4,659	0,932	asymmetrisch	0,72
E2	Physische Gesundheit	99	4,06	0,83	-0,024	symmetrisch	0,79
E3	Depressive Verstimmungen	93	10,33	4,013	0,647	leicht asymmetrisch	-0,15
E4	Allgemeines Wohlbefinden	92	15,29	2,911	-0,578	leicht asymmetrisch	-0,04
E5	Selbstwertgefühl	94	20,62	2,684	-0,464	leicht asymmetrisch	0,3
E6	Gesundheitsverhalten	97	4,5	1,657	0,333	leicht asymmetrisch	-0,53
E7	Work-Life-Balance	97	19,37	4,191	-0,695	asymmetrisch	0,26
E8	Absentismus	96	6,53	14,864	7,209	hochgradig asymmetrisch	70,71
	Organisationspathologien						
F1	Mobbing	97	4,69	1,926	1,68	hochgradig asymmetrisch	3,79
F2	Innere Kündigung	97	5,57	2,288	1,017	asymmetrisch	1,05
	Wahrgenommene Produktivität/Qualität der Arbeit						
G1	Qualität der Arbeitsleistung	98	12,02	1,224	-0,202	leicht asymmetrisch	2,92
G2	Qualitätsbewusstsein	96	15,19	2,496	-0,406	leicht asymmetrisch	0,37
G3	Subjektive Arbeitsleistung	94	12,16	2,13	-0,761	asymmetrisch	0,31
G4	Commitment	94	11,5	1,986	-0,639	asymmetrisch	0,67

Tab. 5: Formale Beschreibung des Antwortverhaltens aus der Mitarbeiterbefragung[295]

Erläuterungen: σ Standardabweichung. μ Mittelwert. **RL** Rücklaufquote [%]. **w-3** Exzess. ν Schiefe.

10.1.2 Bildung von Erhebungsgruppen

Das ökologische Studiendesign sieht für die Kennzahlenermittlung die Bildung von Erhebungsgruppen vor. Diese wurden in den einzelnen Unternehmen anhand der vorgefundenen Strukturen wie folgt gebildet.

---

[295] Verändert aus Badura et al. 2008, eigene Korrekturen, Ergänzungen und Berechnungen anhand der Primärdaten.

Unternehmen A

Es lag eine funktionsorientierte Aufbauorganisation vor, die mit den Kosten-stellen korrespondiert. Das Controlling erfolgte produktbezogen, wodurch sich bei drei Produktlinien hinsichtlich der Daten letztlich nur drei Erhebungsein-heiten identifizieren lassen. Für die Mitarbeiterbefragung wurde abweichend dennoch weiter nach Arbeitsgruppen differenziert.

Unternehmen B

Die Erhebungseinheiten folgten auf Unternehmenswunsch der Einteilung ei-ner früheren Mitarbeiterbefragung und waren eng an die Aufbauorganisation angelehnt.

Unternehmen C

Die Aufbauorganisation war im Unternehmen hierarchisch gegliedert und wies eindimensionale Vorgesetztenverhältnisse auf. Die Kostenstellen waren entlang dieser Aufbauorganisation gebildet – es lagen Controllingdaten mit einer höheren Nähe zum betriebswirtschaftlichen Erfolg nur für vier Ferti-gungsgruppen mit hoher Produktnähe vor. Im Produktionsbereich fand die Arbeit in teilautonomen Gruppen statt, was als starkes Kriterium für die Bil-dung der Erhebungsgruppen diente. Im Ergebnis wurde die Gliederung der Aufbauorganisation weitgehend beibehalten mit einigen Zusammenlegungen kleiner Einheiten. Im Ergebnis lagen 28 Erhebungseinheiten vor, vier davon mit aussagefähigen Controllingdaten.

Unternehmen D

Die Erhebungsgruppen wurden analog zum Schwesterunternehmen C gebil-det. Es wurden zehn Erhebungsgruppen gebildet, in vier davon fand teilauto-nome Gruppenarbeit statt. Für drei lagen besonders aussagefähige Control-lingdaten vor.

Unternehmen E

Das Kreditinstitut war organisatorisch in Filialen und unterstützende Bereiche zu unterteilen. Letztere waren an einem Standort konzentriert. Wie in den produzierenden Betrieben galt auch hier, dass Daten über ökonomische Er-folge vorwiegend in den produktionsnahen Abteilungen vorliegen. Dies waren im vorliegenden Fall die Filialen, über die der Absatz an die Kunden erfolgte. Durch die räumliche Trennung handelte es sich dabei um geschlossene Arbeitsgruppen mit einer relativen Autonomie und einem unmittelbaren Vorgesetzten vor Ort. Die Aufbauorganisation des Unternehmens folgte dieser natürlichen Vorgabe. Die unterstützenden Bereiche der Zentrale waren funktional gegliedert. Die dort entstehenden Aufwendungen wurden als Gemeinkosten betrachtet. Es gab keine Verrechnung mit den Filialerfolgen für den Deckungsbeitrag, jedoch für das Aufwands-Ertragsverhältnis mit Erfahrungswerten nach Produkten. Somit lagen für die Filialen noch wirtschaftliche Kennzahlen zum Erfolg wie Deckungsbeiträge und Aufwand-Ertrags-Verhältnis vor. In den unterstützenden Abteilungen war die Datenausstattung schwächer. In den 48 Filialen, die größenbedingt zu 41 Erhebungseinheiten zusammengefasst wurden, wurden 39 Prozent der Mitarbeiter erfasst, der Rest war entweder in Stabsabteilungen der Zwischenebene „Filialbereich" (5 Einheiten, 6 Prozent der Beschäftigten) tätig oder in unterstützenden Bereichen (55 Prozent der Beschäftigten).

10.1.3 Deskriptive statistische Darstellung

Die Mitarbeiterbefragung zeigt, dass das Fragebogeninstrument durchaus geeignet ist, um Unterschiede der Einstellungen zwischen Kollektiven in den Dimensionen des Sozialkapitals darzustellen. Darauf deutet hin, dass sich die Ergebnisse zwischen den Unternehmen eindeutig und teilweise wesentlich unterscheiden. Das Befragungsinstrument ist geeignet, um beim Antwortverhalten der Gefahr einer Konzentration auf die Mitte zu entgehen.

Bemerkenswerterweise gilt diese hohe Unterscheidungskraft des Instruments nicht nur bei einem Vergleich zwischen den fünf Unternehmen der vorliegenden Erhebung, sondern es identifiziert mit einer hohen Trennschärfe auch Unterschiede zwischen verschiedenen Abteilungen oder Einheiten innerhalb eines Unternehmens.

Im Folgenden werden die Ergebnisse von Mittelwertvergleichen zwischen den Unternehmen und exemplarisch auch innerhalb eines Unternehmens vorgestellt. Die Darstellung ist dabei auf den wichtigen Aspekt der Sozialkapitalkomponenten beschränkt.

10.1.3.1 Mittelwertvergleich in Betrieben

Für einen Überblick über die komplexe Datenlage ist es hilfreich, zunächst aggregierte Daten der Betriebe zu betrachten. Dazu wurden die Mittelwerte über alle Antworten innerhalb der jeweiligen Betriebe verglichen. Eine Varianzanalyse ergibt, dass sich alle Mittelwerte auf dem hohen Signifikanzniveau von $\alpha \leq 0,01$ unterscheiden. Im Folgenden wird auf die hohe Signifikanz der Ergebnisse daher nicht mehr eigens hingewiesen.

In Tab. 6 sind die Ergebnisse der Mittelwerte für die einzelnen Unternehmen nach den Komponenten des Sozialkapitals wiedergegeben.

Eine Inspektion der Daten zeigt, dass in den Daten einzelner Unternehmen kaum große Abweichungen von den Mittelwerten der jeweiligen Faktoren vorkommen.

Das Ergebnis weist auf Zusammenhänge zwischen den Faktoren hin, und zwar sowohl innerhalb der Komponenten als auch außerhalb. Ein Vergleich der Mittelwerte über alle Faktoren zeigt zwar kaum Unterschiede für die Unternehmen auf. Bei einer Betrachtung der Extremwerte fällt allerdings ins Auge, dass hinsichtlich des positiven Abschneidens ein Unternehmen zwei Drittel der positivsten Bewertungen auf sich vereint. Desgleichen entfallen auf ein Unternehmen wiederum knapp 80 Prozent der negativsten Bewertungen.

Faktor	Skala	A	B	C	D	E	alle
	Arbeitsbedingungen						
A1	Partizipation	8,56	9,39	9,56	9,56	9,41	9,32
A2	Qualitative Anforderungen	5,40	6,14	5,88	4,98	5,96	5,91
A3	Quantitative Anforderungen	8,74	9,41	8,90	8,49	9,15	9,13
A4	Klarheit der Aufgabe/Rollenklarheit	17,33	15,63	16,32	19,93	16,65	16,40
A5	Handlungsspielraum	6,76	7,21	7,63	7,09	7,24	7,21
A6	Sinnhaftigkeit der Aufgabe	11,38	11,16	11,35	12,02	11,01	11,16
A7	Zufriedenheit mit Rahmenbedingungen	16,40	16,44	15,71	15,95	16,95	16,58
	Soziale Beziehungen/Netzwerkkapital						
B1	Gruppenkohäsion	18,21	18,87	18,40	18,25	19,40	18,96
B2	Kommunikation	7,38	7,66	7,31	7,49	7,81	7,65
B3	Sozialer Fit	10,85	11,36	10,73	11,09	11,51	11,29
B4	Social Support	7,04	7,43	7,12	7,41	7,56	7,41
B5	Vertrauen	6,67	6,94	6,80	7,12	7,32	7,07
	Führung/Führungskapital						
C1	Mitarbeiterorientierung	14,57	14,72	13,93	14,64	15,56	14,99
C2	Soziale Kontrolle	6,24	5,93	5,91	6,36	6,44	6,21

Faktor	Skala	A	B	C	D	E	alle
C3	Kommunikation	11,48	11,58	10,92	11,98	12,48	11,91
C4	Akzeptanz des Vorgesetzten	10,89	10,72	9,87	10,61	11,21	10,87
C5	Vertrauen in den Vorgesetzten	11,08	10,94	10,30	11,11	11,47	11,13
C6	Fairness und Gerechtigkeit	7,15	7,31	6,60	7,11	7,45	7,27
C7	Machtorientierung	7,58	7,09	8,00	7,42	6,58	7,03
Unternehmenskultur/Wertekapital							
D1	Gemeinsame Normen und Werte	16,64	16,88	15,79	17,36	16,64	16,65
D2	Gelebte Unternehmenskultur	9,08	9,16	8,66	10,54	8,95	9,04
D3	Konfliktkultur	12,31	12,84	11,37	12,81	11,91	12,21
D4	Kohäsion im Betrieb	12,23	13,37	12,04	13,27	11,94	12,45
D5	Gerechtigkeit und Fairness	9,62	9,71	8,82	9,48	9,17	9,36
D6	Wertschätzung	6,30	6,66	6,10	6,64	6,30	6,40
D7	Vertrauen in die Geschäftsführung und den Betriebsrat	6,80	6,63	6,26	7,53	k. A.	6,50
Gesundheit							
E1	Psychosomatische Beschwerden	12,42	13,31	12,82	12,11	13,73	13,30
E2	Physische Gesundheit	4,15	4,14	4,14	4,03	3,98	4,06
E3	Depressive Verstimmungen	9,78	10,21	9,66	9,33	10,75	10,33
E4	Allgemeines Wohlbefinden	15,92	15,25	15,58	15,38	15,06	15,29
E5	Selbstwertgefühl	20,95	20,17	20,43	20,48	20,88	20,62
E6	Gesundheitsverhalten	4,73	4,57	4,81	4,51	4,33	4,50
E7	Work-Life-Balance	20,35	18,24	20,39	20,98	19,51	19,37
E8	Absentismus	8,08	3,74	4,78	4,88	8,72	6,53
Organisationspathologien							
F1	Mobbing	4,84	4,79	5,38	4,97	4,40	4,69
F2	Innere Kündigung	6,36	5,80	6,17	6,61	5,01	5,57
Wahrgenommene Produktivität/Qualität der Arbeit							
G1	Qualität der Arbeitsleistung	12,51	12,26	11,78	12,15	11,77	12,02
G2	Qualitätsbewusstsein	15,86	14,78	15,29	16,11	15,20	15,19
G3	Subjektive Arbeitsleistung	12,29	12,03	12,28	12,25	12,16	12,16
G4	Commitment	11,19	11,99	11,12	11,56	11,33	11,50

Tab. 6: Betriebsübergreifender Vergleich der Mittelwerte für Faktoren der Sozialkapitalkomponenten[296]

10.1.3.2 Mittelwertvergleiche zwischen Unternehmensabteilungen

Ebenso können die Mittelwerte zwischen den Abteilungen eines Betriebes verglichen werden. Auch hier ergibt sich bei Durchführung der Varianzanalyse überwiegend eine signifikant unterschiedliche Darstellung der Ausstat-

---

[296] Verändert anhand der Primärdaten nach Badura et al. 2008, S. 73; 75–76.

tung mit Sozialkapital auf Abteilungsebene. Dieser Sachverhalt wird in Kap. 10.2.2 nutzbar gemacht, wo im Abteilungsvergleich Daten aus der Mitarbeiterbefragung mit betrieblichen Produktivitätsdaten in Beziehung gesetzt werden. Exemplarisch für einen solchen Mittelwertvergleich wird in Tab. 7 der Mittelwertvergleich für die Komponente Netzwerkkapital des Unternehmens C wiedergegeben.[297] Aufgrund der hohen Datenkomplexität ist der naiv durch Inspektion zu erzielende Erkenntnisgewinn dieser Daten nicht sehr hoch. Hier müssen differenziertere statistische Verfahren angewendet werden.

---

[297] Für drei der untersuchten Unternehmen sind die Daten der abteilungsbezogenen Mittelwertvergleiche zusammengestellt worden, s. Projekt: Kennzahlenentwicklung und Nutzenbewertung im Betrieblichen Gesundheitsmanagement 2006a, Projekt: Kennzahlenentwicklung und Nutzenbewertung im Betrieblichen Gesundheitsmanagement 2006c, Projekt: Kennzahlenentwicklung und Nutzenbewertung im Betrieblichen Gesundheitsmanagement 2006b.

Faktor	Thermisches Fügen	Oberfläche	Mechanische Fertigung	Montage	Service 1	Service 2	Lager	Logistik	Näherei/Polsterei/Tischlerei	Fahrer/Pförtner/Betriebshandwerker/AV	Qualitätsmanagement	Auszubildende	keine Angabe	Insgesamt
Kohäsion im Team	16,07	17,05	19,21	20,00	17,50	16,31	16,41	18,14	19,17	20,53	21,80	18,60	21,15	18,40
Kommunikation	7,21	7,22	8,30	7,59	7,23	6,41	6,91	6,87	6,86	7,07	6,75	7,70	7,92	7,31
Sozialer Fit	9,43	10,13	11,12	11,72	10,00	9,19	9,73	10,47	11,33	12,07	12,33	11,50	11,86	10,73
Soziale Unterstützung	6,93	6,59	7,62	7,69	6,33	6,09	6,45	6,60	7,17	7,60	8,17	7,60	8,43	7,12
Vertrauen	6,93	6,30	7,26	7,28	6,17	5,76	6,05	6,57	7,83	7,40	7,83	6,80	7,79	6,80
Qualitätsbewusstsein	14,57	14,95	16,38	15,93	13,70	15,00	14,29	15,31	15,17	14,27	17,67	14,22	16,21	15,29

Tab. 7: Abteilungsvergleich für Netzwerkkapital
Beispiel für einen Mittelwertvergleich auf der Abteilungsebene eines Betriebes (C). Das erreichte Signifikanzniveau ist bei allen Faktoren $\alpha = 0,000$.[298]

10.1.4 Befragungsimmanente Datenanalyse

Im Rahmen der vorliegenden Untersuchung wurde anhand der Mitarbeiterbefragung die Ausstattung der Betriebe mit Sozialkapital ermittelt. Die Leistung der einzelnen Betriebsabteilungen wurde durch prozessproduzierte Kennzahlen ermittelt. Über diese prozessproduzierten Kennzahlen hinaus erschien es im Rahmen der Untersuchung aufschlussreich, die Einschätzung der Mitarbeiter selbst hinsichtlich der Nutzung des bestehenden Produktionspotenzials zu erfragen. Eine weitere Folge der Ausstattung mit Sozialkapital war annahmegemäß der Gesundheitszustand der Mitarbeiter. Um hierfür einen Anhaltspunkt zu erhalten, wurden im Rahmen der Fragebogenerhebung auch verschiedene Aspekte der Gesundheit abgefragt. Anhand dieser Befragungsdaten wurde eine Korrelationsanalyse durchgeführt.

10.1.4.1 Auswirkungen des Sozialkapitals auf die Mitarbeitergesundheit

Die Gesundheit der Mitarbeiter wurde im Rahmen des Fragebogens als das subjektive Befinden der Probanden erfragt.[299] Dabei wurden sieben somati-

---

[298] Verändert aus Projekt: Kennzahlenentwicklung und Nutzenbewertung im Betrieblichen Gesundheitsmanagement 2006a, S. 112.

sche, psychische und soziale Dimensionen ermittelt, die zu den Sozialkapitalkonstrukten in Beziehung gesetzt werden konnten. Die verwendeten Skalen wurden in Kap. 1 (S. 111) dargestellt. Die Mitarbeitergesundheit wurde darin durch die in Tab. 8 dargestellten Dimensionen erhoben.

Dimension	Konstrukte
Somatisch	Psychosomatische Beschwerden Physische Gesundheit
Psychisch	Depressive Verstimmung Allgemeines Wohlbefinden Selbstwertgefühl
Sozial	Gesundheitsverhalten Work-Life-Conflict Fehlzeiten

Tab. 8: Gesundheitsdimensionen und deren Skalen

Die Datenanalyse zeigt, dass die sozialen Dimensionen der Gesundheit einen verhältnismäßig geringeren Zusammenhang mit den Sozialkapitalkonstrukten aufweisen als die Messung der somatischen und psychischen Gesundheit. So sind hinsichtlich der Trink- und Rauchgewohnheiten der Mitarbeiter kaum signifikante Zusammenhänge zu erschließen. Die Fehlzeiten erweisen sich ebenfalls nicht als aussagekräftiger Faktor. Sie werden daher im Folgenden nicht mehr betrachtet. Beide Items zeigten im Antwortverhalten auch nur eine geringe Varianz. Hinsichtlich der Fehlzeiten wurde diese bereits diskutiert, hinsichtlich des Suchtmittelkonsums ergibt sich diese bereits erhebungsmethodisch aus der hier angewendeten Ordinalskala. In der Sozialen Dimension zeigt nur die Work-Life-Balance deutliche Zusammenhänge zum Sozialkapitalkonstrukt auf. Besonders eindrucksvoll ist der Zusammenhang der Sozialkapitalkomponenten mit den psychischen Gesundheitsdimensionen, mit denen durchweg ein mittlerer Zusammenhang besteht (r = 0,294

---

[299] S. Siegrist 2005.

bzw. 0,319; Durchschnitt über alle Items des Sozialkapitals, inverse Kodierung adjustiert.). In Bezug auf die Sozialkapitalkomponente Wertekapital erreicht dieser Zusammenhang sogar die Größe von r = 0,338 bzw. 0,364.

	Physische Gesundheit	Psychosomatische Beschwerden	Depressive Verstimmungen	Allgemeines Wohlbefinden	Selbstwertgefühl	Gesundheitsverhalten	Absentismus	Work-life-Conflict
Netzwerkkapital								
Gruppenkohäsion	0,243**	-0,354**	-0,393**	0,438**	0,258**	0,014	-0,168**	-0,287**
Kommunikation	0,285**	-0,283**	-0,314*	0,349**	0,235**	0,043	-0,110**	-0,251**
Sozialer Fit	0,281**	-0,341**	-0.381**	0,416**	0,229**	0,000	-0,169**	-0,298**
Social Support	0,257**	-0,279**	-0,325**	0,352**	0,237**	0,013	-0,092**	-0,237**
Vertrauen	0,211**	-0,282**	-0,304**	0,358**	0,231**	0,042	-0,124**	-0,202**
Führungskapital								
Mitarbeiterorientierung	0,259**	-0,319**	-0,337**	0,335**	0,249**	-0,010	-0,117**	-0,297**
Soziale Kontrolle	0,094**	-0,101**	-0,127**	0,064*	0,067*	-0,043	0,016	-0,120**
Kommunikation	0,260**	-0,306**	-0,316**	0,325**	0,207**	-0,013	-0,086**	-0,309**
Akzeptanz des Vorgesetzten	0,220**	-0,276**	-0,278**	0,287**	0,202**	-0,044	-0,105**	-0,223**
Vertrauen in den Vorgesetzten	0,236**	-0,323**	-0,358**	0,345**	0,209**	-0,015	-0,088**	-0,277**
Fairness und Gerechtigkeit	0,230**	-0,295**	-0,320**	0,325**	0,171**	-0,033	-0,102**	-0,259**

	Physische Gesundheit	Psychosomatische Beschwerden	Depressive Verstimmungen	Allgemeines Wohlbefinden	Selbstwertgefühl	Gesundheitsverhalten	Absentismus	Work-life-Conflict
Unternehmenskultur								
Gemeinsame Normen und Werte	0,259**	-0,315**	-0,334**	0,355**	0,266**	-0,039	-0,093**	-0,197**
Gelebte Unternehmenskultur	0,228**	-0,316**	-0,321**	0,366**	0,153**	-0,053	-0,104**	-0,261**
Konfliktkultur	0,274**	-0,355**	-0,389**	0,409**	0,178**	-0,043	-0,117**	-0,288**
Kohäsion im Betrieb	0,287**	-0,320**	-0,369**	0,390**	0,203**	-0,065*	-0,123**	-0,210**
Gerechtigkeit	0,300**	-0,382**	-0,398**	0,436**	0,186**	-0,007	-0,113**	-0,322**
Wertschätzung	0,310**	-0,354**	-0,371**	0,398**	0,232**	-0,029	-0,122**	-0,265**
Vertrauen in die Geschäftsführung und den Betriebsrat	0,239**	-0,336**	-0,368**	0,341**	0,204**	-0,047	-0,045	-0,305**

Tab. 9: Korrelationen zwischen Skalen des Sozialkapitals und Skalen des Gesundheitszustands
Ergebnisse aus der Mitarbeiterbefragung.
Signifikanzniveau der Korrelation:
** Signifikanzniveau $\alpha \leq 0{,}01$
* Signifikanzniveau $\alpha \leq 0{,}05$.

10.1.4.2 Zusammenhänge im Gesamtmodell

Hinsichtlich der Zusammenhänge der verschiedenen Variablen bestand eine klare Hypothese über deren kausalen Zusammenhänge (s. Kap. 1). Dieses Modell sollte im Rahmen der Analyse der Ergebnisse aus der Mitarbeiterbefragung auf seine empirische Fundierung hin untersucht werden. Da hypothesengemäß ein gerichteter Zusammenhang besteht, erschien ein Set von Regressionen die angemessene Darstellung. Im Modell waren verschiedene abhängige Variablen zu erkennen, unter denen selbst wiederum kausale Zusammenhänge bestehen. Somit erhielt man eine ganze Fülle von Regressionsgleichungen. Methodisch erschwerend waren diese Beziehungen im

Idealfall simultan zu überprüfen.[300] Das erforderliche Verfahren setzte nebenbei eine recht hohe Datenquantität voraus, weshalb es nur innerhalb der Befragungsdaten dieser Erhebung zur Anwendung kommen konnte. Die Zusammenhänge zwischen den Befragungsdaten hinsichtlich der Ausstattung mit Sozialkapital und den prozessproduzierten Leistungsergebnissen der Produktion konnten aufgrund des geringeren Datenumfangs nicht in ein solches Modell überführt werden.

Im Folgenden wurde das Gesamtmodell durch ein Strukturgleichungsmodell auf seine interne Schlüssigkeit hin untersucht.

Die erhobenen Konstrukte wie Wertekapital, Arbeitsbedingungen und Führungskapital können als solche nicht beobachtet werden. Es sind vielmehr theoretische Begriffe, darstellbar durch Variablen, die als Indikatoren in gewisser Weise messbar sind (z. B. wie hier durch die Einschätzung der Probanden).[301] Damit ergaben sich einige Besonderheiten bei der Erstellung eines Strukturgleichungsmodells.

10.1.4.3 Vorgehen bei der Modellbildung eines Strukturmodells

Die wissenschaftsphilosophische Problematik der Verwendung von theoretischen Begriffen, die nicht beobachtbar sind, wurde besonders von Carnap[302] untersucht: Die nicht beobachtbaren Konstrukte werden durch solche Variablen repräsentiert, die beobachtet werden können – das sind etwa die Items eines Fragebogens. Carnap entwickelte aus diesem Zusammenhang eine Betrachtungsweise unter dem Begriff *Zweisprachentheorie.*

Die Kernelemente dieser Theorie sind die „Theoretische Ebene" und die „Beobachtungsebene". Die Theoretische Ebene umfasst die Konstrukte und Begriffe, mit denen Hypothesen ausgedrückt werden. Betrachtet man diese als Variablen, so handelt es sich um latente Variablen, die nicht direkt beobach-

---

[300] S. Backhaus et al. 2008, S. 511–515.
[301] S. z. B. Wilke 2008, S. 93–99.
[302] S. z. B. Carnap 1966.

tet werden können. Mit Hilfe manifester Variablen werden diese auf der Beobachtungsebene messbar gemacht.

Die hier operationalisierten Variablen – in der Abb. 11 $x_{1...3}$ – wurden in der Erhebung als Items wiedergegeben. Zwischen den Items bestehen Zusammenhänge, die durch die Kovarianzen $r_{1...3}$ versinnbildlicht sind. Sie können durch die Berechnung zugehöriger Korrelationskoeffizienten vergleichbar gemacht werden. Auf der theoretischen Ebene wurden diese Zusammenhänge in der Zusammenhangshypothese H zwischen den latenten Variablen formuliert – hier dargestellt als η_1 bzw. η_2.

Ein Kernelement der Theoriebildung ist die Formulierung von Korrespondenzregeln zwischen der Theoretischen Ebene und der Beobachtungsebene, die hier als $\lambda_{1...3}$ dargestellt sind.

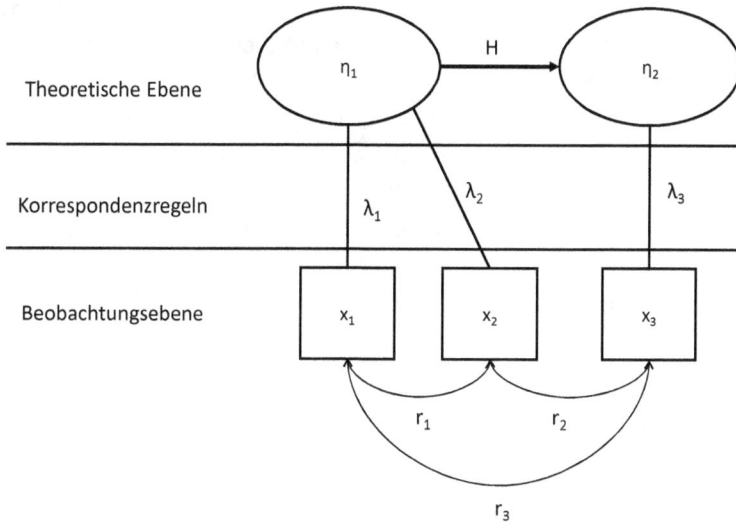

Abb. 11: Zweisprachentheorie nach Carnap[303]

---

[303] Verändert nach Wilke 2008, S. 93.

Im explorativ erstellten Strukturgleichungsmodell der vorliegenden Untersuchung auf der theoretischen Ebene wurde mit Konstrukten höherer Ordnung gearbeitet.[304] Das heißt, die latenten Variablen wurden aus den betreffenden Skalen des ProSoB-Fragebogens gebildet. Messbar wurden sie über die Items der entsprechenden Skalen des Fragebogens.

Sowohl bei der Bildung der Konstrukte niederer Ordnung aus den Items als auch bei der Bildung der Konstrukte höherer Ordnung aus denjenigen niederer Ordnung wurden die zugrunde gelegten Variablen gleich gewichtet und zwar unabhängig von ihrem Korrelationskoeffizienten. Eine Hypothese über die Messqualität der verschiedenen Items bzw. Konstrukte niederer Ordnung, die in die Bildung derselben (bzw. der latenten Variablen) eingingen besteht nicht.

Während der explorativen Analyse ergab es sich teilweise, dass eine bessere Anpassungsgüte des Modells erzielt wurde, wenn einzelne Skalen zu den jeweiligen Konstrukten außer Acht gelassen wurden. Für einige Konstrukte wurde daher nur auf einen Teil der verfügbaren Skalen zurückgegriffen. Die Messinstrumente wurden also bereinigt, um somit einen verbesserten Wert des Gütemaßes Cronbachs Alpha zu erzielen. Dazu wurden bei jedem Konstrukt die Indikatoren mit der geringsten Korrelation zum Gesamtkonstrukt (Item-to-Total-Korrelation) schrittweise entfernt, bis diese einen Wert $\geq 0,5$ annahm.[305] Eine Diskriminanzanalyse hinsichtlich der Konstrukte war bereits bei der Erstellung der Itembatterien zu den Konstrukten erfolgt.

---

[304] S. z. B. Buch 2007, S. 11–12.

[305] Für eine Diskussion dieses Grenzwerts s. Bearden et al. 1989, S. 475, s. auch Zinnbauer, Eberl 2004, S. 21.

Wertekapital:
Gemeinsame Normen und Werte
Konfliktkultur
Kohäsion im Betrieb
Gerechtigkeit und Fairness
Wertschätzung
Nicht herangezogen:
Gelebte Unternehmenskultur
Vertrauen in die Geschäftsführung und den Betriebsrat
Führungskapital:
Mitarbeiterorientierung
Kommunikation
Akzeptanz des Vorgesetzten
Vertrauen in den Vorgesetzten
Fairness und Gerechtigkeit
Nicht herangezogen:
Soziale Kontrolle
Machtorientierung
Arbeitsbedingungen:
Partizipation
Klarheit der Aufgabe/Rollenklarheit
Handlungsspielraum
Sinnhaftigkeit der Aufgabe

Nicht herangezogen:
Quantitative Anforderungen
Qualitative Anforderungen
Zufriedenheit mit Rahmenbedingungen
Netzwerkkapital:
Kohäsion im Team
Kommunikation
Sozialer Fit
Soziale Unterstützung
Vertrauen
Wahrgenommene Produktivität:
Qualität der Arbeitsleistung
Qualitätsbewusstsein
Nicht herangezogen:
Subjektive Arbeitsleistung
Gesundheit:
Physische Gesundheit
Allgemeines Wohlbefinden
Selbstwertgefühl
Nicht herangezogen:
Psychosomatische Beschwerden
Depressive Verstimmungen
Gesundheitsverhalten
Work-Life-Balance
Absentismus

Tab. 10: Herangezogene Skalen zu den Konstrukten des Pfadmodells

Das Strukturgleichungsmodell wurde anschließend anhand der Vorüberlegungen erstellt. Dabei wurden die verschiedenen Hypothesen auf ihren Erklärungsgehalt im Rahmen eines solchen Modells überprüft.[306] Insbesondere wurde jede der Sozialkapitalkomponenten dahingehend überprüft, ob sie sich im Rahmen eines solchen Modells exogen modellieren lässt. Für das Führungskapital und das Netzwerkkapital ist dies nicht der Fall, entsprechende Versuche führten nicht zu befriedigenden Güten der Anpassung. Das gilt auch bei einer versuchsweise errechneten Umkehrung des Wirkzusammenhangs. Das Pfadmodell in der Darstellung des Programmpakets Amos ist in Abb. 12 dargestellt.

---

[306] Besonders hilfreich ist dabei die grafische Benutzeroberfläche des verwendeten Programmpakts Amos (Vers. 16 bis 19).

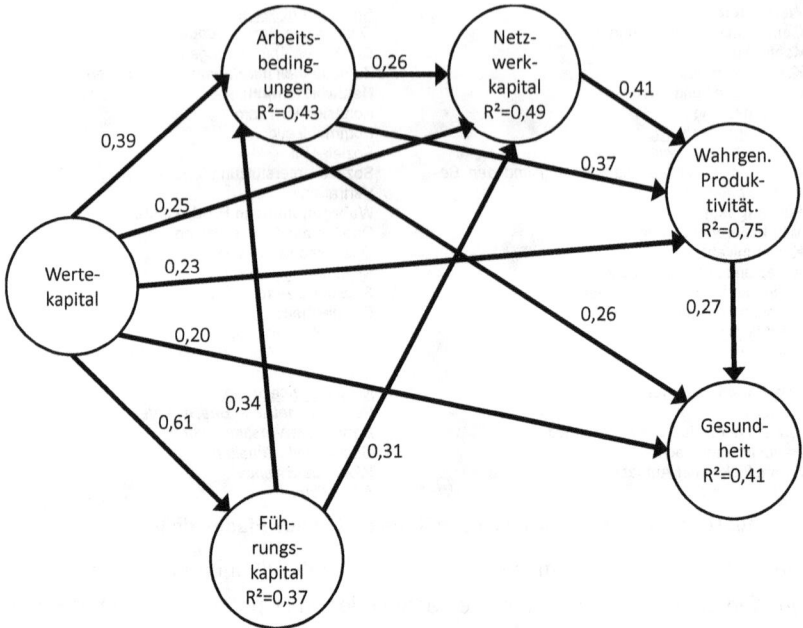

Abb. 12: Darstellung des Strukturgleichungsmodells[307]
Angegeben sind Pfadkoeffizienten. Mit R^2 sind Determinationskoeffizienten bezeichnet.

Die Bewertung eines solchen Modells erfolgt zunächst qualitativ und ist auf seine Plausibilität zu prüfen. Dennoch haben sich einige statistische globale Gütemaße eingebürgert, mit der die Anpassungsgüte des Erklärungsmodells an die empirischen Daten untersucht werden kann.

Mit dem Gütemaß RFI[308] wurde die Güte der Modellanpassung anhand der Gegen-Hypothese, dass keinerlei Beziehung zwischen den Komponenten bestehe, geprüft. Es überrascht nicht besonders, dass der üblicherweise angenommene untere Grenzwert für den Test von 0,9 hier mit einem Wert von 0,936 sogar überschritten wurde. Das gilt ebenso für den ähnlichen Test

---

[307] Verändert nach Badura et al. 2008, S. 106; eigene Berechnungen.
[308] *Relative fit index*, s. Bollen 1986.

CFI[309] (unterer Grenzwert 0,9; hier CFI = 0,951). Ein verbreitetes Gütemaß ist das RMSEA[310], für das „aus praktischer Erfahrung heraus"[311] der hier erreichte Wert von 0,058 als eine im Verhältnis zu den gegebene Freiheitsgraden sehr enge Anpassung des Modells gelten kann. Damit ist testtheoretisch eine gute Anpassung des Modells nachgewiesen.

Obgleich nicht signifikante Zusammenhänge aus dem Modell eliminiert wurden, so sind dennoch eine Reihe indirekter Wirkzusammenhänge zu erkennen. Für eine übersichtliche Darstellung wird in Abb. 13 auf eine wiederum eindimensionale Darstellung zurückgegangen. Hier sind die totalen Effekte des Strukturgleichungsmodells dargestellt. Der totale Effekt einer Variablen ergibt sich aus der Addition des direkten Effekts mit den indirekten Effekten, die jeweils mit ihren Nachfolgeeffekten zu gewichten sind.

---

[309] *Comparative fit index*, s. Bentler 1990, s. auch Zinnbauer, Eberl 2004, S. 21.

[310] *Root mean square error of approximation*, s. Bollen et al. 1993, S. 144, s. Wilke 2008, S. 116, vgl. auch Zinnbauer, Eberl 2004, S. 21.

[311] Bollen et al. 1993, S. 144.

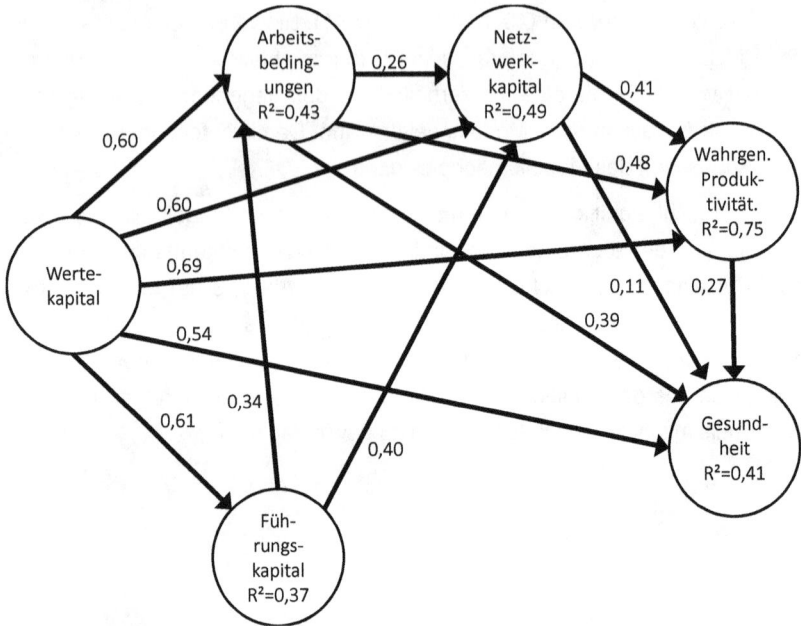

Abb. 13: Totale Effekte zwischen den Variablen

Anders als in Abb. 12 können in dieser Grafik nur jeweils von einer Variablen ausgehende Zusammenhange gleichzeitig sinnvoll interpretiert werden.

Die Analyse erfolgte über den Gesamtdatensatz für alle Unternehmen (n = 2.287). Einzelne fehlende Werte in den Datensätzen wurden durch Regressionsimputation ersetzt. Wo größere Teile des Fragebogens unausgefüllt geblieben waren, wurde der Datensatz im Rahmen dieser Analyse nicht verwendet. Die Analyse für einzelne Unternehmen der Befragung wurde versucht, blieb aber ergebnislos. Teilweise war die Fallzahl für eine Modellbildung zu gering, teilweise ergaben sich – vermutlich aufgrund ebenfalls geringer Fallzahlen – innerhalb des Modelles keine Zusammenhänge mit einer befriedigenden Signifikanz. Interessant ist allerdings, dass auch die nicht-signifikanten Zusammenhänge sowie nur teilweise spezifizierbaren Modelle zu den gleichen Ergebnissen hinsichtlich der Wirkungsrichtung kommen.

10.1.4.4 Interpretation der Ergebnisse des Strukturmodells

Die Erkenntnisse aus dem Strukturgleichungsmodell lassen sich wie folgt interpretieren: Im Rahmen der Wirkungshypothese wurde ausschließlich anhand von Daten, die im Rahmen der Mitarbeiterbefragung fragebogengestützt erhoben wurden, die Zusammenhänge zwischen den drei Konstrukten des Sozialkapitals (Wertekapital, Führungskapital und Netzwerkkapital) mit den Arbeitsergebnissen und dem Gesundheitszustand der Mitarbeiter ermittelt. Die Arbeitsergebnisse wurden dabei durch das Konstrukt „Wahrgenommene Produktivität" repräsentiert, die Probanden wurden hierfür um eine Selbsteinschätzung gebeten. Auch der Gesundheitszustand wurde ausschließlich durch verschiedene Fragen zur Selbsteinschätzung repräsentiert. Aufgenommen wurde des Weiteren das Konstrukt Arbeitsbedingungen, das hypothesengemäß eng mit den Konstrukten des Sozialkapitals verknüpft ist. Zur Beantwortung der Frage, welche der Sozialkapitalfaktoren sich aus der Erlebniswelt der Probanden auf die Arbeitsergebnisse und das Wohlbefinden der Mitarbeiter auswirken, wurde ein einfaches theoretisches Modell zugrunde gelegt, in dem die Zusammenhänge durch Pfeile dargestellt werden. Neben den zugelassenen Variablen bestanden des Weiteren Einflüsse von hier nicht berücksichtigten Drittvariablen in der Größe von jeweils $1-R^2$.

Das augenfälligste Ergebnis der Untersuchung ist, dass das Wertekapital mit $\beta = 0,69$ in der Selbsteinschätzung der Mitarbeiter einen hohen Einfluss auf die wahrgenommene Produktivität hat. Mit einem R^2 von 0,75 kann mit dem Modell auch der überwiegende Teil der Varianz hinsichtlich der wahrgenommenen Produktivität erklärt werden. Dies kann als ein sehr eindeutiges Ergebnis bezeichnet werden. Allerdings wirkt mit $\beta = 0,23$ nur der kleinere Teil des Effekts des Wertekapitals direkt auf die Qualität der Arbeit. Vorwiegend wirkt sich das Wertekapital über die Konstrukte Arbeitsbedingungen und Netzwerkkapital aus. Auch dem Führungskapital kommt ein bedeutsamer Einfluss zu. Allerdings wirkte es sich nicht direkt auf die wahrgenommene Produktivität aus. Von ihm geht aus die Hauptwirkung auf das Netzwerkkapital aus, was nicht überraschend ist, da die unteren Führungsebenen, auf die hier Bezug genommen wird, zugleich auch in die Netzwerke eingebunden sind. Außerdem hat die Führungsebene gemäß der Untersuchung auch einen wichtigen Einfluss auf die Arbeitsbedingungen. Die wahrgenommene Gesundheit der Mitarbeiter hängt mit einem $\beta = 0,54$ auch in einem bedeutenden Maße davon ab, ob Wertekapital vorhanden ist, jedoch weit weniger als die wahrgenommene Produktivität.

Bemerkenswert erscheint, dass das Führungskapital keinen direkten Einfluss auf die Endvariablen „Wahrgenommene Produktivität" und „Gesundheit" zeigt. Es wirkt ausschließlich auf indirektem Weg. Auch das Netzwerkkapital und somit die Beziehungen zu Kollegen wirkten sich gemäß dieser Untersuchung nicht direkt auf den Gesundheitszustand von Mitarbeitern aus. Beherrschende Faktoren sind hier das Wertekapital selbst sowie – unmittelbar einleuchtend – die Arbeitsbedingungen. Der Einfluss der wahrgenommenen Produktivität auf die Gesundheit kann allenfalls durch geringere Frustrationserlebnisse erklärt werden. Der Kausalzusammenhang bedarf hier einer weiteren Begründung.

10.1.4.5 Zusammenfassung

Gemäß der Mitarbeiterbefragung haben Faktoren wie der Zusammenhalt der Mitarbeiter untereinander, gemeinsame Normen und Werte sowie die Qualität des Umgangs mit den Mitarbeitern und deren Wertschätzung einen bestimmenden Einfluss auf die Produktivität der Arbeitsleistung, wie sie von den Mitarbeitern selbst eingeschätzt wird. Daneben haben die Arbeitsbedingungen einen wichtigen Einfluss. Die weiteren Sozialkapitalfaktoren Führungskapital und Netzwerkkapital treten mit einem mittelgradigen Einfluss hinter diese Zusammenhänge zurück.

10.2 Methodik im Linkage Research

Zur Feststellung von Zusammenhängen zwischen den Sozialkapital-Konstrukten und den Ergebniskonstrukten (hinsichtlich des Betriebsergebnisses) wurde eine modellbezogene statistische Analyse durchgeführt.

Diese erfolgte jeweils unabhängig für die betrachteten Unternehmen, da die betriebswirtschaftlichen Kennzahlen in der Regel nicht vergleichbar sind – das betrifft sowohl das Konstrukt als auch die Mess- und Erhebungsmethodik.

Anhand der Unternehmensdaten der Betriebe C und D wird das Vorgehen hier exemplarisch geschildert.

Die hauptsächlich verwandten Methoden waren Korrelationsanalysen zwischen Indikatoren des Betriebserfolgs und Indikatoren des Sozialkapitals.

Deskriptive Analyse

Im Rahmen der deskriptiven Analyse wurden die vorliegenden betriebswirtschaftlichen Kennzahlen zunächst auf ihre Plausibilität geprüft. „Ausreißer", das heißt einmalig untypische Werte, wurden dabei kaum gefunden, allerdings wurden gelegentliche Erhebungsfehler identifiziert, die anschließend korrigiert wurden. Außerdem wurde in einigen Fällen festgestellt, dass die erhobene Kennzahl nicht verwendbar ist, etwa weil entgegen der Annahmen und den Ergebnissen aus der Dokumentenanalyse die Kennzahlen in verschiedenen Abteilungen auf nicht vergleichbare Weise erhoben wurden.

Im Rahmen der vorliegenden Beschreibung wird mit der deskriptiven Analyse zudem ein Einblick in das Datenmaterial gegeben.

Bivariate Analyse

Im Rahmen der bivariaten Analyse wurden (in Kreuztabellen) die Korrelationen zwischen den Indikatoritems für Sozialkapital sowie denjenigen für den Betriebserfolg ermittelt.

Multivariate Analyse

Im Anschluss wurden multiple Regressionsanalysen nach zwei verschiedenen Verfahren gerechnet. Dies erfolgte jeweils getrennt für die betrachteten Betriebe.

Bei der ersten Berechnung wurden diejenigen fünf Variablen für den Betriebserfolg mit der höchsten Korrelation aus der bivariaten Analyse einbezogen. Für das Einschlusskriterium wurden nur signifikante Ergebnisse berücksichtigt.

In der zweiten Berechnung wurde eine schrittweise multiple lineare Regression berechnet. Hypothesengemäß war von einer mehr oder weniger starken Multikollinearität der Prädiktorvariablen auszugehen, die schließlich nur verschiedenen Aspekte des Konstrukts Sozialkapital abbilden. Daher wurde ein schrittweises Regressionsverfahren angewendet.

Dieses Verfahren wird herkömmlicherweise zur Hypothesenbildung, also in der explorativen Datenanalyse verwendet. Die Hypothesenbildung war zu diesem Auswertungszeitpunkt in der vorliegenden Untersuchung allerdings weit gediehen und wurde von daher eher affirmativ eingesetzt. Im gängigen Verfahren zur Gewinnung eines Regressionsmodells werden dabei die Prädiktorvariablen für das betrachtete Ergebnis anhand eines Algorithmus ausgewählt.[312] Im Verlauf dieses Algorithmus werden Zug um Zug diejenigen unabhängigen Variablen mit dem jeweils höchsten partiellen Korrelationskoeffizienten zur abhängigen Variablen in die Gleichung aufgenommen. Nach jedem Schritt wird diejenige Variable mit dem kleinsten partiellen Korrelationskoeffizienten wieder aus der Gleichung ausgeschlossen, sofern der zugehörige Regressionskoeffizient nicht signifikant nach dem gewählten Signifikanzniveau ist.[313]

Abweichend vom gelegentlich anzutreffenden forschungspraktischen Vorgehen wurde eine umfangreiche Überprüfung der Modellvoraussetzungen vorgenommen. Dabei wurde insbesondere zur Linearität der Zusammenhänge überprüft. Innerhalb der Wissenschaft gibt es unterschiedliche Sichtweisen über die Robustheit der angewendeten Modelle. Für die vorliegende Untersuchung war eine hohe Skepsis an der Robustheit vieler Modelle handlungsleitend. Im Wesentlichen wurde bei der Prüfung der Modellvoraussetzungen Backhaus et al.[314] gefolgt. Die Modellvoraussetzungen werden nachfolgend im Einzelnen diskutiert. In die weitere Berechnung wurden nur Variablen einbezogen, die die jeweiligen Modellvoraussetzungen erfüllten.

Um ein wirklich robustes Verfahren zur Anwendung zu bringen, wurde zudem die Berechnung logistischer Regressionen unternommen. Hierbei erwies sich

---

[312] Für eine grundsätzliche Kritik an den theoretischen Grundlagen vgl. allerdings Bortz 2005, S. 461.

[313] S. auch Bühl 2006, S. 364, s. SPSS Inc. <2009>, S. 89, 96–97.

[314] Vgl. Backhaus et al. 2008, S. 79–90.

allerdings der Stichprobenumfang angesichts des ökologischen Studiendesigns (Linkage Research) als zu gering.

Faktorenanalyse

Die Kennzahlen zum Betriebserfolg sind Indikatoren für den Gesamterfolg der betrachteten Abteilungen und Gruppen in den Unternehmen. Die Indikatoren stellen also nur einzelne Aspekte und Facetten des Gesamterfolges dar. Es kann außerdem angenommen werden, dass sie nicht unabhängig voneinander sind. Die Auswahl der Indikatoren für den Betriebserfolg erfolgte wie dargestellt anhand der in den Unternehmen vorliegenden Informationen und nicht anhand theoretischer Konstrukte. Daher erschien es interessant, die Struktur der Zielvariablen untereinander zu betrachten. Dazu wurden – wiederum jeweils auf die einzelnen Unternehmen bezogene – Faktorenanalysen durchgeführt, um so auf übergeordnete Komponenten schließen zu können – vereinfacht ausgedrückt: um Kennzahlen, die Ähnliches messen, zusammenzufassen. Zur Ermittlung übergeordneter Faktoren, in die sich die Indikatoren ohne einen größeren Informationsverlust zusammenfassen lassen, wurde jeweils eine Hauptkomponentenanalyse[315] durchgeführt. Das Verfahren der Hauptachsenanalyse schied aus dem Grunde aus, dass keine Annahmen über die Kommunalitäten bestanden. Dabei führt eine Varimax-Rotation der Ergebnisse erwartungsgemäß zu deutlicheren und somit leichter interpretierbaren Resultaten. Die Zahl der ermittelten Faktoren richtet sich nach dem Eigenwertkriterium nach Kaiser.

Der Erkenntnisgewinn der Faktorenanalyse liegt darin, die Verwandtschaft der Erfolgsindikatoren darzustellen. Allerdings ergaben sich durchweg keine Ladungen in einer solchen Höhe, dass es angezeigt erschien, die Indikatoren für die weitere analytische Auswertung zusammenzufassen. Immerhin konnten in vielen Fällen die inhaltlichen Zusammenhänge zwischen den Faktoren auch formal weiter belegt werden, zum Beispiel ergaben sich Komponenten durch die die Indikatoren für das Produktionspotenzial und die Produktivität getrennt wurden.

---

[315] S. Backhaus et al. 2008, S. 350–351.

Überprüfung der Modellvoraussetzungen

Zur Überprüfung der Modellvoraussetzungen wurde im Einzelnen wie folgt vorgegangen:

Linearität

Die Linearität der jeweiligen Zusammenhänge wurde primär durch die Berechnung des korrigierten R^2-Wertes durchgeführt. Dieser Wert kann eine Größe zwischen 0 und 1 annehmen. Bei einem linearen Zusammenhang liegt ein Wert nahe 1 vor. Allerdings bestehen keine etablierten Grenzwerte im Sinne einer Richtschnur, welche Werte im Sinne der Linearität noch als akzeptabel anzusehen sind. Berichtet wird, dass Werte in der Größenordnung von 0,1 für „stark zufallsbehaftete Prozesse"[316] akzeptabel seien. Da diese Richtschnur als vage und damit unbefriedigend empfunden wurde, wurde die Linearität zusätzlich durch Inspektion der grafischen Darstellung überprüft.

Für nichtlineare Zusammenhänge wurde zudem verschiedentlich eine Anpassung durch Transformation versucht. Diese blieb durchweg erfolglos, da entweder weitgehend lineare Zusammenhänge beobachtet wurden oder unsystematische Zusammenhänge, die somit nicht transformierbar waren.

Determinationskoeffizient

Zudem wurde für jede unabhängige Variable das korrigierte Bestimmtheitsmaß („korrigiertes R^2") ermittelt, da empirische Daten durch die ermittelte Verteilung nur ungefähr wiedergegeben werden. De facto liegen die ermittelten Werte nicht auf der Verteilungskurve, sondern in ihrer Nähe. Die Kurve nähert die tatsächliche Verteilung somit nur an und schätzt diese.[317] Dabei treten in den Beobachtungsdaten allerdings auch Abweichungen von der Schätzung auf, die dementsprechend auf eine mehr oder weniger gute Schätzung hinweisen. Das Bestimmtheitsmaß gibt die Güte diese Schätzung an, indem es den Quotienten zwischen der durch das Modell erklärten Streuung um einen Mittelwert und der beobachteten Streuung angibt. Das Be-

---

[316] Backhaus et al. 2006, S. 97.

[317] Für weiteres s. z. B. Backhaus et al. 2008, S. 67–71.

stimmtheitsmaß kann Werte zwischen 0 und 1 annehmen. Bei einem hohen Erklärungsgehalt des Modells nimmt es Werte nahe $R^2 = 1$ an, liegt kein Erklärungsgehalt vor, Werte nahe $R^2 = 0$.

Verwendet wurde ein korrigiertes Bestimmtheitsmaß, bei dem zudem berücksichtigt wird, dass sich sein Wert durch die Aufnahme irrelevanter Regressoren erhöhen könnte. Obgleich ein eindeutiger Wert ermittelt wird, gibt es keine eindeutige Auffassung über eine Wertgrenze, ab der ein korrigiertes Bestimmtheitsmaß im Sinne der Erfüllung der Linearitätsbedingung als hinreichend angenommen wird. Lehrbuchmäßig wird festgestellt: „[a]llgemeingültige Aussagen, ab welcher Höhe ein R-Quadrat als gut einzustufen ist, lassen sich nicht machen, da dies von der jeweiligen Problemstellung abhängig ist. Bei stark zufallsbehafteten Prozessen kann auch ein R^2 von 0,1 akzeptabel sein."[318] In der vorliegenden Untersuchung wird das Bestimmtheitsmaß hinsichtlich der Linearitätsbedingung in eine Gesamtbetrachtung der Modelle eingebracht. Daher werden noch R² größer als 0,5 berücksichtigt. Die Gesamtschau ist dann von besonderer Bedeutung, da solche Ergebnisse für sich alleine betrachtet natürlich keine Aussagekraft haben.

Im Rahmen des linearen Regressionsmodells wird davon ausgegangen, dass die beobachteten Residuen, die durch die oben bereits genannte Streuung entstehen, unabhängig von einander sind. Daraus folgt, dass der Erwartungswert der beobachteten Variablen den geschätzten Variablen entspricht. In diesem Fall gleichen sich die Abweichungen nach oben und unten aus. Sind die Abweichungen allerdings von einander nicht unabhängig, ergibt sich ein Fehler bei der Bestimmung des Konfidenzintervalls für den Regressionskoeffizienten.[319] Es handelt sich dabei um die Autokorrelation.

Autokorrelation

Das Vorliegen einer solchen Autokorrelation wurde durch visuelle Inspektion des grafischen Plots der Residuen gegenüber der prognostizierten Regressi-

---

[318] Backhaus et al. 2006, S. 97.
[319] S. Backhaus et al. 2008, S. 86–87.

onsgrade geprüft. In der grafischen Darstellung sollten möglichst keine regelmäßigen Muster auftreten.

Da bei visueller Inspektion Muster gelegentlich nicht leicht zu deuten sind, wurde durch den Durbin-Watson Test[320] ergänzend auf das Nichtvorliegen einer Autokorrelation erster Ordnung überprüft. Dabei führen d-Werte (die Ergebniswerte des Tests) unter 1 sowie über 3 zu einer Verwerfung der Linearitätsbedingung.[321]

Normalverteilung der Störgrößen

Eine Voraussetzung für die Ermittlung der Signifikanz durch Signifikanztests wie den t-Test oder den F-Test ist eine Normalverteilung der Störgrößen. Obgleich hier eine relative Robustheit vorliegt, wurde durch visuelle Inspektion auf größere Abweichungen geprüft. Dazu wurden die erhobenen Daten in Histogrammen dargestellt, die durch ein Normalverteilungsdiagramm überlagert wurden. Wesentliche Abweichungen von einer Normalverteilung wurden so erkennbar.

Heterokaskadizität

Ebenfalls durch visuelle Inspektion wurden die Daten auf Heterokaskadizität geprüft. Liegt eine solche vor, ist die Störgröße – vermutlich – von der Reihenfolge der Beobachtung oder der unabhängigen Variablen abhängig.[322] Eine Folge ist, dass der Standardfehler des Regressionskoeffizienten verfälscht wird und damit auch das Konfidenzintervall nur noch ungenau abgeschätzt wird.

Ebenfalls zu einer unzuverlässigen Schätzung der Regressionsparameter führen Zusammenhänge der unabhängigen Variablen – Regressoren – untereinander. Solche werden sich allerdings in der sozialwissenschaftlichen Forschungspraxis kaum vermeiden lassen und sind materiell auch nicht unbedingt unerwünscht.

---

[320] S. Backhaus et al. 2008, S. 86–57.
[321] Vgl. Urban, Mayerl 2006, S. 266.
[322] Vgl. Backhaus et al. 2008, S. 85–86.

10.2.1 Verwendung nicht-linearer Verfahren

Die intensive Überprüfung der Linearitätsvoraussetzungen des Datenmaterials zeigt, dass weitgehend lineare Zusammenhänge festzustellen sind.

Bei dem angelegten ökologischen Studiendesign[323] („Linkage research") kann nur eine im Vergleich zur Probandenzahl begrenzte Anzahl an Ausprägungen der Zielvariablen auftreten. Die Zielvariablen zum Betriebserfolg wurden aus Gründen der Datenverfügbarkeit wie bereits angeführt in aggregierter Form auf Gruppenebene erfasst. Dieser Gruppenwert wurde den unabhängigen Variablen aus dem Bereich Sozialkapital zugeordnet. Insofern wurde explorativ und beispielhaft anhand des Datenmaterials der Unternehmen C und D durch logistische Regression nach Zusammenhängen gesucht. Tatsächlich besitzen die untersuchten Variablen kein ersichtliches binäres Messniveau, was für den einfachsten Fall eine Voraussetzung für die Anwendung dieser Methode darstellt.[324] Eine denkbare Einteilung der Indikatoren für den Betriebserfolg anhand der Kriterien erfolgreich/nicht erfolgreich ist inhaltlich nicht sinnvoll, da der externe Maßstab für den Erfolg fehlt. Hilfsweise wurden die Zielvariablen deshalb zunächst jeweils am Median nach den jeweils erfolgreichsten sowie weniger erfolgreichen Gruppen aufgeteilt. Ähnlich wurde eine multinomiale logistische Regressionsanalyse durchgeführt, bei der nach Quartilen aufgeteilt wurde.

In beiden Fällen ergeben die Pseudo-R-Quadrat-Statistiken sowohl nach Cox und Snell-R^2 als auch Nagelkerke-R^2 keine relevante Varianzaufklärung.[325] Zudem liegen die Ergebnisse jenseits vertretbarer Signifikanzwerte.

Diese Ergebnisse der exemplarisch angewendeten Verfahren bestärken die Annahme, dass das konventionelle lineare Modell für den untersuchten Zusammenhang angemessen ist.

---

[323] S. Mather et al. 2004, S. 1443–1444.

[324] S. Bender et al. 2007, S. e33.

[325] Vgl. Backhaus et al. 2008, S. 263–264.

10.2.2 Aggregate der Analyse

Das dargestellte Vorgehen wurde auf die Daten der Betriebe A, B, C, D und E angewandt. Außerdem wurden die verschwisterten Unternehmen C und D zusätzlich zusammengefasst betrachtet, da sich die Kennzahlen- und Unternehmensstruktur durch dieselbe persönliche Unternehmensleitung ähneln. Die Darstellung beginnt mit mit dem Betrieb C, da in der gewählten Abfolge Doppelungen bei den Erklärungen teilweise vermieden werden können.

10.3 Durchführung der Analyse

Nachfolgend werden die Ergebnisse gemäß der methodischen Durchführung dargestellt.

10.3.1 Deskriptive Analyse

10.3.1.1 Betrieb C

Finanzperspektive

Beim Betrieb C konnten der Finanzperspektive die Kennzahlen „Produktivität" sowie „absolute" und „relative Produktivitätssteigerung" zugeordnet werden.

Die Produktivität der einzelnen Gruppen der Firma C im Jahr 2006 erstreckt sich von 58,40 Euro bis zu 8.067.720,00 Euro. Die absolute Produktivitätssteigerung im Jahr 2006 im Verhältnis zum Vorjahr liegt in einer Spanne von -4,40 Prozent bis 66,70 Prozent, die Spanne der relativen Produktivitätssteigerung ist etwas breiter und reicht von -4,49 Prozent bis 121,79 Prozent.

Kundenperspektive

Da die Befragungsdaten über die Kundenzufriedenheit nicht einzelnen Gruppen des Betriebs zugeordnet werden konnten, wurden sie für die weitere Berechnung nicht verwendet.

Prozessperspektive

Hinsichtlich der Prozessperspektive wurden die Kennzahlen „Termintreue" und „Fehlerkosten in Euro gesamt" sowie „Fehlerkosten pro Mitarbeiter in Euro" analysiert.

Die Termintreue konnte im Betrieb C nur für die Gruppen der Montage ermittelt werden, nicht aber für die Vorfertigung, sodass hier insgesamt nur fünf verschiedene Werte existieren, die von 56,10 Prozent bis zu 89,10 Prozent Zeitverzug reichen.

Die aufgetretenen Fehlerkosten als Maßstab für die Qualität der Produktion variieren in ihrer Höhe von 4,50 Euro bis 3.918,00 Euro. Umgerechnet auf den einzelnen Mitarbeiter in der Produktionseinheit zeigt sich eine Spanne von 2,25 Euro bis 244,88 Euro. Zu berücksichtigen ist bei diesen Werten jedoch, dass die Höhe der Fehlerkosten selbstverständlich auch von dem Zeitpunkt in der Wertschöpfungskette abhängig ist, an dem der Fehler unterläuft.

Potenzialperspektive

Zu den wesentlichen Kennzahlen dieser Perspektive zählt der Krankenstand, der im Betrieb C je nach Erhebungseinheit von 0,5 Prozent bis zu 8,9 Prozent im Jahr 2006 reicht.

Die Anzahl der meldepflichtigen Unfälle ist niedrig, hier wird für das Jahr 2006 lediglich in zwei Erhebungseinheiten ein Unfall registriert, der an die Berufsgenossenschaft weitergemeldet wurde.

Hinsichtlich der freiwilligen Kündigungen kann festgehalten werden, dass solche in den meisten Erhebungseinheiten im Jahr 2006 nicht stattfanden; lediglich in sieben Einheiten sind solche zu verzeichnen, die sich von 5,3 Prozent bis zu 22,22 Prozent je nach Gruppe erstrecken. Die Höhe der unfreiwilligen Fluktuation ist noch geringer und hat nur in zwei Gruppen stattgefunden. Sie beträgt 5,6 Prozent beziehungsweise 12,5 Prozent.

Das betriebliche Vorschlagwesen dient als weitere Kennzahl für die Potenzialperspektive. Hier gibt es im Betrieb C „Sparunternehmen-" sowie „Schlauunternehmen"-Vorschläge. Die zu verzeichnenden Sparunternehmen-Vorschläge nach Werteinheiten betragen in Abhängigkeit von der Gruppe von 1 bis 24 Einheiten, in Euro bemessen divergieren die Beträge von 265,00 Euro bis zu 1111,11 Euro. Betrachtet man die Anzahl der Schlauunternehmen-Vorschläge, so gibt es in einer Abteilung sechs Vorschläge, in den meisten hingegen nur einen oder keinen Vorschlag. Die durchschnittlich erreichte Schlauunternehmen-Prämie variiert von 50,00 Euro bis zu 1.904,05 Euro.

Auch die Teilnahme an freiwilligen Freizeitveranstaltungen bzw. Sportgruppen wird im Betrieb C angeboten und kann zum Potenzial eines Betriebes gezählt werden. So haben bezüglich der Freizeitveranstaltungen zwischen drei und zwölf Mitarbeiter einer Abteilung an diesen teilgenommen, auch die Sportveranstaltungen wurden von bis zu acht Mitarbeitern einer Erhebungseinheit besucht.

Ältere Ergebnisse einer Gesundheitsumfrage und auch ältere Ergebnisse einer Umfrage zur Mitarbeiterzufriedenheit lagen zwar vor, wurden jedoch für die weitere statistische Analyse nicht berücksichtigt.

10.3.1.2 Betrieb D

Finanzperspektive

Im Betrieb D können der Finanzperspektive die Kennzahlen „Produktivität in 2006" (das heißt Ist-Aufwand/Produktivität) sowie die „absolute" und „relative" Produktivitätssteigerung im Jahr 2006" zugeordnet werden.

Dabei erstreckt sich im Betrieb D die durchschnittliche Produktivität der einzelnen Gruppen von 67,50 Euro bis 188,00 Euro, die Produktivitätssteigerung im Verhältnis zum Vorjahr von -12,59 Euro bis zu 46,16 Euro.

Kundenperspektive

Im Betrieb D konnten der Kundenperspektive keine Kennzahlen zugeordnet werden, daher wird diese im weiteren Verlauf auch nicht mehr aufgeführt.

Prozessperspektive

Aus der Prozessperspektive können im Betrieb D generell die Kennzahlen „Termintreue" sowie „Fehlerkosten in Euro pro Mitarbeiter" festgestellt werden. Sie besitzen allerdings keine starke Varianz, so kann bei der Termintreue, das heißt den Aufträgen mit Verzug, nur einmal der Wert 50,60 Prozent identifiziert werden. Fehlerkosten pro Mitarbeiten hingegen werden im Jahr 2006 keine festgehalten.

Potenzialperspektive

Kennzahlen, die diesem Bereich der Balanced Scorecard zugeordnet werden können, sind im Betrieb D die „Gesundheitsquote" beziehungsweise ihr Komplement „Krankenquote", die „Unfallquote", KVP „Sparunternehmen" und KVP „Schlauunternehmen", die „Teilnahme an freiwilligen Sport- bzw. Freizeitveranstaltungen" sowie die „freiwillige und unfreiwillige Fluktuation".

Betrachtet man die Kennzahlen im Einzelnen, so fällt bei der Gesundheitsquote auf, dass die Abteilung mit den geringsten Quoten im Jahr 2006 eine Anwesenheit von 88,87 Prozent besitzt, die Gruppe mit der höchsten Anwesenheit eine Quote von 97,46 Prozent.

Die Betrachtung der Unfallquote im Betrieb D zeigt keinen meldepflichtigen Arbeitsunfall. Freiwillige Fluktuation hat dort im Jahr 2006 nicht stattgefunden; unfreiwillige Fluktuation ergab sich aus betrieblichen Kündigungen, die in einer Abteilung eine Größenordnung von bis zu 25 Prozent der Belegschaft ausmachen.

Bezüglich der freiwilligen Sport- und Freizeitveranstaltungen wurden im Jahr 2006 keine Aufzeichnungen durchgeführt.

10.3.1.3 Betrieb B

Finanzperspektive

Im Betrieb B können der Finanzperspektive nur die Kennzahlen „Beschäftigungsabweichung" sowie „Entscheidungskosten in Euro pro Person" zugeordnet werden. Beide Kennzahlen wurden in Quoten anteilig entsprechend der Mitarbeiteranzahl je Abteilung umgerechnet.

Die Entscheidungskosten pro tausend in Euro anteilig in Prozent reichen somit im Betrieb B von -0,89 bis zu 311; die Beschäftigungsabweichung pro Person in Euro variiert von 194 bis zu 16.684.

Kundenperspektive

Zur Kundenperspektive lagen keine Daten vor, die sich auf die Abteilungen übertragen ließen.

Prozessperspektive

Unter den Bereich der Prozessperspektive wurden im Betrieb B die Produktivstunden sowie die Fehler im Prozess gefasst. Dabei erstrecken sich die Produktivstunden von 60.197 bis zu 473.226 Stunden, für die Fehler im Prozess werden Zahlen von 2 bis 13 angegeben.

Potenzialperspektive

Zur Potenzialperspektive wurden im Betrieb B der Krankenstand, die Gesamtsumme der meldepflichtigen Arbeitsunfälle, die Einsparungen aus dem betrieblichen Vorschlagswesen, die Anzahl der Zeichner bei der Mitarbeitergesellschaft, die freiwillige und die unfreiwillige Fluktuation sowie die Schulungstage pro Mitarbeiter gezählt.

10.3.1.4 Betrieb A

Im Unternehme A konnten nur der Prozessperspektive sowie der Potenzialperspektive aus der Balanced Scorecard Kennzahlen zugeordnet werden.

So fielen einerseits unter die Prozessperspektive die „Soll-Ist-Abweichung im Jahr 2005" sowie andererseits die „Erreichten Zeitgrade". Hierbei war jedoch die Varianz zwischen den einzelnen Erhebungsgruppen des Betriebes so gering, dass sie für die weiteren statistischen Analysen nicht mehr verwendet wurde.

Unter die Potenzialperspektive fiel im Betrieb A die Krankenquote, die sich von knapp 1 Prozent bis zu rund 10 Prozent je Erhebungseinheit erstreckt. Auch die Kosten aus dem Unfallgeschehen wurden hierzu gezählt, die sich insgesamt auf bis zu 79.676,76 Euro summieren. Als wichtiger Parameter für das Potenzial eines Betriebes wird weiterhin die Höhe der freiwilligen Fluktuation angesehen, die sich zwischen 1 Prozent und rund 6 Prozent bewegt. Die Spanne, in der sich die unfreiwillige Fluktuation bewegt, ist dagegen etwas breiter und reicht von null bis knapp 8 Prozent.

10.3.1.5 Betrieb E

Finanzperspektive

Im Betrieb E konnten der Finanzperspektive die Kennzahlen „Deckungsbeiträge I bis III", „Betriebserlös", „Betriebskosten" sowie „Aufwand/Ertrags-Ver-
hältnis (Cost-Income-Ratio)" zugeordnet werden. Dabei lagen diese Informationen zwar für alle Filialen vor, nicht jedoch für die führenden und unterstützenden Abteilungen der Zentralen. Hinsichtlich des Deckungsbeitrags I wurde
der Deckungsbeitrag pro Kopf (gewichtet nach Mitarbeiter-Vollzeitäquivalenten) berechnet.

Kundenperspektive

Die Kundenzufriedenheit wurde per Befragung nur für das gesamte Unternehmen ermittelt. Da sich die Daten nicht den einzelnen Gruppen bzw. Erhebungseinheiten zuordnen ließen, wurden sie für die vorliegende Analyse nicht
weiter verwertet.

Prozessperspektive

Hierunter wurden die Zielsetzungen gefasst, die in den Filialen jährlich top-
down gemacht werden. Dabei handelte es sich um Rentabilitätsziele (Deckungsbeitrag I), um Aktivitätsziele (Anzahl der Abschlüsse je Mitarbeiter)
sowie um Produktziele. Zu letzteren zählte der Grad der Zielerfüllung in Bezug auf (1) das erzielte Finanzierungsvolumen, (2) den Bestand an (Geld-
)anlagen der Filiale, (3) die Bausparsumme, (4) den Deckungsbeitrag aus
dem Wertpapiergeschäft, (5) das Volumen der Sachversicherungen sowie (6)
das Volumen aus Vorsorgeprodukten.

Für die vorliegende Studie wurde hinsichtlich der Prozessperspektive nur die
Zielerfüllung des Deckungsbeitrag I sowie der Anzahl der Abschlüsse je Mitarbeiter als bedeutungsvoll angesehen.

Potenzialperspektive

Hinsichtlich der Potenzialperspektive lagen Informationen über die Höhe des
Krankenstandes vor, die für die vorliegende Studie nach tatsächlichen Sollarbeitstagen (252) für das Jahr 2006 umgerechnet wurden. Sie erstreckt sich
von 0,3 Prozent bis zu 21,4 Prozent je nach Erhebungseinheit.

Weiterhin lagen Informationen über die Anzahl der Mitglieder der Betriebssportgruppe vor sowie Angaben über die Anzahl der Fortbildungstage. Beide Kennzahlen wurden in Quoten umgerechnet, die für die weiteren statistischen Analysen verwendet werden.

10.3.2 Korrelationsanalyse

Für die betrachteten Einheiten wurden Korrelationen zwischen den Variablen des Sozialkapitals und den Variablen zum Betriebserfolg errechnet. Da bereits bestimmte Vorstellungen über die Wirkungszusammenhänge im Modell bestehen, wird von einer Interpretation der Korrelationen an dieser Stelle abgesehen. Eine Inspektion der Korrelationen stützt diese Vorstellungen.

Bivariate Regressionsanalyse

Die erhobenen Kennzahlen messen im Betriebsvergleich zwar nicht identische Ergebnisarten, aber doch teilweise betriebsübergreifend eng zusammenhängende Aspekte. Daher stellte sich die inhaltliche Frage, welche Ergebniskennzahlen betriebsübergreifend zusammengefasst betrachtet werden sollten.

Vorgehen bei der Datenauswertung

Die Kennzahlen zum Erfolg beziehungsweise Erfolgspotenzial der untersuchten Betriebe wurden abteilungsweise ermittelt und der Abteilungswert den einzelnen Probanden jeweils zugeordnet. Aus der Mitarbeiterbefragung lagen individuelle Informationen über die Einschätzung der Ausstattung des Betriebs mit Sozialkapital vor. Die Analyse wurde für jeden der Betriebe betriebsintern durchgeführt, da die verschiedenen Erfolgsdaten nicht unmittelbar vergleichbar waren. So wurden die Ausstattung mit Sozialkapital auf Abteilungsebene sowie der wirtschaftliche Erfolg für jeden Betrieb einzeln zueinander in Beziehung gesetzt. Dieses Vorgehen führte bei allen Betrieben der Studie zu tendenziell ähnlichen Ergebnissen.

Den Prozessdaten wurden für die einzelnen Abteilungen die Werte für Aspekte des Erfolgs oder des Erfolgspotenzials des Betriebs entnommen. Sofern sich hier Variationen ergaben, wurde mit Hilfe statistischer Verfahren ermittelt, ob diese in einem Zusammenhang zu der berichteten Ausstattung mit Sozialkapital stehen. Dem Unternehmensmodell folgend wurde die Ausstattung mit Sozialkapital als erklärende Variable verstanden, die Aspekte des Betriebserfolgs und dessen Indikatoren, wie Produktivität, Krankenstand oder Wachstumsraten, als abhängige Zielvariablen. Betrachtet wurden vorwiegend Regressionskoeffizienten. Mit diesem Vorgehen konnte der Einfluss der empfundenen Ausstattung mit Sozialkapital auf die betriebliche Produktion oder das betriebliche Produktionspotenzial ermittelt werden. Bei der Analyse war zu beachten, dass manche Zielvariablen (zum Beispiel Produktivitätszuwachs) aus der betrieblichen Perspektive einen möglichst hohen, andere (zum Beispiel Krankenquote und das Aufwand-Ertrags-Verhältnis) einen niedrigen Wert annehmen sollen. Aufgrund des insgesamt begrenzten Umfangs des Datensatzes sowie teilweise eingeschränkter Varianz in den Daten der Abteilungen innerhalb der Betriebe ließen sich für einen geringen Teil der Beziehungen (besonders im kleinen Betrieb D) keine Zusammenhänge berechnen. für einen weiteren Teil ließen sich zwar Ergebnisse berechnen, die jedoch mit höherer Unsicherheit behaftet waren. Solche Ergebnisse werden nicht dargestellt. Im Folgenden werden nur Ergebnisse angeführt, die auf einem Signifikanzniveau von $\alpha < 0,05$ liegen. Damit liegt die Wahrscheinlichkeit, dass das einzelne berichtete Ergebnis zufällig zustande gekommen ist, jeweils unter 5 Prozent. Bevorzugt wird der Regressionskoeffizient (β) dargestellt. Die restriktiven Anforderungen an die Signifikanz sind bei den berichteten Daten ebenfalls erfüllt.

In diesem Zusammenhang können bereits Beziehungen in der Größenordnung ab einem β von etwa 0,3 als stark aufgefasst werden. Dies hat weniger statistische als inhaltliche Gründe: Selbstverständlich bestehen neben dem Sozialkapital in einem Produktionsbetrieb viele weitere Einflussfaktoren, die sich ebenfalls auf die Ergebnisse auswirken. Die technische Ausstattung oder auch die Rohstoffpreise und das Lohnniveau sind dabei entscheidende Faktoren. Diese sind jedoch bereits wohl untersucht und stehen im Mittelpunkt der Unternehmensplanung. Ein Vergleich der Betriebe ist angesichts dieser externen Einflussfaktoren nur unter ähnlichen Umweltbedingungen sinnvoll. Es ist beispielsweise offensichtlich, dass etwa die freiwillige Mitarbeiterfluktuation maßgeblich von der Lage auf dem Arbeitsmarkt beeinflusst ist. Daher können nur Einheiten, die im gleichen Umfeld agieren, miteinander verglichen werden. Für die hier betrachteten Betriebsabteilungen ist diese Anforderung weitgehend erfüllt.

Im Folgenden werden die Auswirkungen der verschiedenen Dimensionen von Sozialkapital geordnet anhand einer generischen Balanced Scorecard dargestellt. Es wird ersichtlich, dass die beobachteten Effekte in den verschiedenen Betrieben sehr ähnlich sind. Unterschiede ergeben sich in erster Linie hinsichtlich der Qualität der Aussagen, die getroffen werden können. Dies ist neben der unterschiedlichen Datenqualität auf die stark abweichenden Größen der Erhebungseinheiten zurückzuführen. Mit der Zunahme des Stichprobenumfangs verbessern sich naturgemäß die Möglichkeiten, bei Datenanalysen zu aussagefähigen und belastbaren Ergebnissen zu kommen.

Konstrukt: Immaterielle Arbeitsbedingungen

Immaterielle Arbeitsbedingungen sind tätigkeitsbezogene Aspekte, die sich auf die individuelle Arbeitssituation, etwa den zugestandenen Handlungsspielraum, Anforderungen der ausgeübten Tätigkeit, die Zufriedenheit damit oder die empfundene Sinnhaftigkeit der Arbeitsaufgabe beziehen.

Prozessperspektive

Bei der Sichtung der Datenlage fällt zunächst ein hoher Zusammenhang zwischen den tätigkeitsbezogenen Faktoren der Mitarbeiterbefragung und dem Unfallgeschehen auf. Im Betrieb B, wo das Unfallgeschehen als Anzahl der meldepflichtigen Unfälle pro Arbeitsstunde gemessen wurde, ergeben sich negative Auswirkungen – also eine geringere Zahl von Unfällen – aus einem höheren Handlungsspielraum $(\beta = -0,21)$, einer höheren Partizipation $(\beta = -0,25)$ sowie einer höheren Sinnhaftigkeit der Aufgabe $(\beta = -0,14)$. Ähnlich stellt sich die Situation im Betrieb A dar. Hier wird das Unfallgeschehen durch die Kennzahl der Kosten aus der Unfallneulast für die Berufsgenossenschaft repräsentiert. Die Zusammenhänge sind hier noch deutlicher: Ein erhöhter Handlungsspielraum reduziert deutlich die Kosten $(\beta = -0,33)$ ebenso, wie erhöhte Partizipationsmöglichkeiten $(\beta = -0,25)$. Die empfundene Sinnhaftigkeit der Aufgabe zeigt einen geringen Zusammenhang $(\beta = -0,16)$. Vergleichbare Werte – allerdings ohne hohe Signifikanz – ergeben sich im Betrieb C. Im Dienstleistungsbetrieb (E) haben sich im Betrachtungszeitraum keine Unfälle ereignet, im Betrieb D lassen sich aufgrund der geringeren Datenbasis keine belastbaren Zusammenhänge ermitteln.

Finanzperspektive

Aus der Prozessperspektive ergeben sich erste Hinweise auf finanzielle Gesichtspunkte, da sich die Unfallneulast in Form von Kosten der Berufsgenossenschaft bei der Berechnung des Beitrages zur berufsgenossenschaftlichen Unfallversicherung unmittelbar ökonomisch auswirkt. Als direkte Finanzkennzahl wird im Dienstleistungsbetrieb E ein Zusammenhang zum Kosten-Erlös-Verhältnis ermittelt, der für die empfundene Sinnhaftigkeit der Aufgabe einen signifikanten Wert von β = -0,11 annimmt. Auch für den Handlungsspielraum sowie die Partizipationsmöglichkeiten werden ähnliche Zusammenhänge festgestellt, die jedoch nicht signifikant sind.

Potenzialperspektive

Der Krankenstand ist eine wesentliche Kennzahl zur Dokumentation der Sicherstellung der Produktionsfähigkeit. Ein besonders starker Zusammenhang besteht zu den Items Handlungsspielraum und Partizipation, der bei Betrachtung der Industriebetriebe (A, B, C, D) Werte von β = -0,25 oder -0,23 aufweist. Für den Dienstleistungsbetrieb (E) ist der Zusammenhang wesentlich schwächer ausgeprägt.

Erfüllung von Zielvorgaben

Im Industriebetrieb B werden in den Produktivabteilungen „Entscheidungskosten" zur Steuerung herangezogen. Dabei handelt es sich um die Abweichung der Istkosten von den Sollkosten. Als Bezugsgröße wurde hier die Mitarbeiterzahl gewählt. Es zeigt sich eine hohe Abhängigkeit von den tätigkeitsbezogenen Faktoren: Partizipation (β = 0,24), individueller Handlungsspielraum (β = 0,19) sowie eine hohe Sinnhaftigkeit der Aufgabe (β = 0,12) führen zu im Vergleich zum Planansatz niedrigeren Istkosten. Wichtig ist hierbei der eindeutig positive Zusammenhang, denn es könnte eingewendet werden, dass Abweichungen in Abteilungen mit standardisierten Abläufen, die den Mitarbeitern nur geringe Gestaltungsspielräume bieten, weniger auftreten können. Es kann jedoch festgehalten werden: Wo Gestaltungsmöglichkeiten bestehen, wirken sie sich auf die Zielerreichung positiv aus.

Ähnliches lässt sich aus dem Kreditinstitut E im Filialbereich berichten. Hier ergeben sich zu annähernd allen tätigkeitsbezogenen Faktoren der Mitarbeiterbefragung positive Zusammenhänge. Signifikant sind diese ebenfalls bei den Partizipationsmöglichkeiten, dem Handlungsspielraum sowie der Sinnhaftigkeit der Aufgabe. Der Zusammenhang ist besonders bei der Kennzahl „Anzahl der Abschlüsse pro Mitarbeiter" deutlich mit einem $\beta = 0{,}17$ für die Partizipation, $\beta = 0{,}15$ für Handlungsspielraum und $\beta = 0{,}12$ für die Sinnhaftigkeit der Aufgabe. Auch in den detaillierteren Produktzielen lassen sich entsprechende Zusammenhänge feststellen. Den insgesamt bedeutendsten Einfluss auf produktbezogene Ziele hat der zugebilligte Handlungsspielraum, der sich auf die überwiegende Zahl dieser Produktziele auswirkt. Ähnlich ist die Lage bei dem abgefragten Item Handlungsspielraum. Weitere, nicht signifikante Zusammenhänge für Items mit Tätigkeitsbezug sowie für weitere Produktziele stützen diese Aussagen.

Fazit immaterielle Arbeitsbedingungen

Die immateriellen Arbeitsbedingungen wirken sich besonders deutlich auf die Ausfallzeiten aus.

Besonders wichtig sind dabei die Partizipation, der Handlungsspielraum sowie die Sinnhaftigkeit der Aufgabe.

Sozialkapitalkomponente Führungskapital

Auf das Führungsverhalten bezogene Aspekte des Sozialkapitals betreffen unter anderem das Kommunikationsverhalten der direkten Vorgesetzten, ihre Mitarbeiterorientierung und Fairness, aber auch ihre Machtorientierung. Weitere Aspekte sind das Vertrauen, das ihnen von Seiten der Mitarbeiter entgegengebracht wird, sowie ihre Akzeptanz.

Prozessperspektive

In der Prozessperspektive ist hinsichtlich des Einflusses von Führungsverhalten auf die Unfalllast im Betrieb A ein geringer Zusammenhang zur Akzeptanz des direkten Vorgesetzten zu beobachten. Im Betrieb B allerdings besteht zu annähernd allen Items aus dem Führungsbereich eine Beziehung mittlerer Stärke (β = 0,19 bis 0,24). Dabei wirkt sich die Machtorientierung des Vorgesetzten belastend auf das Unfallgeschehen aus, seine Mitarbeiterorientierung und das ihm entgegengebrachte Vertrauen und Akzeptanz sowie seine Kommunikationsorientierung hingegen haben entlastende Wirkung. Bemerkenswerterweise wirkt sich eine erhöhte Kontrollneigung des Vorgesetzten nicht mindernd auf das Unfallgeschehen aus.

Finanzperspektive

In den beiden durch eine gemeinsame Muttergesellschaft verbundenen Industriebetrieben (C und D) ist ein bedeutender Zusammenhang zwischen dem Produktivitätszuwachs im Verhältnis zur Vorperiode festzustellen. Zwischen der empfundenen Fairness des Vorgesetzten und dem Produktivitätszuwachs besteht ein Zusammenhang in der beeindruckenden Höhe von β = 0,50, im Betrieb C eine schwächere, nicht signifikante Beziehung. Im Betrieb D bestehen weitere Abhängigkeiten zwischen der Akzeptanz der direkten Vorgesetzten, der Güte der Kommunikation und der Mitarbeiterorientierung, die starke Zusammenhänge in der Größenordnung von β = 0,31 liefern. Im Betrieb C bestehen hinsichtlich des Führungsverhaltens auch (negative) Auswirkungen einer hohen Machtorientierung des Vorgesetzten auf den Produktivitätszuwachs sowie ebenfalls positive aus der Mitarbeiter- sowie Kommunikationsorientierung (β = 0,20).

Potenzialperspektive

Für zwei der drei Industriebetrieben werden Auswirkungen des Führungsverhaltens auf den Krankenstand festgestellt, die ein verhältnismäßig hohes bis mittleres Ausmaß annehmen. Im Betrieb A wirkt sich zum Beispiel die Mitarbeiterorientierung des direkten Vorgesetzten mit dem Faktor β = –0,35 entlastend auf den Krankenstand aus, es folgen Fairness, Akzeptanz bei den Mitarbeitern sowie mit einigem Abstand (β = -0,22) das Vertrauen, das ihm die Mitarbeiter entgegenbringen. Ein ähnlich deutliches Bild ergibt sich im Betrieb B. An vorderster Stelle steht hier das Vertrauen in den direkten Vorgesetzten mit einem Zusammenhang von β = -0,28, gefolgt von seiner Akzeptanz, Mitarbeiterorientierung, Fairness und seinem Kommunikationsverhalten. In beiden Betrieben wirkt die Machtorientierung des Vorgesetzten belastend, im Betrieb A in der Stärke von $\beta = 0,34$, im Betrieb B immerhin noch mit $\beta = 0,25$. Für den Dienstleistungsbetrieb (E) ergibt sich eine ähnliche Situation mit allerdings nur schwachen Zusammenhängen. In den beiden verbundenen Betrieben (C und D) besteht zwischen den Abteilungen nur eine geringe Varianz hinsichtlich der Krankenquote, weshalb sich keine Zusammenhänge nachweisen lassen. Bei der Betrachtung der Industriebetriebe insgesamt ergibt sich ein mittlerer Zusammenhang unter Beibehaltung der beobachteten Tendenzen, nämlich der besonderen Bedeutung der belastenden Auswirkung einer hohen Machtorientierung und der Entlastung durch die Mitarbeiterorientierung des Vorgesetzten sowie seiner Akzeptanz durch die Mitarbeiter.

Es überrascht wenig, dass das Vorgesetztenverhalten auch einen mittleren Einfluss auf die nach Prämienhöhe gewichteten Verbesserungsvorschläge im betrieblichen Vorschlagswesen hat. Die Auswirkungen der Fairness, Mitarbeiterorientierung und Akzeptanz des Vorgesetzten sowie des ihm entgegengebrachten Vertrauens sind dabei signifikant.

Erfüllung von Zielvorgaben

Unter „Entscheidungskosten" wird eine Kennzahl aus Sollkosten abzüglich Istkosten verstanden. Die ungewohnte Bezeichnung kann folgendermaßen erklärt werden: Weichen die Istkosten von den Sollkosten ab, muss gegengesteuert werden, „Entscheidungen" müssen getroffen werden. In Betrieb B hängen diese „Entscheidungskosten" stark mit dem Vorgesetztenverhalten zusammen. Vertrauen in den Vorgesetzten sowie seine Akzeptanz haben mit $\beta = 0,31$ beziehungsweise 0,30 den stärksten Einfluss, eine erhöhte Machtorientierung wirkt sich mit ähnlicher Stärke negativ aus ($\beta = -0,29$), wohingegen die Mitarbeiterorientierung des Vorgesetzten einen positiven Einfluss hat ($\beta = 0,27$). Fairness und Kommunikationsorientierung haben mit $\beta = 0,24$ beziehungsweise 0,20 einen mittleren Einfluss.

Der nachgewiesene Einfluss auf die detaillierteren Zielkennzahlen im Kreditinstitut E ist etwas schwächer. Der stärkste Einfluss geht in diesem Fall von der Machtorientierung des Vorgesetzten aus, die sich negativ auf den Bestand an Geldanlagen in der Filiale auswirkt (β = -0,21). Ansonsten geht die Tendenz zu einem breiten Einfluss über viele Kennzahlen, der eher schwach ausgeprägt ist. Bei dem Ziel „Anzahl der Abschlüsse pro Mitarbeiter" ist er am deutlichsten ausgeprägt. Fairness, Mitarbeiterorientierung, Vertrauen und Akzeptanz des Vorgesetzten wirken sich positiv darauf aus, dessen Machtorientierung wiederum negativ.

Fazit Führungskapital:

Die Führung ist besonders bei der Erreichung vorgegebener Ziele und Qualität bedeutsam.

Sie beeinflusst aber auch den Produktivitätszuwachs.

Sozialkapitalkomponente Netzwerkkapital

Die Qualität der sozialen Beziehungen innerhalb des Arbeitsteams wurde in der Mitarbeiterbefragung über folgende Faktoren abgebildet: Zusammenhalt zwischen den Mitarbeitern (Gruppenkohäsion), soziale Unterstützung im Team, gegenseitiges Vertrauen, sozialer Fit der Gruppenmitglieder und Güte der Kommunikation.

Prozessperspektive

Beeindruckend ist der Einfluss der sozialen Beziehungen auf das Arbeitsunfallgeschehen. In den beiden größten Industriebetrieben (A und B) zeigen sich durchweg mittlere Zusammenhänge, gleichgültig ob (wie im Betrieb B) als Maßstab die Unfallzahl je Arbeitsstunden oder (wie im Betrieb A) die Unfallneulast herangezogen wird. Einzig das Qualitätsbewusstsein der Abteilungsmitarbeiter scheint keinen Einfluss zu haben. Die Stärke des Einflusses reicht – mit einem Ausreißer – von β = -0,20 bis -0,26. Für die weiteren Betriebe lassen sich Zusammenhänge wegen der geringen Zahl an Unfallereignissen nicht signifikant nachweisen, die Ergebnisse zeigen allerdings für Betrieb C eine ähnliche Tendenz.

Finanzperspektive

Der bereits beobachtete Einfluss des Führungskapitals auf den Produktivitätszuwachs in den Betrieben C und D zeigt sich auch hinsichtlich des Beziehungskapitals. Signifikante Beziehungen sind besonders bezüglich des „Sozialen Fits" zu bemerken (β = 0,23 beziehungsweise 0,29). Im Betrieb C ist auch die Beziehung zum Faktor Kommunikation mittelgradig stark nachweisbar. Weitere, allerdings nicht signifikante Zusammenhänge, bestehen für die weiteren Faktoren des Bereichs soziale Beziehungen, nämlich Vertrauen, sozialer Fit und Gruppenkohäsion. Die Beziehung zum Qualitätsbewusstsein im Team dagegen ist nur gering ausgeprägt.

Potenzialperspektive

Der Krankenstand als Indikator für das menschliche Produktionspotenzial zeigt teilweise deutliche Abhängigkeiten von den Verhältnissen im Arbeitsteam. Im Industriebetrieb A, der mit einem recht umfangreichen Datensatz in die Untersuchung eingeht, werden sehr starke Abhängigkeiten in der Größenordnung von β > -0,40 erreicht. Den höchsten Wert nimmt dabei die Gruppenkohäsion ein (β = -0,44), gefolgt von der gegenseitigen sozialen Unterstützung im Team, dem sozialen Fit, dem gegenseitigem Vertrauen und mit einigem Abstand (β = -0,37) der Kommunikationskultur zwischen den Kollegen. Wie auch bei den anderen Betrieben in diesem Bereich wird dabei ausnahmslos ein hohes Signifikanzniveau von $\alpha \leq 0,01$ erreicht. Ähnlich ist die Situation im Betrieb B, wo die Zusammenhänge zwar etwas schwächer, aber immer noch deutlich sind (β = -0,27 bis -0,20). Im Dienstleistungsbetrieb E zeigt sich ein mittlerer Zusammenhang. In allen drei Betrieben haben die Faktoren aus dem Bereich soziale Beziehungen innerhalb des Arbeitsteams den deutlichsten Einfluss auf die Krankenquote. Dies zeigt sich ebenfalls bei der gemeinsamen Betrachtung aller Industriebetriebe (wobei im Betrieb D die Datenlage für Zusammenhangsanalysen zu gering war). Die Kohäsion bleibt auch dann besonders bedeutend (β = -0,27). Im Dienstleistungsbetrieb E steht die Kommunikation innerhalb des Arbeitsteams an der Spitze der entlastenden Einflussfaktoren (β = -0,16). Im Betrieb C besteht nach langjährigen Bemühungen bei der Senkung des Krankenstandes zwischen den Abteilungen kaum Varianz – hier scheint der Sockelwert erreicht zu sein.

Der einzige widersprüchliche Befund im Datenmaterial betrifft die Fluktuation. Für die Betriebe A und B wird ein deutlicher Zusammenhang zwischen der abteilungsbezogenen Ausprägung von Sozialkapital und der freiwilligen

Fluktuation der Mitarbeiter festgestellt. Allerdings ist die Wirkung in einem Betrieb eine positive, im anderen eine negative. Das Qualitätsbewusstsein der Mitarbeiter wirkt sich offenbar nicht aus, die restlichen Faktoren stehen im Betrieb A in einem hochsignifikanten positiven Zusammenhang (β zwischen 0,36 und 0,30), im Betrieb B in einem schwachen bis mittelgradig negativem (β zwischen -0,22 und -0,11).

Erfüllung von Zielvorgaben

Die für den Betrieb B vorliegenden Daten zu den Entscheidungskosten zeigen hinsichtlich der abteilungsbezogenen Einflussfaktoren eine hohe Reagibilität. Nur das Qualitätsbewusstsein der Mitarbeiter zeigt auch hier keine signifikanten Zusammenhänge. Die Kohäsion der Gruppenmitglieder, der soziale Fit, die gegenseitige Unterstützung sowie das gegenseitige Vertrauen unterstützen mit einem Zusammenhang von β = 0,28 bis 0,26 die Zielerreichung. Etwas schwächer ist mit β = 0,21 der Zusammenhang zur Kommunikation innerhalb des Teams ausgeprägt. Die Zielerreichungen im Kreditinstitut (Betrieb E) zeigen messbare, aber schwache Auswirkungen der abteilungsbezogenen Faktoren. Bemerkenswert ist deren Einfluss auf das Ziel Finanzierungsvolumen, das von den tätigkeitsbezogenen sowie den vorgesetztenbezogenen Faktoren kaum beeinflusst wird. Die abteilungsbezogenen Faktoren wirken sich ausnahmslos mit einer Stärke von immerhin β = 0,16 bis 0,11 aus. Ähnlich ist die Lage hinsichtlich des Zieles „Anzahl Abschlüsse pro Mitarbeiter". Ein Einfluss der Komponente Vertrauen wurde nicht nachgewiesen, wohl aber aller anderer Komponenten aus dem Bereich des abteilungsbezogenen Sozialkapitals.

Fazit Netzwerkkapital:

Die Qualität der Sozialbeziehungen wirkt sich besonders auf unmittelbar personenbezogenen Zielvariablen aus (Krankenstand, freiwillige Fluktuation und Unfallgeschehen).

Sozialkapitalkomponente Wertekapital

Das Wertekapital – betrachtet wird hier in erster Linie die Organisationskultur – wurde in der Mitarbeiterbefragung über die Faktoren Gemeinsame Normen und Werte, Gelebte Unternehmenskultur, Konfliktkultur, Gemeinschaftsgefühl im Unternehmen, Ausmaß der empfundenen Gerechtigkeit, Vertrauen in die Unternehmensleitung, individuelle Wertschätzung und Commitment abgebildet.

Prozessperspektive

Im Betrieb C liegen für die endproduktnahen Abteilungen der Fertigung Informationen über die zeitgerechte Abarbeitung von Aufträgen vor. Eine singuläre Stellung unter den Einflüssen auf diese Kennzahl hat insgesamt – nicht nur aus dem Bereich der Faktoren mit Bezug zur Organisationskultur – der Faktor Commitment. Hier wird für die endfertigungsnahen Gruppen ein Zusammenhang von β = -0,45 ermittelt, dessen Höhe bemerkenswert ist.

Hinsichtlich des Unfallgeschehens ist, hier unter Betrachtung aller Abteilungen, in diesem Betrieb ebenfalls das Commitment der Faktor mit dem höchsten Einfluss (β = -0,15). Dennoch sind dort Variabilitäten in der Organisationskultur hinsichtlich des Unfallgeschehens nur von untergeordneter Bedeutung. Von mittlerer Bedeutung sind die Faktoren allerdings in den Betrieben A und B, wo eine umfangreichere Datenbasis vorliegt. Hier kann eine Beziehung von einer gehobenen mittleren Stärke identifiziert werden. Im Betrieb A lässt sich durch die Faktoren jeweils ein mittleres Maß der Varianz zwischen den Abteilungen erklären (β = -0,20 bis -0,27), wobei für die Konfliktkultur kein und für das Vorliegen gemeinsamer Werte und Normen ein nur geringer Zusammenhang erklärt wird. Im Betrieb B stellt sich angesichts des größeren Datenbestandes die Situation noch deutlicher dar, der Zusammenhang bleibt jedoch ein mittlerer mit einem β im gleichen Wertebereich. Eine Ausnahme bildet dabei das Vertrauen in die Geschäftsleitung mit einem nur geringen Zusammenhang.

Finanzperspektive

Hinsichtlich der oben berichteten Kennzahl Produktivitätszuwachs besteht innerhalb der Betriebe nur wenig Varianz, weshalb sich keine Aussage treffen lässt. Unter der Finanzperspektive ist es bemerkenswert, dass einzig ein Faktor aus dem Bereich der Organisationskultur einen, wenn auch eher geringen, Beitrag zur Erklärung der Unterschiede im Aufwands-Ertrags-Verhältnis bei dem Kreditinstitut liefert. Es handelt sich dabei um den Faktor Gemeinsame Normen und Werte.

Potenzialperspektive

Im Betrieb B findet sich eine annahmegemäße geringe, negative Korrelation zu der Konfliktkultur und Kohäsion im Betrieb sowie dem Commitment, wodurch tendenziell das Vorliegen von Sozialkapital die Wechselneigung der Mitarbeiter zu anderen Unternehmen – sprich: die Fluktuation – reduziert. Umgekehrt tritt jedoch im Betrieb A für alle Faktoren eine hohe positive Korrelation auf, die auf eine erhöhte Wechselneigung bei guter Unternehmenskultur schließen lässt.

Den Erwartungen entsprechend sind dagegen die Auswirkungen des Vorliegens eines hohen Maßes an Organisationskultur auf den Krankenstand. Dort, wo Varianz zwischen den Abteilungen gegeben ist, besteht ein negativer Zusammenhang, der mit steigender Varianz noch zunimmt. Im Kreditinstitut (Betrieb E) ist für die Faktoren Gemeinsame Werte und Normen, Gerechtigkeit sowie allgemein entgegengebrachte Wertschätzung ein leicht negativer Zusammenhang zu verzeichnen. Im Betrieb B ist über alle Faktoren – außer dem Vertrauen in die Geschäftsleitung – ein mittlerer negativer Zusammenhang auf ausschließlich höchstem Signifikanzniveau feststellbar. Ebenso ist im Betrieb A für alle Faktoren ein hoher Zusammenhang zu verzeichnen, der für den Faktor Gelebte Unternehmenskultur einen Wert von $\beta = -0{,}38$ annimmt, wiederum gefolgt von der entgegengebrachten Wertschätzung und der Kohäsion. Auch für den Einfluss des Vertrauens in die Unternehmensleitung wird hier ein hoher Zusammenhang festgestellt. Bei einer gemeinsamen Betrachtung aller Industriebetriebe ist die Identifikation mit dem Betrieb (Commitment, $\beta = -0{,}21$) der einflussreichste Faktor, gefolgt von dem inhaltlich verwandten Faktor Kohäsion im Betrieb. Auch hierfür ist der Zusammenhang im Dienstleistungsbetrieb E bei gleicher Tendenz schwächer ausgeprägt.

Erfüllung von Zielvorgaben

Beim Erreichen der Einzelziele im Dienstleistungsunternehmen ist hinsichtlich des Konstrukts Organisationskultur ein überwiegend mittlerer Zusammenhang festzustellen. Nur für das Item Vertrauen in die Geschäftsleitung wurde kein Einfluss ermittelt. Auch hier ist wiederum das Ziel Abschlüsse je Mitarbeiter am reagibelsten. Dieser Ergebnisfaktor wird von allen Sozialkapitalfaktoren beeinflusst. Zum Item Gelebte Unternehmenskultur zeigt er den höchsten Zusammenhang ($\beta = 0,23$). Für die Ziele Deckungsbeitrag im Wertpapiergeschäft sowie Bestand der Anlagen ist das Konstrukt des Wertekapitals dasjenige, mit dem zusammengenommen höchsten Einfluss auf die Ergebnisse, wobei allerdings der regressive Zusammenhang der einzelnen Items insgesamt eher mittelgradig bis schwach ausfällt. Dies gilt auch für das Erreichen der Ziele hinsichtlich der Bausparsumme und dem Vertrieb von Sachversicherungen.

Fazit Wertekapital

Das Wertekapital wirkt sich auf die personennahen Prozesse aus. Es hat einen unmittelbaren Einfluss auf das Erreichen der Ziele.

10.4 Schlussfolgerungen aus der erhebungsübergreifenden Analyse

Die gemeinsame Betrachtung der erfragten Ausstattung der Betriebe mit Sozialkapital und der Abteilungserfolge führt zu der deutlichen Erkenntnis, dass sich die Ausstattung mit Sozialkapital im betriebsinternen Vergleich auf den Abteilungserfolg auswirkt.

Insgesamt kann festgestellt werden, dass die tätigkeitsbezogenen Faktoren einen eher geringen Einfluss auf das Betriebsergebnis und -potenzial haben. Hier tragen vorwiegend die miteinander verwandten Faktoren Partizipationsmöglichkeiten und Handlungsspielraum (immaterielle Arbeitsbedingungen) zur Erklärung von Unterschieden zwischen den Gruppen bei. Bemerkenswert ist darüber hinaus, dass sich der Faktor Soziale Kontrolle durch den direkten Vorgesetzten zumindest rechnerisch unter keiner Perspektive auswirkt. Es ist selbstverständlich denkbar, dass in den untersuchten Betrieben bereits ein hohes Überwachungsniveau realisiert ist. Ein generalisierende Betrachtung bleibt naturgemäß angreifbar und eine Frage der Interpretation. Die Faktoren innerhalb der Konstrukte sind mit Sicherheit in ihrer Bedeutung für den betrieblichen Erfolg und das betriebliche Erfolgspotenzial nicht gleich wichtig. Über ihre Gewichtung kann mit der verwendeten Methodik nur eine begrenzte Aussage getroffen werden, denn Informationen über das Ausgangsniveau eines Faktors liegen nicht vor. Bei einem hohen Ausgangsniveau wäre von einem geringen Grenznutzen weiteren Engagements in diesem Faktor auszugehen, weshalb sich in diesem Falle in der Befragung eine geringe Varianz ergäbe.

Es fällt auf, dass auf die unmittelbar personenbezogenen Zielvariablen wie Krankenstand und Freiwillige Fluktuation besonders Faktoren des Netzwerkkapitals Einfluss zeigen, danach folgen die Faktoren aus dem Bereich Führungskapital. Auf die Zielvariablen, die unmittelbar auf die Produktion bezogen sind – besonders die Produktivitätssteigerung über Periodengrenzen – nehmen vor allem Faktoren des Führungskapitals Einfluss. Geht es um innovative Aspekte der Tätigkeit von Mitarbeitern (wie der Beteiligung am betrieblichen Vorschlagwesen), kommen vor allem Faktoren aus dem Bereich des Netzwerkkapitals zum Tragen (wie die Gruppenkohäsion und der soziale Fit). Prozessbezogene Zielvariablen (wie diejenigen zum Unfallgeschehen) hängen in erster Linie von Faktoren des Wertekapitals und in zweiter Linie von den Faktoren des Netzwerkkapitals ab.

Die Ergebnisse erscheinen vor dem Hintergrund, dass es sich vorwiegend um Betriebe mit gewerblichen Tätigkeiten handelt, besonders eindrucksvoll, denn der Gestaltungsspielraum bei den ausgeübten Tätigkeiten ist für die Mitarbeiter naturgemäß verhältnismäßig gering. Die Ergebnisse der Studie in fünf Betrieben lassen erwarten, dass Untersuchungen in weiteren Unternehmen zu ähnlichen Ergebnissen führen würden. Um dies belastbar darzustellen, bedarf es weiterer Forschung, beispielsweise im Rahmen einer vertiefenden Untersuchung einer repräsentativen Stichprobe eines Wirtschaftszweiges. Das Design der vorliegenden Studie wäre dabei übertragbar.

11 Abschätzung monetärer Effekte

Es konnte aufgezeigt werden, dass sich eine Ausstattung von Sozialkapital positiv auf den Erfolg von Betriebsabteilungen auswirkt. Ruft man sich den Ausgangspunkt der vorliegenden Arbeit in Erinnerung, wonach sich Sozialkapital positiv auf die Gesundheit von Mitarbeitern auswirkt, so ist die Ausstattung mit Sozialkapital ein Zustand, von dem Mitarbeiter unmittelbar profitieren. Auch Unternehmen eröffnet eine Investition in das Sozialkapital ihrer Betriebe die Möglichkeit zu einer attraktiven Investition. Gemäß einer abnehmenden Grenzrate der Faktorsubstitution liegt hier ein vergleichsweise hohes Potenzial zur Steigerung der Produktivität.

Dennoch stehen in wirtschaftlich schwierigen Zeiten die Aufwendungen für Investitionen in Sozialkapital oft rasch zur Disposition und fallen kurzfristigen Überlegungen zum Opfer. Ein solches Vorgehen greift jedoch kurz. Es wurde im Rahmen dieser Arbeit aufgezeigt, dass das betriebliche Controlling die Nutzen, die sich aus dem Vorhandensein von Sozialkapital ergeben, nur sehr unvollkommen erfasst und diese somit nur sehr schwer monetär zu bewerten sind.

Die Problematik bei der Bewertung von Investitionen in das Sozialkapital ergibt sich daraus, dass die herkömmliche finanzanalytische Entscheidungsfindung zukünftige Ertragssteigerungen, die sich durch Investitionen in Potenzial ergeben, nicht hinreichend erfassen. Der Nutzen solcher Investitionen ergibt sich zunächst aus einer immateriellen Verbesserung des betrieblichen Leistungsvermögens[326] und wird erst mittel- und langfristig aus einer Verbesserung der Wettbewerbssituation eines Unternehmens ertragswirksam.

Die Herausforderung bei der Entscheidungsfindung hinsichtlich solch unsicherer und komplexer Zusammenhänge liegt darin, dass eine ganze Reihe von Effekten zu berücksichtigen ist, über die nur wenige Informationen vorliegen, die darüber hinaus nur schwer oder aufwendig zu beschaffen sind und

---

[326] S. Zangemeister, Nolting 1999, S. 94–95.

deren Effekte sich nicht ohne weiteres in Geldgrößen ausdrücken lassen. Hinsichtlich des letzteren Aspekts können etwa ethische Bedenken bestehen oder die Effekte erst in der Zukunft zu erwarten sein und ihre Auswirkungen auf die Ertragslage mittelbarer Natur sein. Unsicherheit über Wirkzusammenhänge und ein langer Zeithorizont lassen eine monetäre Abschätzung schwierig werden. Dennoch sollten solche Investitionen nicht einfach unterlassen werden, da sie zum einen hohe Chancen bergen können, zum anderen auch hinsichtlich einer langfristigen Orientierung unverzichtbar sein können.Um bei der herrschenden beschränkten Datenlage und mit vertretbarem Aufwand dennoch zu einer in der Betriebspraxis durchführbaren und rationalen Abschätzung des Ergebnisses solcher Investitionen zu kommen, kann eine erweiterte Wirtschaftlichkeitsanalyse durchgeführt werden. Mit diesem Instrument werden gleichermaßen vorhandene Informationen genutzt, also auch latente Informationen über Investitions- und Produktionszusammenhänge aufgedeckt. Die Wirtschaftlichkeitsanalyse wird bereits mit Erfolg bei der Abschätzung von Potenzialen und zur Kommunikation über die Möglichkeiten von Investitionsalternativen in unterschiedlichen komplex strukturierten Entscheidungsfeldern eingesetzt, die von der Betrieblichen Gesundheitsförderung[327] bis zu Investitionen in die Elektronische Datenverarbeitung im öffentlichen Sektor[328] reichen.

Bei der Analyse und Bewertung von Investitionsvorhaben unsicheren Charakters lassen sich grundsätzlich drei Kriterienarten unterscheiden: direkt monetäre, indirekt monetäre und nicht monetäre Kriterien. Die monetären Kriterien können konventionell finanzanalytisch bewertet werden, die nicht unmittelbar monetären Kriterien sind dagegen nutzwertanalytisch zu untersuchen. Sinnvollerweise werden möglichst viele Aspekte finanzanalytisch gerechnet, da es sich dabei um ein allgemein anerkanntes Verfahren handelt. Im Vergleich zu der herkömmlichen monetären Nutzenrechnung handelt es sich bei der Nutzwertanalyse dagegen um eine unschärfere, subjektive Betrachtung. Daher sollten alle Nutzen, die sich monetär beziffern lassen, zu-

---

[327] S. Bienert, Razavi 2007, S. 31.
[328] S. Röthig 2004.

nächst auch in der monetären Dimension berücksichtigt werden. Hinsichtlich des Krankenstandes wären dies etwa die Kosten für Lohnfortzahlung oder Vertretungskräfte. Bei der Anwendung der Nutzwertanalyse für Größen, bei denen eine monetäre Bewertung nicht möglich erscheint, ist sicherzustellen, dass die Dimensionen der Nutzwertanalyse von diesen unabhängig sind, denn sonst würden sie im Investitionskalkül mehrfach berücksichtigt und somit überbewertet.

Wird aufgrund der geringeren Genauigkeit auf eine Nutzwertanalyse verzichtet und werden nur monetäre Größen berücksichtigt, bleiben viele wichtige Auswirkungen und Einflussfaktoren aufgrund fehlender Rechenbarkeit unberücksichtigt.

Eine andere naheliegende Möglichkeit besteht darin, alle Auswirkungen von Investitionsvorhaben rein nutzwertanalytisch durch Punktewerte gleichnamig zu machen. Dies würde auch die ursprünglich monetären Größen umfassen, womit wiederum unnötige Ungenauigkeiten eingeführt würden. Die Vorteile beider Verfahren lassen sich in einer *Erweiterten Nutzwertanalyse* verbinden. Ihr Kennzeichnen ist, dass die drei Kriterienarten zunächst unabhängig voneinander mit ihrem jeweils spezifischen Verfahren – finanzanalytische Berechnung oder Nutzwertanalyse – untersucht werden. Erst im Anschluss werden sie einer Gesamtbetrachtung unterzogen. Es wird also in drei Schritten vorgegangen:

1. Finanzanalytische Grundrechnung (für Sachverhalte, die sich unmittelbar in Geldgrößen ausdrücken lassen

2. Finanzanalytische Erweiterungsrechnung (dazu gehören etwa Veränderungen in der Arbeitsproduktivität aufgrund von Fehlzeiten der Mitarbeiter)[329],

3. Nutzwertanalytische Ergänzungsrechnung.

In diesem dritten Schritt werden zwei Aufgaben miteinander verbunden: Zunächst sind die nicht-monetären Nutzen zu berücksichtigen, die mit dem

---

[329] S. Kollerer 1978, S. 33 u. ö.

Verfahren der Nutzwertanalyse bewertet werden. Des Weiteren sind die Ergebnisse der Bewertungen aller drei Stufen logisch miteinander zu verknüpfen. Darüber hinaus werden die Ergebnisse der beiden finanzanalytischen Rechnungen ebenfalls in die Nutzwertanalyse integriert. Das Ziel „ökonomischer Nutzen" wird also gewichtet und die Zielerreichung anhand der ermittelten Zahlen für die verschiedenen Investitionen in Punktewerten ausgedrückt.[330] Die Umrechnung in Punktewerte kann algorithmisch erfolgen. Im Ergebnis liegt für jede der Investitionsalternativen eine Punktebewertung vor, die die Nutzen der Investition vergleichbar macht.

Unter Anwendung entsprechender Software bei der Dokumentation der Bewertungen können Auswirkungen punktueller Veränderungen leicht überprüft werden. Grundsätzlich ist ein Programm zur Tabellenkalkulation ausreichend. Für die Nutzwertanalyse besteht jedoch eine ganze Reihe fertiger Anwendungslösungen, die teilweise auch grafische Darstellungen vorsehen.[331]

Die Nutzenschätzungen werden in der Realität von verschiedener Güte und variierender Prognosefähigkeit sein. Gemäß dem Vorsichtsprinzip muss man bei allen Nutzenschätzungen einen generellen Abschlag für Unwägbarkeiten berücksichtigen.

Das Ergebnis des Verfahrens ist auch von der erzielten Qualität der Kommunikation abhängig. Dabei ist die Zusammenarbeit in der Projektgruppe für die Bewertung wichtig. Ein wichtiges Zwischenziel für die Projektarbeitsgruppe besteht darin, eine Einigung über die Gewichtung der betrieblichen Präferenzen untereinander zu erzielen. Sodann ist für verschiedene Vorgehensweisen oder Maßnahmen der ordinale Nutzen festzulegen. Dabei hilft das Aufstellen von Wirkungsketten betrieblicher Einflussfaktoren. Bei stark hierarchisch geprägter Zusammensetzung der Gruppe bietet es sich an, mit gruppen- und zielorientierten Verfahren zu arbeiten.[332] Für große Gruppen ist auch das

---

[330] S. Zangemeister 2000, S. 116–125.

[331] Z. B. Nutzwert plus und WiBe, s. Röthig 2004.

[332] S. z. B. Malorny et al. 1997.

Delphi-Verfahren geeignet.[333] Es handelt sich dabei um eine besonders stark strukturierte Form der Expertenbefragung. Zumindest im Vorfeld der Entscheidungsfindung können damit auch solche betrieblichen Experten berücksichtigt werden, deren Terminkalender kaum in Übereinstimmung zu bringen sind.

In den verschiedenen Investitionsalternativen werden Nutzen teilweise zu verschiedenen Zeitpunkten realisiert. Dies kann bei der Nutzwertanalyse leicht berücksichtigt werden, da die üblichen Verfahren der Investitionsrechnung wie Abzinsung auf den Barwert auch für Nutzenpunkte durchgeführt werden können.

In dem dargestellten kommunikationsorientierten Verfahren kommen die verschiedenen Akteure besonders bei der Abschätzung der Einzelnutzen zu unterschiedlichen Ergebnissen. Die Ursachen hierfür können verschiedener Art sein. Sie beruhen zum Beispiel auf Informationsdifferenzen, unterschiedlichen Risikopräferenzen oder Unterschieden in der Bewertung von sonst gleichen Informationen. Die verschiedenen Abschätzungen im Rahmen der Nutzwertanalyse müssen letztlich eindeutig zusammengeführt werden. Der einfachste Weg ist es, aus den individuellen Abschätzungen einen Mittelwert zu bilden und mit diesem weiterzuarbeiten. Ein möglicher Einwand ist, dass die Bewertungen durch verschiedene Akteure nicht die gleiche Qualität bieten. In einem solchen Fall kann es sich anbieten, in der Art eines Senioritätsprinzips die Bewertungen einzelner Teilnehmer höher zu gewichten.

Eine solche Bewertung konnte im Rahmen der vorliegenden Arbeit nicht geleistet werden, sondern bleibt weiterer Forschung vorbehalten.

Ursächlich dafür ist neben dem hohen Aufwand auf seitens des Forschers auch der notwendige Zugang in das Feld, der in dieser Form nicht vorhanden war.

Die Durchführung einer Erweiterten Nutzwertanalyse ist zweifellos mit einem nicht unerheblichen Aufwand besonders auch für die Studienunternehmen

---

[333] S. Häder 2002, s. Häder, Rexroth 1998, s. Häder et al. 1995.

verbunden. Die Kooperationsunternehmen der vorliegenden Studie konnten für eine solche Investition nicht gewonnen werden. Die Ursachen dafür wurden nicht methodisch erhoben, einige Beweggründe konnten jedoch aus den Gesprächen geschlossen werden. So ergibt sich der Aufwand aus einem hohen Zeiteinsatz von Mitarbeitern. Außerdem setzt sie auch die Offenlegung als sensibel empfundener Kosten- und Leistungsdaten gegenüber Mitarbeitern und Forschern voraus. Eine entsprechende Motivation ist erst dann zu erwarten, wenn seitens der Unternehmen ein hinreichender und deutlicher Hinweis besteht, dass sich eine solche Investition rentabel ist. Ein solches Rentabilitätskalkül müsste im Vorfeld begründet werden. Die vorliegende Untersuchung kann dazu einen Beitrag leisten.

12 Ausblick auf weiteren Forschungsbedarf

Bei der vorliegenden Untersuchung wurden etliche Aspekte gestreift, die in diesem Rahmen nicht geklärt werden konnten. Hier besteht noch ein umfassender Forschungsbedarf zur Thematik. Einige weiterführende Gesichtspunkte werden nachfolgend beschrieben.

Systematisierung von Sozialkapitalkonzepten.

Ein vordringlicher Forschungsbedarf für alle Arbeiten im Bereich Sozialkapital wird in einer Systematisierung von Sozialkapitalkonzepten gesehen. In Kapitel 1 wurde dargestellt, dass bei vielen Autoren ein eher intuitives Verständnis für die Thematik besteht, das nicht leicht zu durchdringen ist. Als ein erster Schritt erscheint es zielführend, eine Einigung über die Terminologie in diesem Bereich zu finden. Eine solche Systematisierung könnte einen wichtigen Beitrag für die weitere inhaltliche Arbeit mit den Konzepten im Feld Sozialkapital leisten und insbesondere einem elektiven und tendenziell beliebigen Umgang mit verschiedenen Anteilen entgegenwirken. Bis dahin ist es wünschenswert, dass die jeweils herangezogenen Gesichtspunkte in jeder Arbeit klar benannt werden.

Generierung von Sozialkapital

Die vorliegende Arbeit befasst sich mit den Auswirkungen unterschiedlicher Ausstattung mit Sozialkapital. Unter betriebswirtschaftlich anwendungsbezogenen Gesichtspunkten würde sich aufbauend die Untersuchung der Frage anschließen, inwiefern Sozialkapital gezielt generiert werden kann.

Die Vorstellungen auf diesem Gebiet sind ebenfalls häufig eher intuitiv oder auf die Veränderung individuellen Verhaltens gerichtet. Dies gilt gleichermaßen für Interventionen zur Vermeidung von Organisationspathologien oder zur Steigerung des Führungskapitals. Der Zusammenhang zwischen solchen Interventionen und der Ausstattung mit Sozialkapital mag zwar intuitiv einleuchtend erscheinen, ist jedoch nicht zwingend. Eine Auswirkung auf das Sozialkapital wäre daher nachzuweisen. Die praktische Untersuchung wird durch die Legion anwendungsorientierter Maßnahmen, die durch Unternehmensberatungen und Schulungsanbieter angeboten werden erschwert.

In Bezug auf die Generierung von Sozialkapital wird bisher die soziostrukturelle Leistung übersehen, die gegeben ist, wenn sich eine Anzahl von Menschen ohne eigenen Einfluss auf die Auswahl der weiteren Mitglieder der Grupp zu einer Gruppe formiert und zu einem gemeinsamen Ziel – der Gütererstellung – kommt. Der zugrundeliegende – zumindest in Teilen spontane Gruppenbildungsprozess – ist im Zusammenhang mit der Generierung von Sozialkapital ebenfalls wenig beleuchtet.

Aufgrund von Erkenntnissen sowie Hypothesen in diesem Bereich wäre es wünschenswert, wenn entsprechende empirische Studien angestoßen würden.

Ein anwendungsorientierter erster Schritt auf diesem Weg könnte ein systematische Zusammenstellung von von Interventionen, die Teilbereiche des Sozialkapitals betreffen, sein, deren Wirksamkeit erwiesen ist.

Nur wenn geeignete Maßnahmen identifiziert werden können, ist eine Investition in die Generierung von Sozialkapital überhaupt erst möglich. Davor bewegt man sich in der spontanen Herausbildung der soziologischen Struktur.

Handlungsspielraum zur Bildung von Sozialkapital

In Kapitel 6 wurden Erkenntnisse aus der Literatur dargestellt, die die Auswirkungen der Ausstattung mit Sozialkapital auf die Arbeitsergebnisse von Gruppen mit einem hohen Handlungsspielraum beschreiben. Dies kann so interpretiert werden, dass die Individuen vorhandene Spielräume für eine spontane Sozialorganisation nutzen. Ungeklärt ist dabei allerdings die Wirkung des Sozialkapitals in Arbeitsbereichen, wie sie der vorliegenden Untersuchung zugrunde liegen, in der vornehmlich Arbeitszusammenhänge mit eher geringen diskretionären Spielräumen untersucht werden. Es ist in diesem Zusammenhang unklar, wie dort die Ausstattung mit Sozialkapital zum Tragen kommt. Denkbar ist zum Beispiel, dass die Gruppenmitglieder tatsächlich über einen wesentlichen Handlungsspielraum verfügen, den sie entsprechend nutzen. Denkbar ist jedoch auch, dass sich die Ausstattung mit Sozialkapital nicht auf die individuelle Aufgabenerfüllung auswirkt, sondern auf die Effizienz der Zusammenarbeit. Für beide Fälle wäre die Wirkungsweise allerdings kritisch darzustellen.

Wertmäßige Abschätzung von Effekten aus der Sozialkapitalausstattung

In der vorliegenden Untersuchung wird die Durchführung einer erweiterten Wirtschaftlichkeitsanalyse (s. Kap. 1, S. 237 ff.) als ein praktikabler Weg zur Abschätzung von Nutzen aus Sozialkapital vorgeschlagen. Bei diesem Vorgehen wird zwischen monetären, monetarisierbaren und nicht monetarisierbaren Nutzen unterschieden.

Die exemplarische Durchführung einer solchen erweiterten Wirtschaftlichkeitsanalyse im Kontext von Sozialkapital stellt eine potenziell aufschlussreiche Forschungsaufgabe dar.

Um die Güte der Abschätzung weiter zu steigern, erscheint es wünschenswert, den Umfang der monetarisierbaren Nutzen zu erweitern. Grundsätzlich ist es anhand der Betriebsdaten für viele der entstehenden Nutzen ermittelbar, in welcher monetären Höhe sie anfallen. So können zum Beispiel grundsätzlich die Kosten von Ausfallzeiten aus entgangener Produktivität abgeschätzt werden. Auch die aus Qualitätsmängeln entstehenden Kosten aus Nachbesserung und Gewährleistungspflichten können grundsätzlich abgeschätzt werden. Das Vorgehen ist allerdings aufwendig, da spezifische Informationen nicht nur für unterschiedliche Betriebe, sondern auch unterschiedliche Tätigkeiten und Stellen zu ermitteln sind. Im Rahmen weiterer Forschung können branchenspezifisch verallgemeinerbare Anhaltswerte für die Abschätzung gewonnen werden.

Aus den Erfahrungen der vorliegenden Forschungsarbeit können dabei einige Folgerungen hinsichtlich der Anforderungen an die betriebliche Erfolgsmessung gestellt werden:

Um Vergleiche innerhalb eines Unternehmens durchführen zu können, ist es unter formalen Gesichtspunkten notwendig, möglichst viele Erhebungseinheiten zu bilden. Wenn es aber um Erfolgskennzahlen geht, wird man schnell feststellen, dass diese nur für diejenigen Abteilungen vorliegen, die im Herstellungsprozess an letzter Stelle stehen, also die höchste Produkt- oder auch Kundennähe haben. Kosten von Abteilungen mit einem nur mittelbaren Produktbezug werden vorwiegend auf Gemeinkostenbasis zugerechnet. Dies hat zur Folge, dass etwa für die Arbeitsleistung der weit überwiegenden Zahl an Mitarbeitern überhaupt keine Daten zu Produktivität vorliegen. Unter dem Gesichtspunkt der Gesamtrentabilität eines Unternehmens würden sind sie auch nicht hilfreich, da nicht bekannt ist, für welche Produkte die Arbeitsleistung letztlich erbracht wird. Es fehlt sowohl an einer Leistungsverrechnung aus den unterstützenden Abteilungen als auch an einer Kostenermittlung.

Betriebsübergreifende Vergleiche sind anhand von Routinekennzahlen nur schwer möglich. Häufig werden unterschiedliche Rechnungssysteme angewendet, die zu unterschiedlichen Kennzahlen führen. Selbst wenn ein formal ähnlich aufgebautes Controllingsystem etabliert ist, führen Kennzahlen mit derselben Bezeichnung allenfalls zur Erfassung ähnlicher Zusammenhänge. Bereits die recht einfach zu ermittelnde Kennzahl des Krankenstandes wird auf verschiedene Art und Weise ermittelt, wodurch ein Vergleich erschwert wird. Zudem findet sich bei näherer Betrachtung der betrieblichen Praxis eine ganze Reihe von Kompromissen bei der Datenerfassung, deren Folgen nicht abschätzbar sind. Teilweise werden Bereiche aus Effizienzgründen nicht erfasst, was allerdings meist diskretionär erfolgt. Das bedeutet, dass eine Dokumentation dieser Einschränkungen nicht geführt wird.

Das Sozialkapital hat nach den Ergebnissen dieser Studie einen messbaren Einfluss auf die Betriebsleistung. Investitionen in diesen innovativen Bereich versprechen einen vergleichsweise hohen Grenznutzen zu generieren. Es wäre allerdings vermessen, das Sozialkapital in einem Betrieb des produzierenden Gewerbes als den hauptsächlichen Produktionsfaktor anzusehen. Die technische Ausstattung, Rohstoffpreise und -bezugsquellen sowie etwa das Lohnniveau werden weiterhin bestimmende Faktoren bleiben. Die Auswirkung von Sozialkapital auf die Leistung und Leistungsfähigkeit eines Unternehmens ist somit nur einer unter vielen anderen Einflüssen. Dies erschwert Mehrperiodenvergleiche oder macht sie sogar unmöglich, da eine große Menge stärkerer Einflussfaktoren rechnerisch abzugrenzen ist. In der vorliegenden Untersuchung wurde von Mehrperiodenvergleichen weitgehend abgesehen.

Aus diesen Erfahrungen kann geschlossen werden, dass die Datenerfassung möglichst im Rahmen der betrieblichen Routineprozesse erfolgen sollte und externe Einflüsse dabei zu berücksichtigen sind. Beide Anforderungen werden von den vorhandenen Rechnungssystemen im Unternehmen nicht unterstützt. Für die erstgenannte Anforderung ist die Einbindung in die üblichen ERP-Systeme notwendig, die jedoch kaum von den einzelnen Unternehmen erbracht werden kann. Ebenso ist das zweite Desiderat in Ansätzen rechnerisch im Rahmen solcher Systeme zu berücksichtigen, was die Aufarbeitung einer äußerst komplexen Informationslage erfordert.

Abschätzung von Investitionspotenzialen

Wenn weitere Forschungstätigkeiten ergeben, dass Sozialkapital grundsätzlich generiert werden kann und wenn empirisch belegt ist, wie Sozialkapital im Rahmen von Tätigkeiten mit verhältnismäßig geringen Handlungsfreiräumen Wirkung entfaltet, so öffnet sich den Unternehmen eine empirisch belegte Investitionsmöglichkeit in diesem Bereich. Nach einer wertmäßigen Abschätzung über die Effekte lässt sich für ein Unternehmen der Nutzen von innovativen Investitionen in Sozialkapital mit dem Grenznutzen herkömmlicher Investitionsmöglichkeiten vergleichen. Erst dann ist der Nachweis, dass eine Investition in Sozialkapital betriebswirtschaftlich eine im Vergleich hoch ertragreiche Investition darstellt, erbracht.

13 Zusammenfassung

Im Rahmen der Untersuchung wurde zunächst der Sozialkapitalbegriff erörtert. Dazu wurden exemplarisch die Konzepte von Bourdieu, Coleman, Fukuyama, Putnam und Granovetter vorgestellt und miteinander verglichen (s. Kap. 1). Es wurde festgestellt, dass kein einheitliches Verständnis über das Phänomen Sozialkapital besteht und die verwendete Terminologie sich stark unterscheidet. Der Begriff wird darüber hinaus in anderen Zusammenhängen häufig intuitiv verwendet. Insbesondere in der paradigmatischen Literatur ist wenig Bemühen erkennbar, dass den dargestellten Phänomenen Realitätsgehalt zukommt. Eine solch tendenziell essayistische Herangehensweise ist einer breiten Verbreitung des Begriffs zwar förderlich, birgt jedoch die Gefahr in Beliebigkeit und Eklektizismus abzugleiten. Das wird insbesondere dann deutlich, wenn nur diejenigen Teile des Konzepts herangezogen werden, die eine These stützen.

In diesem Zusammenhang wurde auf Max Weber Bezug genommen (Abschnitt 1.2), der feststellte, dass sich die Gesichtspunktwahl für einen Stoff aus dem Interesse des Betrachters ergibt und erst im Erfolgsfall der Nachweis ihrer Angemessenheit erbracht sei. Zusammenfassend konnte festgehalten werden, dass das Sozialkapital-Konzept heute bereits eine hohe Verbreitung erreicht hat. Seine Tragfähigkeit ist allerdings in der realen Lebenswelt noch nicht mit überzeugender oder gar zwingender Stringenz nachgewiesen worden.

Anhand der Untersuchungen, die die genannten wissenschaftlichen Protagonisten zum Thema Sozialkapital durchgeführt haben, konnte außerdem aufgezeigt werden, dass neben dem Grad der wissenschaftlichen Strenge auch der Untersuchungsgegenstand variiert. Dies betrifft insbesondere die Betrachtung unterschiedlicher Aggregationen von Menschen, die vom Individuum über Kleingruppen bis hin zu ganzen Volkswirtschaften reichen. Für die vorliegende Fragestellung zur Auswirkung von Sozialkapital im betrieblichen Umfeld wurden daher empirische Evidenzen gesammelt und exemplarisch dargestellt (s. Kap. 1). Anhand der Studienlage mit Bezug auf Gesamtpopulationen konnte aufgezeigt werden, dass in etlichen Zusammenhängen und verschiedenen Kulturen recht robuste Beziehungen zwischen der Ausstattung von Menschen mit Sozialkapital (verschiedener Art) und ihrem Gesundheitszustand zu beobachten sind.

Schlechter war die Datenlage zum Nachweis dieses Zusammenhangs in Wirtschaftsunternehmen. Zwar gibt es etliche Fallstudien zu solchen Fragestellungen vor, doch diesen liegt nicht immer ein anschlussfähiges Sozialkapitalkonzept zugrunde. Zudem werden auch ambivalente Wirkungen berichtet, etwa die Beobachtung, dass eine erhöhte Ausstattung mit Sozialkapital am Arbeitsplatz dem Gesundheitszustand der Mitarbeiter nicht förderlich ist (s. Abschnitt 6.8).

Der insgesamt für das betriebliche Umfeld unbefriedigenden Datenlage stand eine hohe Aktualität der Fragestellung gegenüber (s. Kap. 1), da der Faktor Sozialkapital im aktuellen Arbeitsumfeld eine immer größere Bedeutung erlangt. Dies liegt unter anderem an der Abkehr vom Normarbeitsverhältnis zugunsten von befristeten Arbeitsverhältnissen, am absehbaren demografischen Wandel in Belegschaften, an der steigenden Komplexität der Austauschbeziehungen und der zunehmend wissensintensiven Produktion sowie an der Desozialisierung des Gesundheitsrisikos zugunsten einer zunehmenden Eigenverantwortung der Arbeitnehmer für ihren Gesundheitszustand.

Aufgrund der empirischen Studienlage wurde außerdem aufgezeigt, dass Individuen mit einem hohen Sozialkapital oftmals auch materiell besser gestellt sind. Ein ähnlicher Schluss auf Kollektive (wie etwa einen Betrieb) war jedoch nicht zulässig. So blieb weitgehend offen, in welcher Form sich Sozialkapital auf den wirtschaftlichen Erfolg eines Unternehmens auswirken kann. In Kapitel 1 der Arbeit wurden daher verschiedene Wirkungshypothesen dargestellt und diskutiert, ohne dass sie sich im Einzelnen getrennt voneinander analysieren ließen. Berichtete Auswirkungen von Sozialkapital legten es nahe, dass das Sozialkapital ein bedeutsames Komplement der Faktoren zur Gütererstellung darstellt. In Abschnitt 6.2 wurde daher der Vermögenscharakter von Sozialkapital diskutiert. Dazu wurden u. a. die Kriterien Akkumulationsfähigkeit, Übertragbarkeit und Investitionsfähigkeit herangezogen.

Da Sozialkapital an menschliche Akteure gebunden ist, erschien es notwendig, eine Abgrenzung zu einem weiteren wichtigen Produktionsfaktor, dem Humankapital, vorzunehmen. Anhand der Verwertbarkeit des Produktionsmittels konnte dahingehend eine Abgrenzung vorgenommen werden, dass Humankapital für ein Individuum eher zwischen Institutionen transferierbar ist, Sozialkapital jedoch außerhalb der Institution, in der es geschaffen wurde, weitgehend entwertet ist (s. Abschnitt 6.3).

Im Folgenden bedurfte die Funktion der Arbeitnehmervertretungen einer Einordnung in das Sozialkapitalkonzept von Unternehmen (s. Abschnitt 6.8). Für die Analyse von Auswirkungen der Ausstattung mit Sozialkapital (verstanden als internes Netzwerkkapital) leistete dabei die Agencytheorie einen analytischen Beitrag. Als eine etablierte Betrachtungsweise ist ihr formales Instrumentarium gut ausgearbeitet.

Ist ein Unternehmen mit einem stark ausgeprägten Sozialkapital im Sinne von Netzwerkkapital durchdrungen, stellt sich die Frage, wer eine solche Kontrolle im Sinne des Agencykonezpts durchführen sollte. Infolge schlankerer Organisationsstrukturen kommt der teilautonomen Arbeitsgruppe als Organisationsform bei der Leistungserstellung eine wachsende Bedeutung zu. Damit war sie auch für die vorliegende empirische Untersuchung von Bedeutung.
Anhand des Transaktionskostenansatzes wurde aufgezeigt, dass die Steuerung unter Verwendung von Sozialkapital Kosten verursacht, aber dennoch effizient sein kann. Unter der Überschrift „Sozialkapital nichtproduktiver Zielrichtung" (Kap. 6.8) wurden jedoch auch gegenteilige Effekte diskutiert. In diesem Zusammenhang wurde außerdem festgestellt, dass Sozialkapital mit negativen Auswirkungen auf erwünschte Wirkungen (wie den Betriebserfolg) häufig nicht unter dem Begriff Sozialkapital subsumiert wird.

Um den Sozialkapitalbegriff der vorliegenden Untersuchung transparent zu machen und einer Beliebigkeit in der Begriffsverwendung entgegenzutreten, wurde eine definitorische Eingrenzung des Sozialkapitalbegriffs vorgenommen (s. Kap. 1). es wurde definiert als

Sozialkapital ist die Aggregation sozialer Beziehungen innerhalb eines Betriebs oder eines Teils desselben, die auf folgenden Aspekten und Kombinationen ihrer Ausprägungen beruht:

1. der Herausbildung gegenseitigen Vertrauens innerhalb einer Mikrogruppe persönlich bekannter Menschen weitgehend gleicher Hierarchieebene, die sich u. a. in einem Zusammengehörigkeitsgefühl, einer empfundenen handlungspraktischen gegenseitigen Hilfeleistung, einer als angemessen empfundenen Kommunikationskultur sowie einem subjektiven Gefühl der Eingebundenheit in eine Gruppe äußert
   oder
2. der Herausbildung eines Einigkeitsgefühls in Zielen und Werten über vertikale Hierarchiegrenzen hinweg innerhalb einer Mesogruppe von Menschen, die persönlich bekannt sein mögen oder nicht,
   oder
3. der Herausbildung einer als angemessen empfundenen Reziprozität innerhalb einer Mesogruppe
   oder
4. der Herausbildung einer als angemessen empfundenen Verteilung von Macht vor allem innerhalb einer Mikrogruppe.

Der erste Aspekt wird als Netzwerkkapital, der 2. und 3. als Wertekapital und der 4. Aspekt als Führungskapital bezeichnet. Die Aspekte aus Abschnitt 1 wurden als Netzwerkkapital, diejenigen aus den Abschnitten 2 und 3 als Wertekapital und jene aus Abschnitt 4 als Führungskapital bezeichnet.

Um die betreffenden Konzepte und Hypothesen auf ihren Realitätsgehalt zu überprüfen, wurde eine empirische Untersuchung in fünf Betrieben durchgeführt. Dabei handelte es sich vorwiegend um Betriebe des Produktionssektors. Ergänzend wurde ein Dienstleistungsunternehmen betrachtet. Dazu wurden folgende drei Hypothesen geprüft (s. Abschnitt 7.1):

1. Die Gesundheit von Mitarbeitern steht in einem Zusammenhang mit der Ausstattung mit Sozialkapital an deren Arbeitsplatz.

2. Die Ausstattung mit Sozialkapital wirkt sich auf den Erfolg von Unternehmen aus.

252

3. Bei unterstellten ökonomischen Verhaltensannahmen ergibt sich ein Handlungsanreiz für Unternehmen, die Ausstattung mit Sozialkapital zu befördern.

Um die Ausstattung mit Sozialkapital erheben zu können, wurde eine Mitarbeiterbefragung durchgeführt. Da einschlägige Erhebungsinstrumente hierzu fehlen, wurde im Rahmen der Arbeit ein Fragebogen entwickelt. Dabei konnte in Teilen auf vorhandene validierte Instrumente zurückgegriffen werden, die neu zusammenzustellen waren. Wo solche Instrumente nicht verfügbar waren, wurden eigene Fragestellungen zur Erhebung entwickelt und nach entsprechender Testung in den Fragebogen eingeführt. Im Rahmen der Entwicklung wurde dabei auf ein definiertes Wirkmodell für Sozialkapital zurückgegriffen (s. Kap. 1). Neben der Ausstattung mit Sozialkapital wurde der Gesundheitszustand der Mitarbeiter als subjektives Empfinden erfragt. Außerdem wurde erhoben, wie die Probanden die Qualität ihrer Arbeitsleistung selbst einschätzen.

Mit diesen Befragungsdaten konnte der Zusammenhang zwischen der Ausstattung mit Sozialkapital und dem Gesundheitszustand der Mitarbeiter untersucht werden. Die Inspektion von Korrelationsmatrizen brachte einen besonders eindrucksvollen Zusammenhang zwischen den Operationalisierungen des Sozialkapitals und den psychischen Gesundheitsdimensionen zutage.

Anhand der Daten konnte zudem das verwendete Sozialkapitalmodell auf die Übereinstimmung mit der Realität geprüft werden. Dazu wurde ein Strukturmodell aufgestellt und berechnet (s. Abschnitt 10.1.4.4). Es zeigte sich, dass hohe Wirkungen von Aspekten des Sozialkapitals auf die selbsteingeschätzte Produktivität der Arbeit der Probanden bestand. Bei einer totalen Betrachtung der Effekte wurde ersichtlich, dass Unterschiede im Gesundheitszustand der Probanden zu 54 Prozent auf den Einfluss von Wertekapital im Sinne der Befragung zurückgeführt werden konnten.

Neben der Ausstattung mit Sozialkapital, die fragebogengestützt erhoben wurde, wurde auf der Ebene der Betriebsabteilungen anhand verschiedener Kennzahlen und Indikatoren die Produktivität erfasst. Dazu wurden umfangreiche Erhebungen im Feld durchgeführt. Bereits theoretische Vorüberlegungen ergaben, dass die Vorstellungen vom Erfolg eines Unternehmens je nach Anspruchsgruppe unterschiedlich ausfallen können (s. Abschnitt 9.1). Die Kennzahlenexploration in den Unternehmen ergab, dass dort bemerkenswert wenige vergleichbare Kennzahlen zur Produktivität vorlagen. Es zeigte sich, dass man sich in vielen Bereichen mehr auf die Einschätzung der leitenden Mitarbeiter und deren Einsicht in die Abläufe verließ als auf Quantifizierungen. Dennoch konnte ein Datenmaterial an prozessproduzierten Kennzahlen ermittelt werden und in Form eines *Linkage reseach* mit den Informationen über die Ausstattung mit Sozialkapital in Verbindung gebracht werden (s. Abschnitt 10.2).

Gemäß dem *Linkage research* wurden die auf individueller Ebene vorliegenden Informationen über die empfundene Ausstattung mit Sozialkapital mit einer weiteren Variable in Bezug gesetzt, die auf kollektiver Ebene vorlag. In der vorliegenden Untersuchung waren dies die Produktivitätskennzahlen, die auf Arbeitsgruppen- oder Abteilungsebene vorlagen. Um eine Vergleichbarkeit zwischen den verschiedenen Betrieben herzustellen, wurden diese gemäß einer generischen Balanced Scorecard mit eigenen Erweiterungen gegliedert (s. Exkurs auf S. 158 ff.). Es zeigte sich, dass sich die Sozialkapitalkomponente Führungskapital besonders auf die Erreichung vorgegebener Ziele und Qualität sowie auf einen Produktivitätszuwachs auswirkte. Die Sozialkapitalkomponente Netzwerkkapital beeinflusste besonders solche Kennzahlen aus, die einen unmittelbaren personellen Bezug haben, wie beispielsweise der Krankenstand, die freiwillige Fluktuation oder das Unfallgeschehen. Auch das Wertekapital wirkte sich zunächst auf die personennahen Zielvariablen aus und hatte einen unmittelbaren Einfluss auf das Erreichen der Ziele.

Die Ergebnisse aus Produktivitätszuwächsen und –unterschieden aufgrund unterschiedlicher Ausstattung mit Sozialkapital lagen nicht in monetären Werten vor. Im letzten Kapitel der Untersuchung wurde daher ein Vorgehen entwickelt, wie eine solche Bewertung der Produktivitätsunterschiede in Geldwerten durchgeführt werden kann (s. Kap. 1). Es ist an der betrieblichen Praxis orientiert. Mit einem solchen Vorgehen kann die Rentabilität einer Investition in Sozialkapital aus Unternehmenssicht abgeschätzt werden. Da sich die Beschäftigung mit Sozialkapital noch in den Anfängen der unternehmerischen Umsetzung befindet, ist hier mit einem anfangs hohen Grenz-ertrag zu rechnen.

Damit schließt die Arbeit wieder den Zirkel zur Gesundheitswissenschaft im engeren Sinne, denn von einer angemessen hohen Ausstattung an Sozialka-pital profitiert die Belegschaft in Form eines guten Gesundheitszustandes.

Literaturverzeichnis

Adam, Frane; Roncevic, Bourt (2005): Sozialkapital als eine sinnvolle wissenschaftliche Metapher in der Soziologie. In: Genov, Nikolaj B. (Hg.): Die Entwicklung des soziologischen Wissens. Ergebnisse eines halben Jahrhunderts. 1. Aufl. Wiesbaden: VS Verl. für Sozialwiss., S. 213–219.

Adler, Paul S.; Kwon, Seok-Woo (2002): Social Capital: Prospects for a new concept. In: Academy of Management Review, Jg. 27, 2002, S. 17–40.

Alchian, Armen A.; Demsetz, Harold (1972): Production, Information Costs, and Economic Organization. In: The American Economic Review, Jg. 62, S. 777–795.

Antonovsky, Aaron (1988): Unraveling the mystery of health. How people manage stress and stay well. 1. ed., 2. print. San Francisco: Jossey-Bass (The Jossey-Bass health series).

Arrow, K. (2000): Observations on social capital. In: Dasgupta, Partha; Serageldin, Ismail (Hg.): Social capital. A multifaceted perspective. Washington, DC: World Bank, S. 3–5.

Aufenanger, Stefan (1991): Qualitative Analyse semi-strukturierter Interviews. Ein Werkstattbericht. In: Garz, Detlef; Kraimer, Klaus (Hg.): Qualitativ-empirische Sozialforschung. Konzepte, Methoden, Analysen. Opladen: Westdt. Verl., S. 35-59.

Backhaus, Klaus; Erichson, Bernd; Plinke, Wulff; Weiber, Rolf (2006): Multivariate Analysemethoden. Eine anwendungsorientierte Einführung. 11., überarb. Aufl. Berlin, Heidelberg, New York: Springer.

Backhaus, Klaus; Erichson, Bernd; Plinke, Wulff; Weiber, Rolf (2008): Multivariate Analysemethoden. Eine anwendungsorientierte Einführung. 12., vollst. überarb. Aufl. Berlin, Heidelberg: Springer.

Badura, Bernhard (1993): SE Self-Esteem Scale. In: Westhoff, Gisela (Hg.): Handbuch psychosozialer Messinstrumente. Ein Kompendium für epidemiologische und klinische Forschung zu chronischer Krankheit. Göttingen, Bern, Toronto, Seattle: Hogrefe Verl. für Psychologie, S. 750–752.

Badura, Bernhard (2006): Das Sozialkapital von Organisationen. Grundlagen betrieblicher Gesundheitspolitik. Unveröffentlichtes Manuskript, 2006.

Badura, Bernhard (2008): Grundlagen präventiver Gesundheitspolitik: Das Sozialkapital von Organisationen. In: Kirch, Wilhelm; Badura, Bernhard; Pfaff, Holger (Hg.): Prävention und Versorgungsforschung. Ausgewählte Beiträge des 2. Nationalen Präventionskongresses und 6. Deutschen Kongresses für Versorgungsforschung Dresden 24. bis 27. Oktober 2007. Heidelberg: Springer, S. 3–34.

Badura, Bernhard; Greiner, Wolfgang; Rixgens, Petra; Ueberle, Max; Behr, Martina (2008): Sozialkapital. Grundlagen von Gesundheit und Unternehmenserfolg. Berlin, Heidelberg: Springer.

Badura, Bernhard; Rixgens, Petra; Behr, Martina (2006): ProSoB-Fragebogen zur Erhebung der Zusammenhänge zwischen Organisationsbedigungen, Gesundheit und Wohlbefinden der Mitarbeiter. Unveröffentlichtes Manuskript. Bielefeld.

Baetge, Jörg (2006): Messung der Korrelation zwischen Unternehmenskultur und Unternehmenserfolg. Gutachten. Bertelsmann Stiftung. Gütersloh.

Baumann, U.; Stieglitz, R.-D. (1980): Ein Vergleich von vier Beschwerdenlisten. In: Archiv für Psychiatrie und Nervenkrankheiten, Jg. 229, S. 145–163.

Bearden, William O.; Netemeyer, Richard G.; Teel, Jesse E. (1989): Measurement of consumer susceptibility influence. In: Journal of Consumer Research, Jg. 15, S. 473–481.

Behr, Martina; Rixgens, Petra; Badura, Bernhard (2008): Das Unternehmensmodell. Elemente und Zusammmenhänge. In: Badura, Bernhard; Greiner, Wolfgang; Rixgens, Petra; Ueberle, Max; Behr, Martina: Sozialkapital. Grundlagen von Gesundheit und Unternehmenserfolg. Berlin, Heidelberg: Springer, S. 31–41.

Belitz, Heike; Clemens, Marius; Gornig, Martin; Mölders, Florian; Schiersch, Alexander; Schumacher, Dieter (2011): Die deutsche forschungsintensive Industrie in der Finanz- und Wirtschaftskrise im internationalen Vergleich. Deutsches Institut für Wirtschaftsforschung. Berlin. (Studien zum deutschen Innovationssystem, 4-2011).

Bender, Ralf.; Ziegler, A.; Lange, S. (2007): Logistische Regression. In: Lange, S.; Bender, R. et al. (Hg.): Statistik. Deutsche Medizinische Wochenschrift, Sonderheft Nr. S 01, S. e33–e35.

Bengel, Jürgen; Strittmatter, Regine; Willmann, Hildegard (2001): Was erhält Menschen gesund? Antonovskys Modell der Salutogenese – Diskussionsstand und Stellenwert; eine Expertise. Erw. Neuaufl. Köln: Bundeszentrale für gesundheitliche Aufklärung. (Forschung und Praxis der Gesundheitsförderung, 6).

Bentler, Peter M. (1990): Comparative fit indexes in structural models. In: Psychological Bulletin, Jg. 107, S. 238–246.

Berkman, Lisa F.; Syme, S. Leonard (1979): Social networks, host resistance, and mortality. A nine-year follow-up study from Alameda County residents. In: American Journal of Epidemiology, Jg. 109, H. 2, S. 186–204.

Berkman, Lisa; Glass, Thomas (2000): Social Integration, Social Networks, Social Support, and Health. In: Berkman, Lisa F. (Hg.): Social epidemiology. Oxford: Oxford Univ. Press.

Bertelsmann AG (2006): Bertelsmann Essentials: Geschäftsbericht 2005. Bertelsmann AG (Gütersloh). Gütersloh, S. 12–13.

Bienert, Michael Leonhard; Razavi, Bahareh (2007): Betriebliche Gesundheitsförderung: Entwicklung, Vorgehensweise und Erfolgsfaktoren. In: Hellmann, Wolfgang (Hg.): Gesunde Mitarbeiter als Erfolgsfaktor. Ein neuer Weg zu mehr Qualität im Krankenhaus. Heidelberg: Economica Verl., S. 49–115.

Biermann, Werner; Klönne, Arno (2008): Agenda Bertelsmann. Ein Konzern stiftet Politik. 2., aktualisierte Aufl. Köln: Papyrossa-Verl. (Neue kleine Bibliothek, 123).

Bollen, Kenneth A. (1986): Sample size and Bentler and Bonnett's nonnormed fit index. In: Psychometrika, Jg. 51, S. 375–377.

Bollen, Kenneth A.; Long, J. Scott (Hg.) (1993): Testing structural equation models. Newbury Park, Calif.: Sage.

Bornewasser, Manfred (2010): Psychologische Aspekte der Zeitarbeit. Greifswald. (Flex4work Working Papers, 1/2010).

Bortz, Jürgen (2005): Statistik für Human- und Sozialwissenschaftler. 6., vollst. überarb. und aktualisierte Aufl. Berlin, Heidelberg, New York: Springer.

Bourdieu, Pierre (1993): Ökonomisches Kapital, Kulturelles Kapital, Soziales Kapital: Die verborgenen Mechanismen der Macht [1983], S. 49–80.

Bourdieu, Pierre; Wacquant, Loic J. D. (1992): An invitation to reflexive sociology. Cambridge: Polity Pr.

Brigitte-Anzeigenabteilung; G+J Media-Forschung und -Service (Hg.) (2000): Brigitte Kommunikationsanalyse 2000. Hamburg.

Brigitte-Anzeigenabteilung; G+J Media-Forschung und -Service (Hg.) (2004): Kommunikationsanalyse 2004. Frauen in Deutschland, Einstellungen, Marken, Medien. Hamburg.

Brigitte-Anzeigenabteilung; G+J Media-Forschung und -Service (Hg.) (2006): Brigitte Kommunikationsanalyse 2006. Hamburg.

Brücker, Heiner; Bock-Rosenthal, Erika; Rixgens, Petra (2004): Fragebogen zu interprofessionellen Arbeitsstrukturen im Krankenhaus. 10 Instrumente für die schriftliche Befragung von Führungskräften und Mitarbeitern in 5 verschiedenen Berufsgruppen. Foschungsprojekt „Interprofessionelle Arbeitsstrukturen im Krankenhaus". Unveröffentlichtes Manuskript. Fachhochschule Münster, Fachbereich Pflege. Münster.

Buch, Sabrina (2007): Strukturgleichungsmodelle. Ein einführender Überblick. Europäische Wirtschaftshochschule Berlin. Berlin. (ESCP-EAP Working Papers, 29).

Buchanan, James M. (1965): An Economic Theory of Clubs. In: Economica, Jg. 32, S. 1–14.

Bühl, Achim (2006): SPSS 14. Einführung in die moderne Datenanalyse. 10., überarb. und erw. Aufl. München, Boston: Pearson Studium.

Bullinger, Monika; Kirchberger, Inge (1998): SF-36. Fragebogen zum Gesundheitszustand. Handanweisung. Göttingen: Hogrefe.

Bundesanstalt für Arbeitsschutz und Arbeitsmedizin (Dortmund) (2007): Mit Sicherheit mehr Gewinn! Wirtschaftlichkeit von Gesundheit und Sicherheit bei der Arbeit. 3. Aufl. Dortmund: Bundesanstalt für Arbeitsschutz und Arbeitsmedizin.

Burr, Wolfgang (2000): Theoretische Ansätze zur Bestimmung der Firmengrenzen. Überblick, empirische Evidenz und zukünftiger Forschungsbedarf. Reihe „Workshop 2000". Kommission „Organisation" im Verband der Hochschullehrer für Betriebswirtschaft e. V. Zürich, 2000.

Burt, Roland S. (2001): Structural Holes versus Network Closure as Social Capital. In: Lin, Nan (Hg.): Social capital. Theory and research. Cambridge: University Press, Aldine de Gruyter.

Carnap, Rudolf (1966): Philosophical Foundations of Physics. An Introduction to the Philosophy of Science. New York: Basic Books Inc.

Coase, Ronald H. (1937): The Nature of the Firm. In: Economica, Jg. 4, S. 386–405.

Coleman, James S. (1988): Social Capital and the Creation of Human Capital. In: American Journal of Sociology, Jg. 94, Supplement, S. 95–120.

Coleman, James S. (1990): Foundations of Social Theory. Cambridge/Mass.

Coleman, James Samuel (1995): Grundlagen der Sozialtheorie. München: Oldenbourg.

Collani, Gernot von; Herzberg, Philipp Yorck (2003): Eine revidierte Fassung der deutschsprachigen Skala zum Selbstwertgefühl von Rosenberg. In: Zeitschrift für Differentielle und Diagnostische Psychologie, Jg. 24, H. 1.

Comelli, Gerhard (2003): Qualifikation für Gruppenarbeit. Teamentwicklungstraining. In: Rosenstiel, Lutz von; Regnet, Erika; Domsch, Michael E. (Hg.): Führung von Mitarbeitern. Handbuch für erfolgreiches Personalmanagement. 5., überarb. Aufl. Stuttgart: Schäffer-Pöschel, S. 415–445.

Cox, Tom; Griffiths, Amanda; Rial-González, Eusebio (2000): Research on work-related stress. Luxembourg: Off. for off. Publ. of the Europ. Communities.

Cremer, Udo (2001): Kennzahlen für Klein- und Mittelbetriebe. Das Unternehmen effizient steuern. Landsberg am Lech: mvg.

Dasgupta, Partha; Serageldin, Ismail (Hg.) (2000): Social capital. A multifaceted perspective. Washington, DC: World Bank.

Degener, Mirko (2003): Soziale Verantwortung und Unternehmenserfolg. Die Bedeutung der Unternehmenskultur und des Human Resources Management für den ökonomischen Erfolg. Diss. Univ. Potsdam.

Deutsches Institut für Medizinische Dokumentation (Hg.) (2005): Internationale Klassifikation der Funktionsfähigkeit, Behinderung und Gesundheit [ICF]: Stand Oktober 2005.

Deutsches Institut für Normung, Normenausschuß Ergonomie: Grundsätze und Anforderungen an Verfahren zur Messung und Erfassung psychischer Arbeitsbelastung (ISO 10075-3:2004). Deutsche Fassung EN ISO 10075-3:2004. Berlin: Beuth.

Deutschland/Bundestag (2002): Schlussbericht der Enquête-Kommission „Demographischer Wandel – Herausforderungen unserer älter werdenden Gesellschaft an den Einzelnen und die Politik". (Bundestagsdrucksache 14/8800).

Domsch, Michel E.; Ladwig, Désirée H. (2006): Mitarbeiterbefragungen. Stand und Entwicklung. In: Domsch, Michel E.; Ladwig, Désirée H. (Hg.): Handbuch Mitarbeiterbefragung. 2., vollst. überarb. Aufl. Berlin, Heidelberg: Springer, S. 3–26.

Dudenhöffer, Ferdinand; Büttner, Claudisa (2006): Der Wettbewerbsfaktor Zeitarbeit in der Automobilindustrie. In: Ifo-Schnelldienst, Jg. 59, H. 9, S. 30–36.

Eberle, Gudrun; Kraemer, Roland; Lück, Patricia (2005): Wirtschaftlicher Nutzen Betrieblicher Gesundheitsförderung aus Sicht der Unternehmen. Dokumentation einer Befragung. Bonn: AOK-Bundesverband.

Ebert, Andreas; Kundinger, Jochen (2007): Alternsgerechtes Arbeiten in Bayerischen Betrieben: Die Sicht der Belegschaften. In: Deutsche Rentenversicherung Bund; Stecker, Christina (Hg.): Smart Region. Projektergebnisse und Analysen zum alternsgerechten Arbeiten in innovativen Regionen. Sonderausg. der DRV. Bad Homburg: WDV Gesellschaft für Medien und Kommunikation (DRV-Schriften), S. 161–171.

Edelman, L.; Bresnen, M.; Newell, S.; Scarbrough, H.; Swan, J. (2004): The Benefits and Pitfalls of Social Capital. Empirical Evidence from Two Organizations in the United Kingdom. In: British Journal of Management, Jg. 15, S. S59–S69.

Endress, Ruth (1971): Unternehmer, Manager – oder Staatsfunktionär? Die Bedeutung der Schumpeterschen Entwicklungsprognose für die Gegenwart. Neuwied: Luchterhand.

Eucken, Walter (1965): Die Grundlagen der Nationalökonomie. 8. Aufl. Berlin, Heidelberg, New York: Springer.

Fahrenberg, Jochen (1994): Die Freiburger Beschwerdenliste (FBL). Form FBL-G und revidierte From FBL-R. Handanweisung. Göttingen: Hogrefe.

Fahrenberg, Jochen; Hampel, Rainer; Selg, Herbert (2001): Das Freiburger Persönlichkeitsinventar (FPI). Manual. Revidierte Fassung (FPI-R) und teilweise geänderte Fassung (FPI-A1). 7., überarb. u. neu normierte Aufl. Göttingen: Hogreve.

Felfe, Jörg; Schmook, Renate; Six, Bernd; Wieland, Rainer (2005): Commitment gegenüber Verleiher und Entleiher bei Zeitarbeitern. In: Zeitschrift für Personalpsychologie, Jg. 4, H. 3, S. 101–115.

Ferring, Dieter; Filipp, Sigrun-Heide (1996): Messung des Selbstwertgefühls. Befunde zur Reliabilität, Validität und Stabilität der Rosenberg-Skala. In: Diagnostica, Jg. 42, S. 284–292.

Fichtner, Hanno (2008): Unternehmenskultur im strategischen Kompetenzmanagement. Wiesbaden: Gabler.

Fine, Ben (2001): Social capital versus social theory. Political economy and social science at the turn of the millennium. London: Routledge.

Fischer, Guido (1959): Betriebswirtschaftliches Sozialkapital. In: Zeitschrift für Betriebswirtschaft, Jg. 29, S. 725–736.

Fittkau-Garthe, Heide; Fittkau, Bernd (1988): Fragebogen zur Vorgesetzten-Verhaltens-Beschreibung. [Nachdr. d. Aufl. v. 1971].

Fleishman, E. A.; Harris, E. F. (1962): Patterns of leadership behavior related to employee grievances and turnover. In: Personnel Psychology, Jg. 15, H. 2, S. 43-56.

Frey, Bruno; Heggli, Beat (1992): Außermarktliche Ökonomie. In: Gabler-Wirtschafts-Lexikon. 13., vollst. überarb. Aufl., ungekürzte Wiedergabe d. Orig.-Ausg. 1992. Wiesbaden: Gabler, S. 305–311.

Frommelt, Peter; Grötzbach, Holger; Ueberle, Max (2006): Kurzform der ICF für die Sozialmedizinische Begutachtung in der Neurorehabilitation (NILS). In: Deutsche Rentenversicherung Bund (Hg.): 4. ICF-Anwenderkonferenz am 4. März 2006 an der Universität Bayreuth. Berlin, S. 21–25.

Fukuyama, Francis (1995): Konfuzius und Marktwirtschaft. Der Konflikt der Kulturen. München: Kindler, 1995.

Fukuyama, Francis (2000): Social Capital. In: Harrison, L. E.; Huntington, S. P. (Hg.): Culture Matters. How Values Shape Human Progress. New York: Basic Book, S. 99–111.

Gadamer, Hans-Georg (1960): Wahrheit und Methode. Grundzüge einer philosophischen Hermeneutik. Tübingen: Mohr (Siebeck).

Genosko, Joachim (1991): Zur Theorie der Firma. Die soziale Dimension der Unternehmung. In: Corsten, Hans; Schuster, Leo; Stauss, Bernd (Hg.): Die soziale Dimension der Unternehmung. Berlin: Schmidt, S. 3–17.

Glaeser, Edward L.; Laibson, David; Sacerdote, Bruce (2000): The economic approach to social capital. National Bureau of Economic Research, Inc. Cambridge/Mass. (Working Paper, 7728).

Glaser, Jürgen; Hornung, Severin; Labes, Monika (2006): Indikatoren für die Humanressourcenförderung. Humankapital messen, fördern und wertschöpfend einsetzen. Abschlussbericht zum Projekt F 2104 an die Bundesanstalt für Arbeitsschutz und Arbeitsmedizin. (Berichte aus dem Lehrstuhl für Psychologie der TU München, Bericht Nr. 85).

Grande, Gesine (2003): Zwei Seiten sozialer Beziehungen: Mobbing und soziale Unterstützung. In: Badura, Bernhard; Hehlmann, Thomas (Hg.): Betriebliche Gesundheitspolitik. Der Weg zur gesunden Organisation. Berlin [u. a.]: Springer, S. 129–139.

Granovetter, Mark (1973): The strenghts of weak ties. In: Amercian Journal of Sociology, Jg. 78, H. 6, S. 1360–1380.

Granovetter, Mark (2004): The impact of social structure on economic outcomes. In: Journal of Economic Perspectives, Jg. 19, H. 1, S. 33–50.

Granovetter, Mark; Swedberg, Richard (2001): The Sociology of Economic Life. Boulder Colorado: Westview Press.

Greiner, Wolfgang (1996): Die Messung indirekter Kosten in ökonomischen Evaluationsstudien am Beispiel krankheitsbedingter Produktivitätsverluste. In: Homo oeconomicus, Jg. 13, S. 167–188.

Greve, Arent; Benassi, Mario; Sti, Arne Dag (2006): Exploring the contributions of human and social capital to productivity: A revised version of a paper presented at sunbelt XXVI, Vancouver, BC, April 25 – 30, 2006.

Gutenberg, Erich (1971): Die Produktion. 18., neu überarb. Aufl. Berlin, Heidelberg, New York: Springer. (Grundlagen der Betriebswirtschaftslehre, 1).

Habisch, André (1998): "Extending Capital Theory" – gesellschaftliche Auswirkungen eines theoretischen Forschungsprogramms. In: Pies, Ingo et al. (Hg.): Gary Beckers ökonomischer Imperialismus. Tübingen: Mohr (Siebeck), S. 31–50.

Häder, Michael (2002): Delphi-Befragungen. Wiesbaden [u. a.]: Westdt. Verl.

Häder, Michael; Häder, Sabine; Ziegler, Andreas (1995): Punkt- vs. Verteilungsschätzungen. Ergebnisse eines Tests zur Validierung der Delphi-Methode. Zuma. Mannheim. (Zuma-Arbeitsbericht, 95/05).

Häder, Michael; Rexroth, Margit (1998): Erfassung kognitiver Aspekte des Antwortverhaltens in einer Delphi-Studie. Zuma. Mannheim. (Zuma-Arbeitsbericht, 98/06).

Hansen, Morten T.; Podolny, Joel M.; Pfeffer, Jeffrey (1999): Social networks in organizations – capital or liability. Harvard Business School. Boston. (Working Paper).

Haug, Sonja (1997): Soziales Kapital. Ein kritischer Überblick über den aktuellen Forschungsstand. Mannheimer Zentrum für Europäische Sozialforschung. Mannheim. (Arbeitspapiere Arbeitsbereich II, 15).

Hauser, Frank; Schubert, Andreas; Aicher, Mona [2008]: Unternehmenskultur, Arbeitsqualität und Mitarbeiterengagement in den Unternehmen in Deutschland. Ein Forschungsprojekt des Bundesministeriums für Arbeit und Soziales, Abschlussbericht.

Hawe, Penelope; Shiell, Alan (2000): Social capital and health promotion: a review. In: Social Science and Medicine, Jg. 51, S. 871–885.

Heerkens, Yvonne et al. (2004): The use of the ICF to describe work related factors influencient the health of employees. In: Disability and Rehabilitation, Jg. 26, S. 1060–1066.

Heineke, Carsten (2005): Kennzahlen als Instrument der Führung. Eine sachanalytische Untersuchung aus einer verhaltensorientierten Perspektive unter Einbeziehung kommunikationstheoretischer Überlegungen. Hamburg: Kovač.

Helliwell, John F.; Putnam, Robert (1995): Economic Growth and Social Capital in Italy. In: Eastern Economic Journal, Jg. 21, H. 3, S. 295–307.

Helmbrecht, Michael (2005): Erosion des „Sozialkapitals"? Eine kritische Diskussion der Thesen Robert D. Putnams. Bielefeld: Transcript Verl.

Herrmann-Pillath, Carsten; Lies, Jan J. (2001): Sozialkapital. Begriffsbestimmung, Messung, Bereitstellung. In: WiSt Wirtschaftswissenschaftliches Studium, Jg. 30, S. 362–366.

Hersey, Paul; Blanchard, Kenneth H. (1977): Management of organizational behavior. Utilizing human resources. 3. ed. Englewood Cliffs, N. J.: Prentice-Hall.

Hickel, Rudolf (2004): Kampfbegriff Basarökonomie. In: Blätter für deutsche und internationale Politik, Jg. 49, S. 1513–1515.

Hjerppe, Reino (1998): Social capital and economic growth. Helsinki: Government Institute for Economic Research.

Holm, Matthias; Geray, Max (2006): Integration der psychischen Belastungen in die Gefährdungsbeurteilung: Handlungshilfe. Dortmund.

Horváth & Partner GmbH (Hg.) (2001): Balanced Scorecard umsetzen. Stuttgart.

House; James S.; Landis; Karl R.; Umberson; Debra (1988): Social Relationships and Health. In: Science, Jg. 241, S. 540–541.

Hurrelmann, Klaus; Laaser, Ulrich; Razum, Oliver (2006): Entwicklung und Perspektiven der Gesundheitswissenschaften in Deutschland. In: Hurrelmann, Klaus; Laaser, Ulrich; Razum, Oliver (Hg.): Handbuch Gesundheitswissenschaften. 4., vollst. überarb. Aufl. Weinheim, München: Juventa-Verl., S. 11–48.

Hüttel, Klaus (1998): Produktpolitik. 3., überarb. und erw. Aufl. Ludwigshafen (Rhein): Kiehl.

Ilmarinen, Juhani (2002): Arbeitsfähigkeit 2010. Was können wir tun damit Sie gesund bleiben? Hamburg: VSA-Verl.

Initiative für interprofessionelle Qualität im Gesundheits- und Sozialwesen (2010 [Zugriff]): [Selbstdarstellung des Forschungsvorhabens Interpro-Q]. Online verfügbar unter URL: http://www.interproq.de/.

Jans, Manuel (2003): Sozialkapitalkonzepte und ihre Brauchbarkeit in der Personal- und Organisationsforschung. Essen: Univ. Duisburg-Essen. (Diskussionsbeiträge aus dem Fachbereich Wirtschaftswissenschaften).

Jöns, Ingela; Mataja, Klaudia (1998): Beteiligung an Vorgesetztenbeurteilungen. Ergebnisse zu Einflußfaktoren auf den Rücklauf bei schriftlichen Befragungen. In: Zeitschrift für Arbeits- und Organisationspsychologie, Jg. 42 (N. F. 15), H. 1, S. 33–42.

Kaasa, Anneli (2007): Effects of different dimensions of social capital on innovation evidence from Europe at the regional level. Tartu: Tartu Univ. Press (Working paper series/University of Tartu, Faculty of Economics and Business Administration, 51).

Kaplan, George A.; Salonen, Jukka T.; Cohen, Richard D.; Brand, Richard J.; Syme, S. Leonard; Puska, Pekka (1988): Social connections and mortality from all causes and from cardiovascular disease. Prospective evidence from eastern finland. In: American Journal of Epidemiology, Jg. 128, H. 2, S. 370–380.

Kaplan, Robert S.; Norton, David P. (1997): Balanced Scorecard. Strategien erfolgreich umsetzen. Stuttgart: Schäffer-Poeschel.

Kaplan, Robert S; Norton, David P. (1996): The balanced scorecard. Translating strategy into action. Boston, Mass.: Harvard Business School Press.

Karasek, Robert A. jr. (1979): Job Demands, Job Decision Latitude, and Mental Strain. Implications for Job Redesign. In: Administrative Science Quarterly, Jg. 24, H. 2, S. 285–308.

Karazman, Rudolf; Karazman-Morawetz, Inge (1996): Sinnfindung und zwischen-menschliche Entwicklung als Kriterien betrieblicher Gesundheitsförderung: Evaluationsversuche mittels „Existenz-Typologie" und „Effekt-Typologie". In: Lobnig, Hubert; Pelikan, Jürgen M. (Hg.): Gesundheitsförderung in Settings Gemeinde, Betrieb, Schule und Krankenhaus. Eine österreichische Forschungsbilanz. Wien: Facultas-Univ.-Verl. (Reihe Gesundheitswissenschaften, Gesundheitsförderung), S. 87–100.

Kawachi, Ichiro; Kennedy, Bruce P.; Lochner, Kimberly; Prothrow-Stith, Deborah (1997): Social Capital, Social Inequality, and Mortality. In: American Journal of Public Health, Jg. 87, H. 9, S. 1491–1498.

Kern, Lucian; Nida-Rümelin, Julian (2007): Logik kollektiver Entscheidungen. München: Oldenbourg.

Khadjavi, Kyros (2005): Wertmanagement im Mittelstand. Diss. Univ. St. Gallen.

Kinke, Steffen; Lay, Gunter (2003): Fertigungstiefe – Ballast oder Kapital? Stand und Effekte von Out- und Insourcing im verarbeitenden Gewerbe Deutschlands. Fraunhofer Institut für Systemtechnik und Innovationsforschung. Karlsruhe. (Mitteilungen aus der Produktionsinnovationserhebung, 30).

Klug, Stefanie J.; Bender, R.; Blettner, M.; Lange, S. (2007): Wichtige epidemiologische Studientypen. In: Lange, S.; Bender, R. et al. (Hg.): Statistik. Deutsche Medizinische Wochenschrift, Sonderheft Nr. S 01, S. e45–e47.

Kollerer, Helmuth (1978): Die betriebswirtschaftliche Problematik von Betriebsunterbrechungen. Planungsgrundlagen zur Berücksichtigung von Betriebsunterbrechungen im Rahmen der Unternehmenspolitik. Berlin: Schmidt. (Betriebswirtschaftliche Studien, 35).

Kraemer, Klaus (2004): Prekäre Erwerbsarbeit. Ursache gesellschaftlicher Desintegration? In: Rehberg, Karl-Siegbert (Hg.): Soziale Ungleichheit, kulturelle Unterschiede. 32. Kongress der Deutschen Gesellschaft für Soziologie. Frankfurt [u.a.]: Campus-Verl., S. 661–676.

Krcal, Hans-Christian (2007): Strategische Implikationen einer geringen Fertigungstiefe für die Automobilindustrie. University of Heidelberg, Department of Economics. Heidelberg. (Discussion Paper Series, 456).

Kreis, Julia; Bödeker, Wolfgang (2003): Gesundheitlicher und ökonomischer Nutzen betrieblicher Gesundheitsförderung und Prävention. Zusammenstellung der wissenschaftlichen Evidenz. BKK Bundesverband. Essen. (IGA-Report, 3).

Krey, Gregor (2002): Wissensmanagement im Mittelstand – Wo steckt der Nutzen? In: Bellmann, Matthias; Alex, Björn (Hg.): Praxishandbuch Wissensmanagement. Strategien – Methoden – Fallbeispiele. 1. Aufl. Düsseldorf: Symposion, S. 337–364.

Kristensen, T. S. (2002): A new tool for assessing psychosocial factors at work. The Copenhagen Psychosocial Questionaire. [COPSOQ]. In: TUTB Newsletter, H. 19–20, S. 45–47.

Kroll, L. E.; Lampert, T. (2007): Sozialkapital und Gesundheit in Deutschland. In: Das Gesundheitswesen, Jg. 69, S. 120–127.

Kupsch, Peter (1979): Unternehmungsziele. Stuttgart [u.a.]: Fischer.

Lademann, Julia; Mertesacker, Heike; Gebhardt, Birte (2006): Psychische Erkrankungen im Fokus der Gesundheitsreporte der Krankenkassen. In: Psychotherapeutenjournal, H. 2, S. 123–129.

Lakatos, Imre (1979): Beweise und Widerlegungen. Die Logik mathematischer Entdeckungen. Braunschweig [u.a.]: Vieweg.

Lelke, Frank (2006): Kennzahlensysteme in konzerngebundenen Dienstleistungsunternehmen unter besonderer Berücksichtigung der Entwicklung eines wissensbasierten Kennzahlengenerators. Diss. Univ. Duisburg-Essen, 2005.

Leszczensky, Michael; Gehrke, Birgit; Helmrich, Robert (2011): Bildung und Qualifikation als Grundlage der technologischen Leistungsfähigkeit Deutschlands. Bericht des Konsortiums „Bildungsindikatoren und technologische Leistungsfähigkeit". Herausgegeben von Expertenkommission Forschung und Innovations (EFI). Berlin. (Studien zum deutschen Innovationssystem, 1-2011).

Lin, Nan (1999): Building a Network Theory of Social Capital. In: Connections, Jg. 22, H. 1, S. 28–51.

Lindström, Martin (2004): Social capital, the miniaturisation of community and self-reported global and psychological health. In: Social Science and Medicine, Jg. 59, S. 595–607.

Locke, Edwin A. (1999): Some Reservations about Social Capital. In: The Academy of Management Review, Jg. 24, H. 1, S. 8–9.

Locke, Edwin A.; Latham, Gary P. (1990): Work Motivation and Satisfaction. Light at the End of the Tunnel. In: Psychological Science, Jg. 1, H. 4, S. 240–246.

Maintz, G. (2003): Leistungsfähigkeit älterer Arbeitnehmer – Abschied vom Defizitmodell. In: Astor, Miachel; Badura, Bernhard (Hg.): Demographischer Wandel: Herausforderung für die betriebliche Personal- und Gesundheitspolitik. Fehlzeitenreport 2002. Berlin: Springer Verl., S. 43–55.

Malorny, Christian; Schwarz, Wolfgang; Backerra, Hendrick (1997): Die sieben Kreativitätswerkzeuge K7. München: Hanser.

Mather, Frances Jean; White, Lu Ann Ellis; Langlois, Elizabeth Cullen; Shorter, Charles Franklin; Swalm, Christopher Martin; Shaffer, Jeffrey George; Hartley, William Ralph (2004): Statistical methods for linking health, exposure, and hazards. In: Environmental Health Perspectives, Jg. 112, H. 14, S. 1440–1445.

Matiaske, Wenzel (1999): Soziales Kapital in Organisationen. Eine tauschtheoretische Studie. München, Mering: Hampp.

McKenzie, Richard B.; Tullock, Gordon (1984): Homo oeconomicus. Ökonomische Dimensionen des Alltags. Frankfurt/Main [u.a.]: Campus-Verl.

Mertens, Cornelia (2006): Die Siemens Mitarbeiterbefragung via Intranet/Internet. In: Domsch, Michel E.; Ladwig, Désirée H. (Hg.): Handbuch Mitarbeiterbefragung. 2., vollst. überarb. Aufl. Berlin, Heidelberg: Springer, S. 187–194.

Meschkutat, Bärbel; Stackelbeck, Martina; Langenhoff, Georg (2005): Der Mobbing-Report. Eine Repräsentativstudie für die Bundesrepublik Deutschland. 6. Aufl. Bremerhaven: Wirtschaftsverl. NW (Schriftenreihe der Bundesanstalt für Arbeitsschutz und Arbeitsmedizin/Forschung, 951: Arbeitsschutz).

Meyer, Claus (2006): Betriebswirtschaftliche Kennzahlen und Kennzahlen-Systeme. 3., überarb. und erw. Aufl. Sternenfels: Verl. Wiss. und Praxis.

Meyer, John P.; Allen, Natalie J. (1991): A three-component conceptualization of organizational commitment. In: Human Resource Management Review, Jg. 1, S. 61–89.

Middaugh, Donna J. (2006): Presenteeism: Sick and tired at work. In: Medsurg Nursing, Jg. 15, S. 103–105.

Moldaschl, Manfred (2005a): Kapitalarten, Verwertungsstrategien, Nachhaltigkeit. Grundbegriffe und ein Modell zur Analyse von Handlungsfolgen. In: Manfred Moldaschl (Hg.): Immaterielle Ressourcen. Nachhaltigkeit von Unternehmensführung und Arbeit I. Mering: Rainer Hampp Verl., S. 47–68.

Moldaschl, Manfred (2005b): Das soziale Kapital von Arbeitsgruppen und die Nebenfolgen seiner Verwertung. In: Gruppendynamik und Organisationsberatung, Jg. 36, H. 2, S. 221–239.

Moosbrugger, Helfried; Kelava, Augustin (2007): Qualitätsanforderungen an einen psychologischen Test (Testgütekriterien). In: Moosbrugger, Helfried (Hg.): Testtheorie und Fragebogenkonstruktion. Berlin, Heidelberg: Springer Medizin Verlag Heidelberg, S. 7–26.

Müller, Karsten; Liebig, Christian; Jöns, Ingela; Bungard, Walter (2007): Durchführung der Befragung. In: Bungard, Walter; Müller, Karsten; Niethammer, Cathrin (Hg.): Mitarbeiterbefragung – was dann...? MAB und Folgeprozesse erfolgreich gestalten. Heidelberg: Springer Medizin Verlag, S. 27–54.

Müller, Michael; Böhm, Karin (2009): Ausgaben und Finanzierung des Gesundheitswesens. Berlin: Robert-Koch-Institut (Gesundheitsberichterstattung des Bundes, 45).

Netemeyer, Richard G.; Boles, James S.; McMurrian, Robert (1996): Development and Validation of Work-Family Conflict and Family-Work Conflict Scales. In: Journal of Applied Psychology, Jg. 81, H. 4, S. 400–410.

Netta, Franz (2006): Gesundheitsmanagement durch partnerschaftliche Führung. Doppelwirkung auf Krankenstand und Betriebsergebnis. Vortrag, 3. Euroforum Konferenz „Betriebliches Gesundheitsmanagement" 22./23. Mai 2006 in Frankfurt Oberursel. In: Euroforum Deutschland GmbH (Hg.): Betriebliches Gesundheitsmanagement. 3. Euroforum Konferenz, 22. und 23. Mai 2006 in Frankfurt/Oberursel. [Tagungsband]. Düsseldorf, Nr. 8.

Newell, Sue; Tansley, Carole; Huang, Jimmy (2004): Social Capital and Knowledge Integration in an ERP Project Team. The Importance of Bridging and Bonding. In: British Journal of Management, Jg. 15, S. 43–57.

Nieder, Peter (2006): Mitarbeiterbefragung und betriebliches Gesundheitsmanagement (BGM). In: Domsch, Michel E.; Ladwig, Désirée H. (Hg.): Handbuch Mitarbeiterbefragung. 2., vollst. überarb. Aufl. Berlin, Heidelberg: Springer, S. 327–341.

Nübling, Matthias (Hg.) (2005): Methoden zur Erfassung psychischer Belastungen. Erprobung eines Messinstrumentes (COPSOQ). Bremerhaven: Wirtschaftsverl. NW Verl. für Neue Wiss.

Nübling, Matthias; Stößel, U.; Hasselhorn, Hans-Martin; et al. (2005): Copenhagen Psychosocial Questionaire. In: Nübling, Matthias (Hg.): Methoden zur Erfassung psychischer Belastungen. Erprobung eines Messinstrumentes (COPSOQ). Bremerhaven: Wirtschaftsverl. NW Verl. für Neue Wiss.

Olson, Mancur (1968): Die Logik des kollektiven Handelns: Kollektivgüter und die Theorie der Gruppen. Tübingen: Mohr.

Orth-Gomér, Kristina; Johnson, J. V. (1987): Social network interaction and mortality. A six year follow-up study of a random sample of the Swedish population. In: Journal of chronic diseases, Jg. 40, H. 10, S. 949–957.

Ossola-Haring, Claudia (2006): Handbuch Kennzahlen zur Unternehmensführung. Kennzahlen richtig verstehen, verknüpfen und interpretieren. Landsberg am Lech: mi-Fachverlag.

Paldam, Martin; Svendsen, Gert T. (2000): An essay on social capital: Looking for the fire behind the smoke. In: European Journal of Political Economy, Jg. 16, S. 339–366.

Pennings, Johannes; Kyunggmook, Lee; van Witteloostuijn, Arjen (1998): Human Capital, Social capital, and Firm Dissolution. In: The Academy of Management Journal, Jg. 41, H. 4, S. 425–440.

Pfaff, Holger; Pühlhofer, Frank; Brinkmann, Anne; Lütticke, Jürgen; Nitzsche, Anika; Steffen, Petra et al. (2004): Der Mitarbeiterkennzahlenbogen (MIKE) Kennzahlenhandbuch.

Projekt: Kennzahlenentwicklung und Nutzenbewertung im Betrieblichen Gesundheitsmanagement (2006a): Ergebnisse der Mitarbeiterbefragung für [Betrieb C]. Bielefeld.

Projekt: Kennzahlenentwicklung und Nutzenbewertung im Betrieblichen Gesundheitsmanagement (2006b): Ergebnisse der Mitarbeiterbefragung für [Betrieb B]. Bielefeld.

Projekt: Kennzahlenentwicklung und Nutzenbewertung im Betrieblichen Gesundheitsmanagement (2006c): Ergebnisse der Mitarbeiterbefragung für [Betrieb A]. Bielefeld.

Putnam, Robert D. (1993): Making democracy work. Civic traditions in modern Italy. Princeton, N. J: Princeton Univ. Press.

Putnam, Robert D. (1995): Tuning in, tuning out. The strange disappearence of social capital in America. In: Political Science and Politics, Jg. 28, H. 4, S. 664–683.

Quibria, M. G. (2003): The Puzzle of Social Capital. A Critical Review. Asian Development Bank. (ERD Working Paper, 40).

Rappaport, Alfred (1999): Shareholder value. Ein Handbuch für Manager und Investoren. 2. Aufl. Stuttgart: Schäffer-Poeschel.

Redlich, Fritz (1964): Unternehmungs- und Unternehmergeschichte. In: Redlich, Fritz: Der Unternehmer. Wirtschafts- und Sozialgeschichtliche Studien. Göttingen: Vandenhoeck und Ruprecht, S. 350–379.

Reichmann, Thomas (1993): Controlling mit Kennzahlen und Managementberichten. Grundlagen einer systemgestützten Controlling-Konzeption. 3., erw. Aufl. München: Vahlen.

Reiners, Hartmut (2011): Krank und pleite? Das deutsche Gesundheitssystem. Berlin: Suhrkamp.

Reips, Ulf-Dietrich; Franek, Lenka (2004): Mitarbeiterbefragung per Internet oder Papier? Der Einfluss von Anonymität, Freiwilligkeit und Alter auf das Antwortverhalten. In: Wirtschaftspsychologie, 2004, S. 67–83.

Resch, Marianne; Bamberg, Eva (2005): Work-Life-Balance – ein neuer Blick auf die Vereinbarkeit von Berufs- und Privatleben? In: Zeitschrift für Arbeits- und Organisationspsychologie, Jg. 49, S. 171–175.

Richter, G. (2003): Innere Kündigung und Gesundheit. In: Badura, Bernhard; Hehlmann, Thomas (Hg.): Betriebliche Gesundheitspolitik. Der Weg zur gesunden Organisation. Berlin [u. a.]: Springer, S. 149–156.

Richter, Peter; Hemmann, Erdmuthe; Merboth, Heike; Fritz, Sigrun; Hansgen, Claudia; Rudolf, Matthias (2000): Das Erleben von Arbeitsintensität und Tätigkeitsspielraum. Entwicklung und Validierung eines Fragebogens zur orientierende Analyse (FIT). In: Zeitschrift für Arbeits- und Organisationspsychologie, Jg. 44, H. 3, S. 129–139.

Rimann, Martin; Udris, Ivars (1997): Subjektive Arbeitsanalyse. Der Fragebogen SALSA. In: Strohm, Oliver; Ulich, Erberhard (Hg.): Unternehmen arbeitspsychologisch bewerten. Ein Mehr-Ebenen-Ansatz unter besonderer Berücksichtigung von Mensch Technik und Organisation. Zürich: vdf Hochschulverl. an der ETH Zürich, S. 281–298.

Rimann, Martin; Udris, Ivars (1993): Belastungen und Gesundheitsressourcen im Berufs- und Privatbereich. Eine quantitative Studie. Forschungsprojekt SALUTE, Personale und organisationale Ressourcen der Salutogenese. Eidgenössische Technische Hochschule Zürich/Institut für Arbeitspsychologie.

Rodriguez, Eunice (1999): Marginal Employment and Health in Germany and the United Kingdom. Does Unstable Employment Predict Health? Wissenschaftszentrum Berlin für Sozialforschung. (Discussion Paper, FS I 99-203).

Rosenberg, Morris (1989): Society and the adolescent self-image. [1965]. Rev. ed., 1st ed. Middletown, Conn.: Wesleyan University Press.

Rosenstiel, Lutz von (2003): Grundlagen der Führung. In: Rosenstiel, Lutz von; Regnet, Erika; Domsch, Michael E. (Hg.): Führung von Mitarbeitern. Handbuch für erfolgreiches Personalmanagement. 5., überarb. Aufl. Stuttgart: Schäffer-Pöschel, S. 3–25.

Röthig, Peter (2004): WiBe 4.0: Eimpfehlung zur Durchführung von Wirtschaftlichkeitsbetrachtungen in der Bundesverwaltung, insbesondere beim Einsatz der IT. Deutschland/Bundesministerium des Innern, Koordinierungs- und Beratungsstelle der Bundesregierung für Informationstechnik in der Bundesverwaltung (Hg.). Berlin.

Rudolph, H. (1996): Erfolg von Unternehmen. Für einen kritischen Umgang mit dem Erfolgsbegriff. In: Aus Politik und Zeitgeschichte (Beilage zur Wochenzeitung Das Parlament), 31.05.1996 (B 23/96).

Sabatini, Fabio (2006): The empirics of social capital and economic development: a critical perspective. a critical perspective. Fondazione Eni Enrico Mattei. Milano. (Nota di lavoro / Fondazione Eni Enrico Mattei, 2006,15).

Sabatini, Fabio (2006): Does social capital improve labour productivity in small and medium enterprises? Universitá degli Studi di Roma "La Sapienza". Roma (Working Paper, 92).

Sánchez, Noemí Fernández; Rehfeld, Dieter (2003): Potenzialanalyse OWL. Branchen, Kompetenzen, Perspektiven. Abschlussbericht. Initiative für Beschäftigung OWL e. V.; Bezirksregierung Gelsenkirchen et. al. Gelsenkirchen.

Sauerland, Dirk (2003): Sozialkapital in der Ökonomik. Stand der Forschung und offene Fragen. In: Sauerland, Dirk; Boerner, Sabine; Seeber, Günther (Hg.): Sozialkapital als Vorausetzung von Lernen und Innovation. Lahr: AKAD (Schriften der Wissenschaftlichen Hochschule Lahr), S. 3–27.

Schermelleh-Engel, Karin; Werner, Christina (2007): Methoden der Reliabilitätsbestimmung. In: Moosbrugger, Helfried (Hg.): Testtheorie und Fragebogenkonstruktion. Berlin, Heidelberg: Springer Medizin Verl. Heidelberg, S. 113–133.

Schmalenbach Gesellschaft für Betriebswirtschaft e. V./Arbeitskreis „Immaterielle Werte im Rechnungswesen" (2004): Erfassung immaterieller Werte in der Unternehmensberichterstattung vor dem Hintergrund handelsrechtlicher Rechnungslegungsnormen. In: Horváth, Péter; Möller, Klaus (Hg.): Intangibles in der Unternehmenssteuerung. Strategien und Instrumente zur Wertsteigerung des immateriellen Kapitals. München: Vahlen.

Schmid, Michael (1998): Sozialkapital und Sozialpolitik. In: Pies, Ingo et al. (Hg.): Gary Beckers ökonomischer Imperialismus. Tübingen: Mohr Siebeck, S. 57–61.

Schmid, Michael (2007): James S. Coleman. In: Kaesler, Dirk (Hg.): Hauptwerke der Soziologie. 2., durchges. Aufl. Stuttgart: Kröner, S. 70–74.

Schmidt, Hartmut; Schleef, Michael (2001): Transaktions-Controlling. Ein Weg zur Erhöhung der Rendite von Sozialkapital. In: Freidank, Carl-Christian; Strobel, Wilhelm Theodor (Hg.): Die deutsche Rechnungslegung und Wirtschaftsprüfung im Umbruch. Festschrift für Wilhelm Theodor Strobel zum 70. Geburtstag. München: Vahlen, S. 555–576.

Schoenbach, Victor J.; Kaplan, Berton H.; Fredman, Lisa; Kleinbaum, David G. (1986): Social ties and mortality in Evans County, Georgia. In: American Journal of Epidemiology, Jg. 123, H. 4, S. 577–591.

Schott, Thomas (1996): Rehabilitation und die Wiederaufnahme der Arbeit. Eine sozialepidemiologische Untersuchung über den Erfolg medizinischer Rehabilitation nach Herzerkrankung bei der Wiederherstellung der Erwerbsfähigkeit. Weinheim, München: Juventa-Verl. Zugl. Diss. Univ. Bielefeld, 1995.

Schüller, Alfred (1992): Theorie der Property Rights. In: Schüller, Alfred; Krüsselberg, Hans-Günter (Hg.): Grundbegriffe zur Ordnungstheorie und politischen Ökonomik. 3., überarb. Aufl. Marburg an der Lahn: Forschungsstelle zum Vergleich Wirtschaftlicher Lenkungssysteme d. Philipps-Univ. (Arbeitsberichte zum Systemvergleich), S. 100–103.

Schumpeter, Joseph Alois (1987): Kapitalismus, Sozialismus und Demokratie. 6. Aufl. München: Francke. (Uni-Taschenbücher, 172).

Schütt, Henrik; Niebergall, Peter (2001): Kostensteuerung: Eine vordringliche Aufgabe. In: Sparkasse, H. 11, S. 500–504.

Schütte, Martin (2004): Humankapital. Kein Thema für externe Berichterstattung und Corporate Governance? In: Der Betrieb, H. 34, S. 1793–1795.

Seiler, Kai (2004): Interorganisationale Kooperationsnetzwerke im Anwendungsfeld „Sicherheit und Gesundheit bei der Arbeit". Bremerhaven: Wirtschaftsverl. NW Verl. für Neue Wiss. (Zugl. Diss. Univ. Wuppertal).

Sellin, Ina (2003): Varianten der Selbsteinschätzung und Hilfesuche. Diss. TU Chemnitz.

Shaw, J. D.; Duffy, M. K.; Johnson, J. L.; Lockhart, D. E. (2005): Turnover, social capital losses, and performance. In: Academy of Management Journal, Jg. 48, H. 4, S. 594–606.

Siegrist, Johannes (2005): Medizinische Soziologie. 6., neu bearb. und erw. Aufl. München, Jena: Elsevier Urban und Fischer.

Sinn, Hans-Werner (2005): Die Basar-Ökonomie. Deutschland: Exportweltmeister oder Schlusslicht? 2. Aufl. Berlin: Econ.

Six, Bernd; Kleinbeck, Uwe (1989): Arbeitsmotivation und Arbeitszufriedenheit. In: Roth, Erwin; Graumann, Carl F.; Birbaumer, Niels (Hg.): Organisationspsychologie. Göttingen: Hogrefe (Enzyklopädie der Psychologie), S. 348–398.

Smith, Adam (1990): Der Wohlstand der Nationen. Eine Untersuchung seiner Natur und seiner Ursachen. 5. Aufl. München: Dt. Taschenbuch Verl.

Sombart, Werner (1988): Der Bourgeois [1913]. Reinbek bei Hamburg: Rowohlt Taschenbuch Verl.

SPSS Inc. <2009>: PASW Statistics Base 18. SPSS Inc. Chicago, IL.

Stadler, P.; Strobel, G.; Hoyos, C. (2000): Psychische Belastungen von Mitarbeitern. Die Rolle des Führungsverhaltens. In: Ergo-Med, H. 3, S. 136–142.

Statistische Ämter des Bundes und der Länder (2009): Auswirkungen auf die Entwicklung der Erwerbspersonenzahl. Stuttgart. (Demografischer Wandel in Deutschland, 4).

Statistisches Bundesamt (Hg.) (2010): Nachhaltige Entwicklung in Deutschland. Indikatorenbericht 2010. Wiesbaden.

Stausberg, Michael (2004): Kennzahlen im Personalmanagement. Kissing: Weka Media GmbH & Co.

Stiglbauer, Markus (2010): Corporate Governance Berichterstattung und Unternehmenserfolg. Eine empirische Untersuchung für den deutschen Aktienmarkt. Wiesbaden: Gabler. Zugl. Diss. Univ. Regensburg, 2009.

Stoi, R. (2004): Management und Controlling von Intangibles auf der Basis der immateriellen Werttreiber des Unternehmens. In: Horváth, Péter; Möller, Klaus (Hg.): Intangibles in der Unternehmenssteuerung. Strategien und Instrumente zur Wertsteigerung des immateriellen Kapitals. München: Vahlen, S. 187–201.

Stoll, Bettina (2003): Balanced scorecard für soziale Organisationen. Mehr Qualität durch strategisches Management; Handbuch für die Praxis sozialer Arbeit. Regensburg: Walhalla-Fachverl.

Sveiby, Karl-Erik (2002): Die Messung immaterieller Vermögenswerte. Methoden und Verfahren. In: Bellmann, Matthias; Alex, Björn (Hg.): Praxishandbuch Wissensmanagement. Strategien – Methoden – Fallbeispiele. Düsseldorf: Symposion, S. 779–808.

Thunig, Klaus; Knauth, Peter (2000): Erfolgsfaktoren für die Zielerreichung von Fertigungsteams. Eine theoretische und empirische Analyse. In: Arbeit, Jg. 9, H. 1, S. 22–39.

Tibblin, G. (1986): A Study of Men born in 1913 an 1923. In: Isacsson, Sven-Olof (Hg.): Social support – health and disease. Stockholm: Almqvist and Wiksell, S. 21–31.

Tillich, Paul (1926): Das Dämonische. Ein Beitrag zur Sinndeutung der Geschichte. Tübingen: Mohr (Schriften aus dem Gebiet der Theologie und Religionsgeschichte, 119).

Tsai, Wenpin; Goshal, Sumantra (1998): Social Capital and Value Creation. The Role of Intrafirm Network. In: The Academy of Management Journal, Jg. 41, S. 464–474.

Udris, Ivars (2003): Mitarbeiterbefragung und betriebliches Gesundheitsmanagement – SALSA, ein Instrument für die Praxis. In: Österreichische Kontaktstelle für Betriebliche Gesundheitsförderung (Hg.): Erfolgsfaktor Betriebliche Gesundheitsförderung. 6. Informationstag zur BGF, St. Pölten 2001. Linz. S. 5–18.

Udris, Ivars; Rimann, M. (1999): SAA und SALSA. Zwei Fragebögen zur subjektiven Arbeitsanalyse. In: Dunckel, Heiner (Hg.): Handbuch psychologischer Arbeitsanalyseverfahren. Zürich: vdf Hochschulverl. an der ETH, S. 397–421.

Ueberle, Max (2003): Krankenversicherungssysteme im Vergleich. Perspektiven für einen Systemwettbewerb zwischen integrierter Versorgung und der gesetzlichen Krankenversicherung in Deutschland. Stuttgart: ibidem-Verl.

Ueberle, Max (2010): Betriebliches Gesundheitsmanagement im demografischen Wandel. In: Preißing, Dagmar (Hg.): Erfolgreiches Personalmanagement im demografischen Wandel. München: Oldenbourg, S. 279–309.

Ueberle, Max; Greiner, Wolfgang (2008): Kennzahlenhandbuch. In: Badura, Bernhard; Greiner, Wolfgang; Rixgens, Petra; Ueberle, Max; Behr, Martina: Sozialkapital. Grundlagen von Gesundheit und Unternehmenserfolg. Berlin, Heidelberg: Springer, S. 169–194.

Ueberle, Max; Wellmann, Holger (2005): Betriebliche Gesundheitsförderung. Ökonomische Aspekte. In: Institut für Qualitätssicherung in Prävention und Rehabilitation GmbH an der Deutschen Sporthochschule Köln (Hg.): Förderung der Teilhabe am Arbeitsleben. Zwischenbericht. Köln, S. 49–58.

Urban, Dieter; Mayerl, Jochen (2006): Regressionsanalyse. Theorie, Technik und Anwendung. 2., überarb. Aufl. Wiesbaden: VS Verl. für Sozialwiss.

Uslaner, Eric M. (1999): Trust But Verify. Social Capital and Moral Behavior. In: Social Science Information, Jg. 38, H. 1, S. 29–55.

Veenstra, Gerry (2000): Social capital, SES and health: An individual-level analysis. In: Social Science and Medicine, Jg. 50, S. 619–629.

Vehrs, Jörg; Schnabel, Peter-Ernst (2005): Grundlagen und Entwicklungsperspektiven der Gesundheitswissenschaften. Multimediales Lernmodul. Bielefeld: Medien- und Curriculumswerkstatt der Fakultät für Gesundheitswissenschaften der Universität Bielefeld.

Vinberg, Stig; Gelin, Gunnar (2005): Organizational and health performance in small enterprises in Norway and Sweden. In: Work, Jg. 24, H. 3, S. 305–316.

Waldström, Christian (2003): Social Capital in Organizations – Beyond Structure and Metaphor. Aarhus School of Business. Aarhus. (Working Paper 2003-7).

Walenta, Christa; Kirchler, Erich (2005): Führung. In: Kirchler, Erich (Hg.): Arbeits- und Organisationspsychologie. Wien: WUV (UTB), S. 411–486.

Weber, Max (1988): Die „Objektivität" sozialwissenschaftlicher und sozialpolitischer Erkenntnis [1904]. In: Weber, Max: Gesammelte Aufsätze zur Wissenschaftslehre. 7. Aufl., photomechan. Nachdr. der 6. Aufl. Hg. von Johannes Winckelmann. Tübingen: Mohr, S. 146–214.

Welin, L.; Svärdsudd, K.; Ander-Peciva, S.; Tibblin, G.; Tibblin, B.; Larsson, B. (1985): Prospective Study of social influences on mortality. The study of men born in 1913 and 1923. In: The Lancet, Bd. 325, S. 915–918.

Weller, Ingo; Matiaske, Wenzel; Habich, Jörg (2000): Mobbing, Arbeitszufriedenheit und Absentismus. In: zfo, Bd. 69, Ausg. 4, S. 226–233.

Wellmann, Holger; Ueberle, Max; Froböse, Ingo (2006): Implementierung der betrieblichen Gesundheitsförderung in eine Balanced Scorecard. In: Arbeitsmedizin Sozialmedizin Umweltmedizin, Jg. 41, S. 125.

Weltgesundheitsorganisation (1946): Verfassung der Weltgesundheitsorganisation. Unterzeichnet in New York am 22. Juli 1946.

Weltgesundheitsorganisation (1986): Ottawa-Charta zur Gesundheitsförderung. Verabschiedet auf der ersten internationalen Konferenz zur Gesundheitsförderung am 21. November 1986 in Ottawa.

Weltgesundheitsorganisation (1997): Deklaraton der 4. internationalen Konferenz zur Gesundheitsförderung in Jakarta, Indonesien. [Jakarta-Deklaration].

Westlund, Hans; Nilsson, Elin (2003): Measuring enterprises' investments in social capital. A pilot study. Paper prepared for presentation at the 43rd Congress of the European Regional Science Association, Jyväskylä, Finland, 27–30 August 2003: ERSA 2003 Congress. Congress CD-Rom. Jyväskylä.

Westphal, Ariane; Gmür, Markus (2009): Organisationales Commitment und seine Einflussfaktoren. Eine qualitative Metaanalyse. In: Journal für Betriebswirtschaft, Jg. 59, S. 201–229.

Wiendieck, Gerd (2003): Führung und Organisationskultur. In: Rosenstiel, Lutz von; Regnet, Erika; Domsch, Michael E. (Hg.): Führung von Mitarbeitern. Handbuch für erfolgreiches Personalmanagement. 5., überarb. Aufl. Stuttgart: Schäffer-Pöschel, S. 627–637.

Wiesenthal, Helmut (1987): Rational Choice. Ein Überblick über Grundlinie, Theoriefelder und neuere Themenakquisation eines sozialwissenschaftlichen Paradigmas. In: Zeitschrift für Soziologie, Jg. 16, S. 434–448.

Wilke, Annika (2008): Informationsintermediäre als Informationsquelle für Nachfrager? Eine informationsökonomische Analyse und empirische Überprüfung auf dem MBA Markt. Diss. Ruhr-Univ. Bochum.

Wöhe, Günter; Döring, Ulrich (2008): Einführung in die allgemeine Betriebswirtschaftslehre. 23. Aufl. München: Vahlen.

Zangemeister, Christof (2000): Erweiterte Wirtschaftlichkeitsanalyse (EWA). Grundlagen, Leitfaden und PC-gestützte Arbeitshilfen für ein „3-Stufen-Verfahren" zur Arbeitssystembewertung. 2. akt. Überarb. Bremerhaven: Wirtschaftsverl. NW Verl. für Neue Wiss. (Schriftenreihe der Bundesanstalt für Arbeitsschutz und Arbeitsmedizin, Fb. 879).

Zangemeister, Christof; Nolting, Hans-Dieter (1999): Kosten-Wirksamkeits-Analyse im Arbeits- und Gesundheitsschutz. Einführung und Leitfaden für die betriebliche Praxis. 2. Aufl. Bremerhaven: Wirtschaftsverl. NW Verl. für Neue Wiss. (Schriftenreihe der Bundesanstalt für Arbeitsschutz und Arbeitsmedizin).

Zapf, Dieter (1999): Mobbing in Organisationen Überblick zum Stand der Forschung. In: Zeitschrift für Arbeits- und Organisationspsychologie, Jg. 43, H. 1, S. 1–25.

Zentralverband der Elektrotechnischen Industrie/Betriebswirtschaftlicher Ausschuß (Hg.) (1989): ZVEI-Kennzahlensystem. 4. Aufl. Frankfurt am Main.

Zerssen, Detlev von (1976): Die Beschwerden-Liste. Parallelformen B-L und B-L', Ergänzungsbogen B-L°. Manual. Weinheim: Beltz.

Zinnbauer, Markus; Eberl, Markus (2004): Die Überprüfung von Spezifikation und Güte von Strukturgleichungsmodellen. Verfahren und Anwendung. Ludwigs-Maximilians-Universität München, Institut für Unternehmensentwicklung und Organisation, Seminar für Empirische Forschung und Unternehmensplanung. München. (Schriften zur Empirischen Forschung und Quantitativen Unternehmensplanung, 21).

Zintl, Reinhard (1993): Clubs, Clans und Cliquen. In: Bernd-Thomas Ramb und Karl-Hans Hartwig (Hg.): Ökonomische Verhaltenstheorie. München: Vahlen, S. 89–117.

Anhang: Fragebogen ProSoB

In der nachfolgenden Tabelle sind die Items des Fragebogens in der Reihenfolge des Designs des verwendeten Fragebogens aufgeführt. Dazu wird in der ersten Spalte die laufende Nummer und Reihenfolge der Items im originalen ProSoB-Fragebogen angegeben. In der zweiten Spalte ist die Ebene des erhobenen Konstrukts im Rahmen des verwendeten Wirkmodells angegeben, in der dritten Spalte wird das Konstrukt genannt. In der fünften Spalte wird das Item im Wortlaut wiedergegeben, es folgt die Angabe des Herkunftsfragebogens. In der letzten Spalte ist kodiert die Skalenform wiedergegeben, die Erläuterungen dazu finden sich im Anschluss an die Tabelle. Anhand der Erläuterungen zur Skalenform werden auch diejenigen Items verständlich, die nur aus grammatischen Teilsätzen formuliert sind. Außerdem wird in der vierten Spalte die betreffende Skala genannt.

Lfd. Nr. im Fragebg.	Ebene	Konstrukt	Skala	Item (Wortlaut)	Herkunft der Frage	Ska-len-form
F12.01	Treiber	Arbeitsbedingungen	Zufriedenheit mit Rahmenbedingungen	... dem Angebot an Fort- und Weiterbildungen?	InterproQ [334]	2
F12.02	Treiber	Arbeitsbedingungen	Zufriedenheit mit Rahmenbedingungen	... der technischen Ausstattung des Arbeitsplatzes?	InterproQ	2
F12.03	Treiber	Arbeitsbedingungen	Zufriedenheit mit Rahmenbedingungen	... den äußeren Bedingungen Ihres Arbeitsplatzes insgesamt (z. B. Beleuchtung, Belüftung, Lärm, Raumgröße)?	InterproQ	2
F12.04	Treiber	Arbeitsbedingungen	Zufriedenheit mit Rahmenbedingungen	... der Höhe Ihrer Bezahlung im Verhältnis zu der von Ihnen erbrachten Arbeitsleistung?	InterproQ	2
F12.05	Treiber	Arbeitsbedingungen	Zufriedenheit mit Rahmenbedingungen	... der Arbeit des Betriebs-/Personalrats?	InterproQ	2
F12.06	Treiber	Arbeitsbedingungen	Zufriedenheit mit Rahmenbedingungen	... dem Ausmaß an Transparenz von Entscheidungen, die von der Unternehmensleitung getroffen werden?	InterproQ	2
F13.01	Ergebnis	Wahrgenommene Produktivität Qualität der Arbeit	Qualität der Arbeitsleistung	... die Qualität meiner *eigenen* Arbeitsleistung.	InterproQ	13
F13.02	Ergebnis	Wahrgenommene Produktivität Qualität der Arbeit	Qualität der Arbeitsleistung	... die Qualität der Arbeitsleitungen, die insgesamt in *meiner Abteilung* von allen Fachkräften geleistet wird.	InterproQ	13
F13.03	Ergebnis	Wahrgenommene Produktivität Qualität der Arbeit	Qualität der Arbeitsleistung	... die Qualität der Produkte bzw. Dienstleistungen, die mein *Unternehmen insgesamt* anzubieten hat.	InterproQ	13
F14.01	Treiber	Arbeitsbedingungen	Sinnhaftigkeit der Aufgabe	Ich habe fast immer das Gefühl, dass meine Arbeit wirklich wichtig ist.	ProSoB[335]	1
F14.02	Treiber	Arbeitsbedingungen	Partizipation	Wenn ich eine gute Idee habe, kann ich sie in meinem Arbeitsbereich auch verwirklichen	SALSA[336]	1
F14.03	Treiber	Arbeitsbedingungen	Qualitative Anforderungen	Meine Kenntnisse und Fähigkeiten reichen vollkommen aus, um erfolgreich arbeiten zu können.	ProSoB	1
F14.04	Treiber	Arbeitsbedingungen	Klarheit der Aufgabe/Rollenklarheit	Für meine Arbeit gibt es klare Ziele.	COPSOQ [337]	1
F14.05	Treiber	Arbeitsbedingungen	Handlungsspielraum	Ich kann meine Arbeit selbständig planen und einteilen.	MIKE[338]	1

---

[334] InterproQ: Brücker et al. 2004.

[335] ProSoB: Badura et al. 2006.

[336] SALSA: Rimann, Udris 1997, s. a. Udris 2003, Udris, Rimann 1999.

[337] COPSOQ: Nübling et al. 2005, s. a. Nübling 2005.

[338] MIKE: Pfaff et al. 2004.

282

Lfd. Nr. im Fragebg.	Ebene	Konstrukt	Skala	Item (Wortlaut)	Herkunft der Frage	Skalenform
F14.06	Treiber	Arbeitsbedingungen	Sinnhaftigkeit der Aufgabe	Ich habe den Eindruck, dass ich durch meine Arbeit maßgeblich zum Betriebserfolg beitrage.	ProSoB	1
F14.07	Treiber	Arbeitsbedingungen	Partizipation	In meiner Abteilung kommt es öfter vor, dass ich vor vollendete Tatsachen gestellt werde.	SALSA	1
F14.08	Treiber	Arbeitsbedingungen	Qualitative Anforderungen	Mir werden häufig Aufgaben übertragen, für die ich eigentlich nicht ausgebildet bin.	ProSoB	1
F14.09	Treiber	Arbeitsbedingungen	Klarheit der Aufgabe/Rollenklarheit	Ich weiß genau, welche Dinge in meinen Verantwortungsbereich fallen.	COPSOQ	1
F14.10	Treiber	Arbeitsbedingungen	Handlungsspielraum	Ich kann bei meiner Arbeit viele selbständige Entscheidungen treffen.	MIKE	1
F14.11	Treiber	Arbeitsbedingungen	Quantitative Anforderungen	Ich habe häufig das Gefühl, bei meiner Arbeit unter Zeitdruck zu stehen.	COPSOQ	1
F14.12	Treiber	Arbeitsbedingungen	Sinnhaftigkeit der Aufgabe	Ich erlebe meine Arbeit in der Regel als persönliche Bereicherung.	ProSoB	1
F14.13	Treiber	Arbeitsbedingungen	Partizipation	Bei wichtigen Dingen in der Abteilung kann ich fast immer mitreden und mitentscheiden.	SALSA	1
F14.14	Treiber	Arbeitsbedingungen	Qualitative Anforderungen	Ich muss häufig Arbeiten übernehmen, denen ich mich nicht gewachsen fühle.	ProSoB	1
F14.15	Treiber	Arbeitsbedingungen	Klarheit der Aufgabe/Rollenklarheit	Ich weiß immer ganz genau, wie weit meine Befugnisse bei der Arbeit reichen.	COPSOQ	1
F14.16	Treiber	Arbeitsbedingungen	Quantitative Anforderungen	Ich habe meistens ausreichend Zeit, meine Arbeit zu erledigen.	COPSOQ	1
F14.17	Treiber	Arbeitsbedingungen	Quantitative Anforderungen	Ich habe oft das Gefühl, dass ich zu viele Dinge auf einmal erledigen muss.	COPSOQ	1
F14.18	Treiber	Arbeitsbedingungen	Klarheit der Aufgabe/Rollenklarheit	Ich weiß genau, was von mir bei der Arbeit erwartet wird.	COPSOQ	1
F15.01	Treiber	Soziale Beziehungen Netzwerkkapital	Gruppenkohäsion	In unserer Abteilung gehen wir zusammen durch dick und dünn.	MIKE	5
F15.02	Ergebnis	Wahrgenommene Produktivität Qualität der Arbeit	Qualitätsbewusstsein	In meiner Abteilung dreht sich unser Denken um die Kunden.	MIKE	5
F15.03	Treiber	Soziale Beziehungen Netzwerkkapital	Kommunikation	In unserer Abteilung redet man viel und gerne mit einander.	ProSoB	5
F15.04	Treiber	Soziale Beziehungen Netzwerkkapital	Social Support	In unserer Abteilung sind die Kolleginnen und Kollegen in hohem Maße bereit, sich für einander einzusetzen.	ProSoB	5
F15.05	Treiber	Soziale Beziehungen Netzwerkkapital	Sozialer Fit	Zwischen den Kolleginnen und Kollegen in unserer Abteilung gibt es häufig Spannungen und Konflikte.	InterproQ	5
F15.06	Treiber	Soziale Beziehungen Netzwerkkapital	Sozialer Fit	In meinem Kollegenkreis fühle ich mich insgesamt sehr wohl.	InterproQ	5

Lfd. Nr. im Fragebg.	Ebene	Konstrukt	Skala	Item (Wortlaut)	Herkunft der Frage	Skalen-form
F15.07	Ergebnis	Wahrgenommene Produktivität Qualität der Arbeit	Qualitätsbewusstsein	In meiner Abteilung verbessern wir ständig die Qualität unserer Leistungen.	MIKE	5
F15.08	Treiber	Soziale Beziehungen Netzwerkkapital	Gruppenkohäsion	Wenn ich könnte, würde ich den Arbeitsplatz wechseln, um mit angenehmeren Kolleginnen und Kollegen zusammenarbeiten zu können.	MIKE	5
F15.09	Treiber	Soziale Beziehungen Netzwerkkapital	Kommunikation	Der Umgangston zwischen den Kolleginnen und Kollegen ist meistens gut.	InterproQ	5
F15.10	Treiber	Soziale Beziehungen Netzwerkkapital	Gruppenkohäsion	In unserer Abteilung halten alle ganz gut zusammen.	MIKE	5
F15.11	Treiber	Soziale Beziehungen Netzwerkkapital	Vertrauen	Wenn es nötig ist, kann man sich auf die Kolleginnen und Kollegen in unserer Abteilung verlassen.	SALSA	5
F15.12	Ergebnis	Wahrgenommene Produktivität Qualität der Arbeit	Qualitätsbewusstsein	In meiner Abteilung halten wir uns stets an Standards und Leitlinien.	MIKE	5
F15.13	Treiber	Soziale Beziehungen Netzwerkkapital	Gruppenkohäsion	Ich würde manchen Kolleginnen/Kollegen, mit denen ich in meiner Abteilung zusammenarbeiten muss, lieber aus dem Weg gehen.	MIKE	5
F15.14	Treiber	Soziale Beziehungen Netzwerkkapital	Social Support	Bei uns in der Abteilung ist es üblich, dass man sich gegenseitig hilft und unterstützt.	ProSoB	5
F15.15	Treiber	Soziale Beziehungen Netzwerkkapital	Sozialer Fit	Die Kolleginnen und Kollegen in unserer Abteilung passen menschlich gut zusammen.	InterproQ	5
F15.16	Treiber	Soziale Beziehungen Netzwerkkapital	Gruppenkohäsion	In unserer Abteilung steht keiner außerhalb.	MIKE	5
F15.17	Ergebnis	Wahrgenommene Produktivität Qualität der Arbeit	Qualitätsbewusstsein	In meiner Abteilung wird auf die Qualität der Arbeitsergebnisse geachtet.	MIKE	5
F15.18	Treiber	Soziale Beziehungen Netzwerkkapital	Vertrauen	In unserer Abteilung ist das Vertrauen so groß, dass wir auch über persönliche Probleme offen reden können.	SALSA	5
F16.01	Treiber	Führung Führungskapital	Mitarbeiterorientierung	... bemüht sich um ein gutes persönliches Verhältnis zu seinen Mitarbeitern.	InterproQ	3
F16.02	Treiber	Führung Führungskapital	Machtorientierung	... kritisiert seine Mitarbeiter häufig in Gegenwart anderer.	FVVB[339]	3
F16.03	Treiber	Führung Führungskapital	Vertrauen in den Vorgesetzten	... steht zu dem was er sagt.	ProSoB	3
F16.04	Treiber	Führung Führungskapital	Kommunikation	... informiert seine Mitarbeiter über alle wichtigen Dinge der Abteilung und des Unternehmens schnell und zuverlässig.	InterproQ	3

---

[339] FVVB: Fittkau-Garthe, Fittkau 1988.

Lfd. Nr. im Fragebg.	Ebene	Konstrukt	Skala	Item (Wortlaut)	Herkunft der Frage	Skalen-form
F16.05	Treiber	Führung Führungskapital	Soziale Kontrolle	... handelt nach dem Prinzip: „Vertrauen ist gut, Kontrolle ist besser".	ProSoB	3
F16.06	Treiber	Führung Führungskapital	Mitarbeiterorientierung	... hat für seine Mitarbeiter immer „ein offenes Ohr".	ProSoB	3
F16.07	Treiber	Führung Führungskapital	Vertrauen in den Vorgesetzten	... ist ein Mensch, dem man in jeder Situation absolut vertrauen kann.	ProSoB	3
F16.08	Treiber	Führung Führungskapital	Vertrauen in den Vorgesetzten	... ist in jeder Hinsicht völlig zuverlässig.	ProSoB	3
F16.09	Treiber	Führung Führungskapital	Mitarbeiterorientierung	... achtet darauf, dass seine Mitarbeiter sich beruflich weiterentwickeln können.	InterproQ	3
F16.10	Treiber	Führung Führungskapital	Fairness und Gerechtigkeit	... behandelt alle seine Mitarbeiter fair und gerecht.	InterproQ	3
F16.11	Treiber	Führung Führungskapital	Machtorientierung	... sucht die Schuld oft bei seinen Mitarbeitern, selten bei sich selbst.	ProSoB	3
F16.12	Treiber	Führung Führungskapital	Machtorientierung	... setzt sich immer durch, auch wenn seine Mitarbeiter eine andere Meinung haben.	ProSoB	3
F16.13	Treiber	Führung Führungskapital	Akzeptanz des Vorgesetzten	... ist für seine Mitarbeiter ein echtes Vorbild.	InterproQ	3
F16.14	Treiber	Führung Führungskapital	Kommunikation	... ist im Umgang mit seinen Mitarbeitern häufig ausfallend und beleidigend.	ProSoB	3
F16.15	Treiber	Führung Führungskapital	Soziale Kontrolle	... gibt jedem Mitarbeiter eine Rückmeldung über die geleistete Arbeit.	InterproQ	3
F16.16	Treiber	Führung Führungskapital	Akzeptanz des Vorgesetzten	... wird von allen seinen Mitarbeitern als „Chef" anerkannt und akzeptiert.	InterproQ	3
F16.17	Treiber	Führung Führungskapital	Mitarbeiterorientierung	... erkennt die Leistungen seiner Mitarbeiter an.	InterproQ	3
F16.18	Treiber	Führung Führungskapital	Kommunikation	... spricht regelmäßig mit allen seinen Mitarbeitern.	InterproQ	3
F16.19	Treiber	Führung Führungskapital	Fairness und Gerechtigkeit	... behandelt alle seine Mitarbeiter gleich.	InterproQ	3
F16.20	Treiber	Führung Führungskapital	Akzeptanz des Vorgesetzten	... versteht sich insgesamt sehr gut mit seinen Mitarbeitern.	InterproQ	3
F17.01	Frühindikator	Organisationspathologien	Mobbing	Ich werde von Kollegen/Kolleginnen in meiner Abteilung gemobbt.	InterproQ	9
F17.02	Frühindikator	Gesundheit	Work-Life-Balance	Die Anforderungen meiner Arbeit stören mein Privat- und Familienleben.	COPSOQ	9
F17.03	Frühindikator	Gesundheit	Selbstwertgefühl	Alles in allem bin ich mit mir selbst zufrieden.	Rosenberg[340]	9

---

[340] Rosenberg: Selbstwert-Skala von Rosenberg, übersetzt in Schott 1996, s. a. Rosenberg 1989, Badura 1993, Ferring, Filipp 1996, für eine Weiterentwicklung s. a. von Collani, Herzberg 2003.

Lfd. Nr. im Fragebg.	Ebene	Konstrukt	Skala	Item (Wortlaut)	Herkunft der Frage	Skalen-form
F17.04	Früh-indikator	Organisationspathologien	Innere Kündigung	Was bei uns im Unternehmen vor sich geht, interessiert mich eigentlich nur wenig.	ProSoB	9
F17.05	Früh-indikator	Gesundheit	Work-Life-Balance	Der Zeitaufwand meiner Arbeit macht es schwierig für mich, meinen Pflichten in der Familie oder im Privatleben nachzukommen.	COPSOQ	9
F17.06	Früh-indikator	Gesundheit	Selbstwertgefühl	Ich besitze eine Reihe guter Eigenschaften.	Rosenberg	9
F17.07	Früh-indikator	Organisationspathologien	Innere Kündigung	Ich tue bei der Arbeit bewusst nur das, was wirklich von mir verlangt wird.	ProSoB	9
F17.08	Früh-indikator	Gesundheit	Work-Life-Balance	Dinge, die ich zu Hause machen möchte, bleiben wegen der Anforderungen meiner Arbeit liegen.	COPSOQ	9
F17.09	Früh-indikator	Gesundheit	Selbstwertgefühl	Ich halte mich für einen wertvollen Menschen, jedenfalls bin ich nicht weniger wertvoll als andere auch.	Rosenberg	9
F17.10	Früh-indikator	Organisationspathologien	Mobbing	Ich werde von meinen Vorgesetzten gelegentlich persönlich angegriffen.	InterproQ	9
F17.11	Früh-indikator	Gesundheit	Work-Life-Balance	Meine Arbeit erzeugt Stress, der es schwierig macht, privaten oder familiären Verpflichtungen nachzukommen.	COPSOQ	9
F17.12	Früh-indikator	Gesundheit	Selbstwertgefühl	Ich kann vieles genauso gut wie die meisten anderen Menschen auch.	Rosenberg	9
F17.13	Früh-indikator	Organisationspathologien	Innere Kündigung	Bei meiner Arbeit mache ich normalerweise „Dienst nach Vorschrift" und nicht mehr.	ProSoB	9
F17.14	Früh-indikator	Gesundheit	Work-Life-Balance	Wegen beruflicher Verpflichtungen muss ich Pläne für private oder Familienaktivitäten ändern.	COPSOQ	9
F17.15	Früh-indikator	Gesundheit	Selbstwertgefühl	Ich habe eine positive Einstellung zu mir selbst gefunden.	Rosenberg	9
F17.16	Früh-indikator	Organisationspathologien	Mobbing	In unserer Belegschaft sind Intrigen und Mobbing weit verbreitet.	InterproQ	9
F18.01	Treiber	Unternehmenskultur Wertekapital	Gemeinsame Normen und Werte	Bei wichtigen Entscheidungen ist die Belegschaft bei uns in der Regel einer Meinung.	ProSoB	4
F18.02	Treiber	Unternehmenskultur Wertekapital	Konfliktkultur	Konflikte und Meinungsverschiedenheiten werden in unserem Unternehmen sachlich und vernünftig ausgetragen.	InterproQ	4
F18.03	Treiber	Unternehmenskultur Wertekapital	Kohäsion im Betrieb	Bei uns gibt es in allen Bereichen einen sehr großen Teamgeist unter den Beschäftigten.	InterproQ	4
F18.04	Früh-indikator	Commitment	Commitment	Die Beschäftigten identifizieren sich in sehr starkem Maße mit dem eigenen Unternehmen.	InterproQ	4
F18.05	Treiber	Unternehmenskultur Wertekapital	Gerechtigkeit und Fairness	Trotz allen partnerschaftlichen Geredes werden die Beschäftigten bei uns nicht alle gleich behandelt.	ProSoB	4

Lfd. Nr. im Fragebg.	Ebene	Konstrukt	Skala	Item (Wortlaut)	Herkunft der Frage	Skalenform
F18.06	Treiber	Unternehmenskultur Wertekapital	Gemeinsame Normen und Werte	In unserem Unternehmen gibt es unausgesprochene Spielregeln, wie man menschlich miteinander umgeht.	ProSoB	4
F18.07	Treiber	Unternehmenskultur Wertekapital	Gemeinsame Normen und Werte	Bei uns setzen sich fast alle Beschäftigten mit großem Engagement für die Ziele des Unternehmens ein.	ProSoB	4
F18.08	Treiber	Unternehmenskultur Wertekapital	Konfliktkultur	Aus Angst vor unangenehmen Konsequenzen behalten viele Beschäftigte ihre Meinung lieber für sich.	InterproQ	4
F18.09	Treiber	Unternehmenskultur Wertekapital	Vertrauen in die Geschäftsführung und den Betriebsrat	Als Beschäftigter kann man sich voll und ganz auf unsere Unternehmensleitung verlassen.	ProSoB	4
F18.10	Treiber	Unternehmenskultur Wertekapital	Gelebte Unternehmenskultur	In unserem Unternehmen leben die Geschäftsführung und die Belegschaft in zwei verschiedenen Welten.	ProSoB	4
F18.11	Treiber	Unternehmenskultur Wertekapital	Konfliktkultur	Die Beschäftigten in unserem Unternehmen haben keine Angst davor, offen ihre Meinung zu sagen.	InterproQ	4
F18.12	Treiber	Unternehmenskultur Wertekapital	Vertrauen in die Geschäftsführung und den Betriebsrat	Wenn es um Angelegenheiten der Mitarbeiter geht, kann man sich auf den Betriebs- bzw. Personalrat immer verlassen.	ProSoB	4
F18.13	Treiber	Unternehmenskultur Wertekapital	Wertschätzung	Die Wertschätzung jedes einzelnen Mitarbeiters ist in unserem Unternehmen sehr hoch.	ProSoB	4
F18.14	Frühindikator	Commitment	Commitment	Ich bin stolz darauf, für dieses Unternehmen arbeiten zu können.	InterproQ	4
F18.15	Treiber	Unternehmenskultur Wertekapital	Kohäsion im Betrieb	Bei den Mitarbeitern gibt es viele Gemeinsamkeiten, die man in anderen Betrieben in dieser Form nicht finden würde.	InterproQ	4
F18.16	Treiber	Unternehmenskultur Wertekapital	Konfliktkultur	Konflikte und Probleme werden in unserem Unternehmen oft verschwiegen und „unter den Teppich gekehrt".	InterproQ	4
F18.17	Treiber	Unternehmenskultur Wertekapital	Gemeinsame Normen und Werte	Meine eigenen Überzeugungen und Werte und die meines Arbeitgebers passen gut zusammen.	ProSoB	4
F18.18	Frühindikator	Commitment	Commitment	Mir ist es eigentlich egal, ob ich mein Geld hier oder in einem anderen Unternehme verdiene.	InterproQ	4
F18.19	Treiber	Unternehmenskultur Wertekapital	Kohäsion im Betrieb	Bei uns ziehen alle Beschäftigten an einem Strang.	InterproQ	4

287

Lfd. Nr. im Fragebg.	Ebene	Konstrukt	Skala	Item (Wortlaut)	Herkunft der Frage	Skalenform
F18.20	Treiber	Unternehmenskultur Wertekapital	Gemeinsame Normen und Werte	Führungskräfte und Mitarbeiter orientieren sich bei ihrer täglichen Arbeit stark an *gemeinsamen*[341] Regeln und Werten.	ProSoB	4
F18.21	Treiber	Unternehmenskultur Wertekapital	Kohäsion im Betrieb	Unser Unternehmen kann man fast mit einer großen Familie vergleichen.	InterproQ	4
F18.22	Treiber	Unternehmenskultur Wertekapital	Gelebte Unternehmenskultur	In unserem Unternehmen gibt es gemeinsame Visionen bzw. Vorstellungen darüber, wie sich der Betrieb weiterentwickeln soll.	ProSoB	4
F18.23	Treiber	Unternehmenskultur Wertekapital	Wertschätzung	Bei uns bringen sich alle Beschäftigten ein hohes Maß an persönlicher Wertschätzung und Anerkennung entgegen.	ProSoB	4
F18.24	Treiber	Unternehmenskultur Wertekapital	Gerechtigkeit und Fairness	Bei uns werden alle Beschäftigten gleich behandelt.	InterproQ	4
F18.25	Treiber	Unternehmenskultur Wertekapital	Gelebte Unternehmenskultur	In unserem Unternehmen steht viel auf Hochglanzpapier, was aber im betrieblichen Alltag nicht gelebt wird.	ProSoB	4
F18.26	Treiber	Unternehmenskultur Wertekapital	Gerechtigkeit und Fairness	Insgesamt habe ich den Eindruck, dass es bei uns im Umgang mit den Beschäftigten fair und gerecht zugeht.	InterproQ	4
F19.01	Frühindikator	Gesundheit	Psychosomatische Beschwerden	Wie oft hatten Sie Kopfschmerzen?	FBL[342]	6
F19.02	Frühindikator	Gesundheit	Psychosomatische Beschwerden	Wie oft reagierte Ihr Magen empfindlich (Durchfall, Verdauungsbeschwerden, Übelkeit,...)?	FBL	6
F19.03	Frühindikator	Gesundheit	Psychosomatische Beschwerden	Wie oft hatten Sie Rückenschmerzen?	FBL	6
F19.04	Frühindikator	Gesundheit	Psychosomatische Beschwerden	Wie oft fühlten Sie sich schnell müde?	FBL	6
F19.05	Frühindikator	Gesundheit	Psychosomatische Beschwerden	Wie oft hatten Sie Schmerzen in der Herzgegend?	FBL	6
F19.06	Frühindikator	Gesundheit	Psychosomatische Beschwerden	Wie oft hatten Sie Konzentrationsstörungen?	FBL	6
F19.07	Frühindikator	Gesundheit	Psychosomatische Beschwerden	Wie oft hatten Sie Schlafstörungen (beim Ein- oder Durchschlafen)?	FBL	6
F20	Frühindikator	Gesundheit	Absentismus	An wie vielen *Tagen* sind Sie in den letzten *12 Monaten krankheitsbedingt* nicht zur Arbeit gegangen?	ProSoB	12

---

[341] Kursiv im Original fett.

[342] FBL: Freiburger Beschwerden-Liste, Kurzform in von Zerssen 1976.

Lfd. Nr. im Fragebg.	Ebene	Konstrukt	Skala	Item (Wortlaut)	Herkunft der Frage	Skalenform
F 21	Frühindikator	Gesundheit	Physische Gesundheit	Wie beurteilen Sie Ihren allgemeinen Gesundheitszustand?	ProSoB	7
F22	Frühindikator	Gesundheit	Gesundheitsverhalten	Wie häufig trinken Sie Alkohol (z. B. Bier, Wein, Schnaps)?	ProSoB	10
F23	Frühindikator	Gesundheit	Gesundheitsverhalten	Rauchen Sie?	ProSoB	11
F24.01	Frühindikator	Gesundheit	Depressive Verstimmungen	Es fiel mir schwer, etwas zu genießen.	ProSoB	8
F24.02	Frühindikator	Gesundheit	Depressive Verstimmungen	Ich konnte mich nicht so freuen wie früher.	ProSoB	8
F24.03	Frühindikator	Gesundheit	Depressive Verstimmungen	Ich fühlte mich in meiner Aktivität gehemmt.	ProSoB	8
F24.04	Frühindikator	Gesundheit	Depressive Verstimmungen	Ich musste mich zu jeder Tätigkeit zwingen.	ProSoB	8
F24.05	Frühindikator	Gesundheit	Depressive Verstimmungen	Ich fühlte mich traurig.	ProSoB	8
F24.06	Ergebnis	Wahrgenommene Produktivität Qualität der Arbeit	Subjektive Arbeitsleistung	Ich bin zur Arbeit gegangen obwohl ich mich krank fühlte.	ProSoB	8
F24.07	Frühindikator	Gesundheit	Allgemeines Wohlbefinden	Ich fühlte mich voller Energie und Tatkraft.	SALSA	8
F24.08	Ergebnis	Wahrgenommene Produktivität Qualität der Arbeit	Subjektive Arbeitsleistung	Ich musste öfter pausieren, weil ich nicht lange am Stück arbeiten konnte.	ProSoB	8
F24.09	Frühindikator	Gesundheit	Allgemeines Wohlbefinden	Ich war unbeschwert und gut aufgelegt.	SALSA	8
F24.10	Frühindikator	Gesundheit	Allgemeines Wohlbefinden	Ich fühlte mich anderen Menschen unterlegen.	SALSA	8
F24.11	Frühindikator	Gesundheit	Allgemeines Wohlbefinden	Ich war ruhig und ausgeglichen.	SALSA	8
F24.12	Ergebnis	Wahrgenommene Produktivität Qualität der Arbeit	Subjektive Arbeitsleistung	Ich fühlte mich fit genug, um hart und ausdauernd zu arbeiten.	ProSoB	8

Tab. 11: Fragebogen der Mitarbeiterbefragung

Die Fragen sind in der Reihenfolge des verwendeten Fragebogens angeordnet. Nach der laufenden Nummer sind die Ebene, das Konstrukt sowie die Skala, auf die die das Items lädt angegeben. In der fünften Spalte folgt der Wortlaut der Frage im Fragebogen der Mitarbeiterbefragung. Teilweise handelt es sich dabei um Fragestellungen, die einen vorgegebenen Überschriftstext ergänzen. Wo dies der Fall ist, wird auf den Überschriftstext durch einen Verweis auf die „Skalenform" in Spalte sieben hingewiesen und dieser hier nachfolgend wiedergegeben. In Spalte sechs ist die Quelle für das Item angegeben.

Skalenformen:

Die Fragestellungen sind teilweise in erläuternde Rahmentexte eingebettet.

Das erste Item der o. a. Tabelle lautet beispielsweise

Lfd. Nr. im Fragebg.	Ebene	Konstrukt	Skala	Item (Wortlaut)	Herkunft der Frage	Skalen- form
F12.01	Treiber	Arbeitsbedingungen	Zufriedenheit mit Rahmenbedin- gungen	... dem Angebot an Fort- und Weiterbildungen?	InterproQ [343]	2

Aus der letzten Spalte ist die Skalenform zu entnehmen, im Beispiel hier die Skalenform 2. Der Itemwortlaut „... dem Angebot an Fort- und Weiterbildungen?" ist in die Rahmenfrage „Wie zufrieden sind Sie mit den folgenden Bedingungen?" eingekleidet. Das Beurteilungskriterium ist als „Diese Aussage trifft meiner Meinung nach zu..." vorgegeben, und als Merkmalsausprägungen kann gewählt werden zwischen *„trifft über- haupt nicht zu – trifft eher nicht zu – trifft teilweise zu – trifft eher zu – trifft voll und ganz zu."* Im Fragebogen werden 13 verschiedenen Skalenformen verwandt, die in der nachfolgenden Tabelle erläutert werden.

Ska- len- form (Nr.)	Rahmenfrage	Beurteilungskriterium	mögliche Merkmals- ausprägungen
1	„Die nachfolgenden Fragen beziehen sich auf Ihre **individuelle Arbeitssituation**. In welchem Maße treffen folgende Aussa- gen Ihrer Meinung nach zu?"	„Diese Aussage trifft meiner Meinung nach zu..."	trifft überhaupt nicht zu trifft eher nicht zu trifft teilweise zu trifft eher zu trifft voll und ganz zu
2	„Die nachfolgenden Fragen beziehen sich auf die **Rahmenbedingungen** Ihres Unternehmens. Wie zufrieden sind Sie mir den folgenden Bedingungen?"	„Mit diesen organisatorischen Bedingungen bin ich..."	sehr unzufrieden unzufrieden mittelmäßig zufrieden sehr zufrieden
3	„Im folgenden Teil des Fragebogens geht es um das Verhalten der Vorgesetzten in Ihrem Unternehmen. Wir würden gerne von Ihnen wissen, wie sich **Ihr direkter (nächst-höherer) Vorgesetzter norma- lerweise** im Arbeitsalltag verhält."	„Mein direkter Vorgesetzter..."	trifft überhaupt nicht zu trifft eher nicht zu trifft teilweise zu trifft eher zu trifft voll und ganz zu
4	„Nachfolgend geht es um die **Organisa- tionskultur** bei [Unternehmensname]. In welchem Maße treffen die folgenden Aussagen auf Ihr Unternehmen zu?"	„Diese Aussage trifft auf mein Unterneh- men zu..."	trifft überhaupt nicht zu trifft eher nicht zu trifft teilweise zu trifft eher zu trifft voll und ganz zu
5	„Die folgenden Fragen beziehen sich auf die **Zusammenarbeit** mit den Kolleginnen und Kollegen **in Ihrer eigenen Abteilung** bzw. **Ihrem eigenen Arbeits- bereich**. In welchem Maße treffen fol- gende Aussagen Ihrer Meinung nach zu?"	„Diese Aussage trifft meiner Meinung nach zu..."	trifft überhaupt nicht zu trifft eher nicht zu trifft teilweise zu trifft eher zu trifft voll und ganz zu
6	„Im folgenden stellen wir Ihnen Fragen zu Ihrer **Gesundheit** und Ihrem **Wohlbefin- den**."	„Wie oft hatten Sie in den vergangenen **12 Monaten** folgende Beschwerden?"	praktisch nie mehrmals im Jahr mehrmals im Monat mehrmals in der Woche fast täglich

---

[343] InterproQ: Brücker et al. 2004.

Ska-lenform (Nr.)	Rahmenfrage	Beurteilungskriterium	mögliche Merkmals-ausprägungen
7	--	--	sehr schlecht schlecht weniger gut gut ehr gut ausgezeichnet
8	„Die folgenden Fragen beziehen sich auf Ihr persönliches **Befinden**. Wie oft traf in den vergangenen **4 Wochen** folgendes auf Sie zu?"	„Folgendes traf in den **letzten 4 Wochen** auf mich zu..."	nie selten gelegentlich oft fast immer
9	„Die folgenden Fragen beziehen sich auf Ihre **persönliche Situation** am Arbeitsplatz. In welchem Maße treffen die folgenden Aussagen Ihrer Meinung nach zu?"	„Diese Aussage trifft in folgendem Maße zu..."	trifft überhaupt nicht zu trifft eher nicht zu trifft teilweise zu trifft eher zu trifft voll und ganz zu
10	--	--	Weniger als 1 × im Monat oder nie Etwa 1 × im Monat Etwa 1 × in der Woche Etwa 3 × in der Woche Täglich oder fast täglich
11	--	--	Ich habe noch nie geraucht Ich habe aufgehört zu rauchen Gelegentlich Täglich
12	--	--	Anzahl Tage [numerischer Wert]
13	„Wir möchten gerne von Ihnen wissen, wie Sie persönlich die **Qualität der Arbeitsleistungen** in Ihrem Unternehmen derzeit beurteilen."	„Ich schätze die Arbeitsleistungen folgendermaßen ein..."	sehr schlecht schlecht mittelmäßig gut sehr gut

Sie haben die Wahl:

Bestellen Sie die Schriftenreihe
Gesundheitspolitik
einzeln oder im **Abonnement**

per E-Mail: vertrieb@ibidem-verlag.de | per Fax (0511/262 2201)
als Brief (*ibidem*-Verlag | Leuschnerstr. 40 | 30457 Hannover)

Bestellformular

☐ Ich abonniere die Schriftenreihe *Gesundheitspolitik*
ab Band # ____

☐ Ich bestelle die folgenden Bände der Schriftenreihe
Gesundheitspolitik
____ ; ____ ; ____ ; ____ ; ____ ; ____ ; ____ ; ____ ; ____ ; ____

Lieferanschrift:

Vorname, Name ....

Anschrift ....

E-Mail... | Tel.: ....

Datum .... | Unterschrift ....

Ihre Abonnement-Vorteile im Überblick:

• Sie erhalten jedes Buch der Schriftenreihe pünktlich zum Erscheinungstermin – immer aktuell, ohne weitere Bestellung durch Sie.

• Das Abonnement ist jederzeit kündbar.

• Die Lieferung ist innerhalb Deutschlands versandkostenfrei.

• Bei Nichtgefallen können Sie jedes Buch innerhalb von 14 Tagen an uns zurücksenden.

ibidem-Verlag

Melchiorstr. 15

D-70439 Stuttgart

info@ibidem-verlag.de

www.ibidem-verlag.de
www.ibidem.eu
www.edition-noema.de
www.autorenbetreuung.de

www.ingramcontent.com/pod-product-compliance
Lightning Source LLC
Chambersburg PA
CBHW061139220326
41599CB00025B/4292